JN144085

行政法研究双書 34

行政上の処罰概念と法治国家

田中良弘 著

弘文堂

「行政法研究双書」刊行の辞

日本国憲法のもとで、行政法学が新たな出発をしてから、七〇有余年になるが、その間の理論的研究の展開は極めて多彩なものがある。しかし、ときに指摘されるように、理論と実務の間に一定の乖離があることも認めなければならない。その意味で、現段階においては、蓄積された研究の成果をより一層実務に反映させることが重要であると思われる。そのことはまた、行政の現実を直視した研究がますます必要となることを意味するのである。

「行政法研究双書」は、行政法学をめぐるこのような状況にかんがみ、理論と実務の懸け橋となることを企図し、理論的水準の高い、しかも、実務的見地からみても通用しうる著作の刊行を志すものである。もとより、そのことは、本双書の内容を当面の実用に役立つものに限定する趣旨ではない。むしろ、当座の実務上の要請には直接応えるものでなくとも、わが国の行政法の解釈上または立法上の基本的素材を提供する基礎的研究にも積極的に門戸を開いていくこととしたい。

塩　野　　　宏
園　部　逸　夫
原　田　尚　彦

はしがき

本書は、平成27年に一橋大学に提出され、口頭試問を経て学位論文として受理された『行政上の処罰概念と法治国家―ドイツ行政罰の歴史的考察―』に加筆修正を加えたものである。

法科大学院を経て検事に任官した筆者は、刑事事件の捜査・公判に携わる日々に充実感を感じつつも、折に触れ「人はなぜ罰せられるのか」という根源的な問いに直面させられた。いかにも実務的でないこの疑問は、しかし、ともすれば能力不足から事案処理に忙殺され思考停止に陥りそうになる筆者を救い出してもくれた。そのような中、遅ればせながらも行政刑法論に接したことを契機として、かねてからの問題意識を追求したいと考えた筆者は、研究者の途を志すこととなった。幸いにして一橋大学大学院法学研究科博士後期課程に進学を許され、高橋滋教授（現法政大学教授）のご指導のもと、3年間にわたる行政罰の研究の成果をまとめたものが上記の学位論文である。なお、本書の問題意識と構成については序章を参照されたい。

本書を世に問うまでには、実に多くの方々にお世話になった。学部で数学を専攻し、社会人から法科大学院を経て法曹実務家に転じた後、ようやく研究の途に進んだ筆者が、まがりなりにも行政法研究者の一員として名を連ねることができたのは、多くの方々にご助力いただいたからにほかならない。

国際基督教大学の大口邦雄教授（ご所属・肩書は当時。以下同じ)、鈴木寛教授、土屋あい子上級准教授（いずれも数学）には、学問に向かい合うことの意味を教えていただいた。純粋数学の研究を通じて論理的思考の基礎を身に付けたことは、後に法科大学院において一から法律を学ぶ際に助けとなったばかりでなく、法学研究者となった現在においても大きな力となっている。

株式会社NTTデータの清水宏行氏、株式会社トータル・インフォメーション・サービスの水野勝之氏には、社会人時代から法科大学院を経て司法修習生として採用されるまでの長きにわたり、仕事上の格別のご配慮をいただいた。

変則的な形であるにせよ、法科大学院に進んだ後も仕事を続けることができ、経済的な不安を感じることなく法律家へ転じることができたことは、両氏のお力添えによるところが大きい。

千葉大学専門法務研究科（法科大学院）の先生方には、いくら御礼申し上げても足りぬほどお世話になった。まったくの初学者が3年間でどうにか法律家としての最低限の知識を修得することができたのは、同研究科の先生方の丁寧かつ根気強いご指導の賜物というほかない。また、最後まで脱落することなく3年間を過ごすことができたのは、共に学んだ同期に恵まれたゆえであった。なお、平成28年8月に逝去された故青山紘一教授（知的財産法）には、法科大学院在籍時に論文執筆や学会報告の貴重な機会を与えていただいた。青山先生の学恩を想いながら、謹んでご冥福をお祈りする。

司法研修所教官を務めておられた宮田誠司検事は、優秀な任官希望者が多数いる中、凡庸な一修習生であった筆者に任官を勧めて下さった。研究の途へ進むために退官する旨の連絡をした際にも温かい励ましのお言葉をかけていただき、感謝の念に堪えない。退官に際しては、秋田地方検察庁の門野坂修一検事正、鈴木敏宏次席検事にご尽力いただいた。また、同庁の篠﨑和人検事正（前任）には、行政刑法論について実務を踏まえた貴重なご教示をいただいた。

筆者に研究者としての可能性を拓いて下さったのは、千葉大学専門法務研究科の鈴木庸夫教授（現明治学院大学教授）である。鈴木庸夫先生には、法科大学院入学当初から熱心なご指導を賜り、修了後も公私にわたり多大なご助言をいただいている。なにより、一橋大学大学院への進学を勧めて下さり、研究の途へ進むことを後押ししていただいたことに、心より感謝申し上げたい。

一橋大学大学院法学研究科の方々には、博士後期課程からの編入にもかかわらず、温かく受け入れていただいた。山田洋教授、薄井一成准教授からは、行政法研究室におけるゼミ報告の際、多くの有益なご教示をいただいた。また、橋本正博教授（刑法）には、長期にわたり継続的にドイツ刑法学についてご教授いただいた。さらには、行政法研究室の先輩・後輩にも、様々な形で支えていただいた。同大学院で研究生活を送ることができたことは、本当に幸運であったと感じている。

幸いにも本書は、平成28年度科学研究費助成事業（科学研究費補助金）の研究成果公開促進費（学術図書：課題番号 16HP5129）による出版助成を受けることができた。ご支援に対し謝意を表したい。本書の刊行にあたっては、次の方々にも謝辞を述べなければならない。弘文堂の高岡俊英氏には、本書の構想段階から刊行に至るまで多大なるご支援を賜った。深く御礼申し上げる。また、現在の勤務校である新潟大学における恵まれた研究環境と、石崎誠也教授、今本啓介准教授のご支援なしには、本書の完成はありえなかった。法科大学院の同期であるふれあい通り法律事務所の千葉真理子弁護士には、研究を優先する形での弁護士登録を認めてもらっているばかりか、本書についても原稿のチェックをしていただいた。筆者を一貫して応援してくれている両親（恭介・則子）にも、本書の刊行にあたりあらためて感謝したい。

最後に、指導教官である高橋滋先生には、特に篤く御礼を申し上げたい。行政罰の研究をしたいと言って研究室の扉を叩いた筆者を、先生は、やる気があるなら歓迎します、と温かく迎え入れて下さった。ご多忙を極められる日々の中、貴重な時間を割いて繰り返し丁寧にご指導いただいたことは、望外の喜びであるとともに、遥かな先にある先生の背中を遠くから眺める思いであった。未熟さゆえに何度も同じ過ちを繰り返す筆者を、先生は最後まで見離さず、研究者として育てて下さった。高橋先生に対する感謝の念は、言葉では到底言い表すことができない。本書を完成させることができたのは、ひとえに先生のご指導の賜物である。

平成 29 年 1 月

田中　良弘

目　次

序章　本書の目的と構成

1．本書の問題意識

本書は、わが国における行政上の処罰法制の再検討に向け、その前提となる行政上の処罰概念について論じるとともに、わが国における行政上の処罰法制のあり方について提言を行うことを目的とするものである。

わが国における行政罰の問題点については第1章において詳述する。しかしながら、わが国の行政上の義務履行確保手段が刑罰に過度に偏っていることは、届出義務違反のような、純粋な手続違反についても罰金刑が定められている[1)]ことからも明らかであろう。このことは、比較法の観点からも特徴的であり[2)]、実質的にみても、単なる手続違反のような軽微な違反行為に対し、逮捕・勾留や労役場留置といった身体拘束が法律上予定されていることは、比例原則の観点から問題である。わが国における行政上の処罰法制のあり方について検討するにあたり、このような現状を見直す必要性は高いものと思われる。

このような私見に対しては、次のような反論が考えられる。第一に、わが国は起訴便宜主義を採用しており（刑事訴訟法248条）、単なる手続違反について検察官が公訴を提起することは考えにくく、上記のような懸念が現実化する蓋然性は低い。第二に、行政上の制裁は刑罰に限られず、特に過料や課徴金は金銭上の不利益である点において罰金[3)]と異ならないため、殊更に行政刑罰のみを取り上げて論ずる実益は乏しい。

しかしながら、第一の点については、軽微な違反行為を犯した者に対する身体拘束が現実化する危険が事実上小さいからといって、そのような危険を内在

1）例えば、道路交通法は、運転免許を受けた者が公安委員会に速やかに住所変更を届け出ない場合、2万円以下の罰金または科料に処す旨を定めている（同法121条1項9号、94条1項、93条1項4号）。

2）佐伯仁志『制裁論』（有斐閣、2009）14頁、王雲海『日本の刑罰は重いか軽いか』（集英社新書、2008）131頁参照。

3）罰金のほかに金銭刑として科料が存在するが、本稿では言及を省略する。

する法制度を見直す必要がないことにはなるまい。第二の点については、後述するように、刑罰は、概念的にはもちろん、その法的効果や手続においても、他の不利益処分と大きく異なる。そのため、行政上の処罰法制の再検討にあたり、行政刑罰の特殊性について論じることは、避けて通れないものと思われる。

2．行政刑罰の特殊性

私見によれば、個人や共同体による復讐に由来する応報思想に基づく狭義の刑罰と、行政上の義務履行確保手段として用いられる行政刑罰とは、その本質が異なっている。このような観点から、わが国の行政罰理論に大きな影響を与えたドイツ法学に目を転じると、ドイツにおいては、応報思想に基づく刑事罰（Kriminalstrafe）と、義務履行確保手段としての行政罰（Verwaltungsstrafe）とは、歴史的に異なる概念として発生した（第2章参照）。このような概念上の区別を前提として、ドイツでは、20世紀初頭に、固有の刑法（Kriminalstrafrecht）と行政刑法（Verwaltungsstrafrecht）を区別すべきとする行政刑法論が提唱され、これを理論的背景として第二次世界大戦後に秩序違反法（Gesetz über Ordnungswidrigkeiten）が制定された（第3章参照）。

これに対し、わが国においては、行政上の義務履行確保手段として行政刑罰が広く用いられており、ドイツの学説を受けて理論的に両者を区別すべきとする主張が学説上古くからなされているもの[4]の、立法化には至っていない。その背景には、前述のように、殊更に行政刑罰の問題点を取り上げて論ずる実益は乏しいという考えが存在するものと考えられる。そこで、行政上の処罰概念を論じる本書においては、はじめに、刑罰と行政上の秩序罰の差異について指摘しておきたい。

刑罰と行政上の秩序罰その他の金銭的不利益との間には、上記のような本質的な差異のほか、次のような実質的な差異が存在する。第一に、そもそも、「刑」という文字が、「井」の秩序を守らない者を「刀」で切って罰することをあらわしているように[5]、刑罰は、伝統的には死刑や身体刑を意味するものであり、現

4）代表的なものとして、美濃部達吉『行政刑法概論』（勁草書房、1949）。ただし、同書は、主として両者の区別に基づく解釈論を展開するものである。

5）王・前掲注2）36頁参照。

在においても、懲役刑や禁錮刑などの自由刑が中心であって、これらは単なる金銭的不利益とは根本的に異なる性格を有している。罰金刑は、金銭的不利益を科す刑罰であるものの、罰金が支払われない場合には労役場留置（刑法18条4項）という身体の拘束を伴う方法によって執行される[6]。これに対し、行政上の秩序罰については、身体の拘束がなされることは予定されていない。第二に、刑罰は、刑事裁判という極めて厳格な手続を経た上で科せられるのに対し、行政上の秩序罰は、非訟事件手続（法律上の過料）や行政庁による決定手続（条例上の過料）という比較的簡便な手続によって科せられる点においても異なっている。

【表1】

	刑罰	行政上の秩序罰
由来	個人や共同体による復讐の流れを汲む応報思想に由来する。	行政上の義務履行確保手段に由来する。
刑罰	自由刑が中心であり、罰金刑についても身体拘束が予定されている。	身体の拘束がなされることは予定されていない。
副次効果	前科調書に掲載され、累犯加重がなされるなど、法律上の不利益がある。	前科調書には記載されず、法律上の不利益は予定されていない。
手続	刑事裁判という厳格な手続を経た上で科せられる。	比較的簡便な手続によって科せられる。

このように、刑罰と行政上の秩序罰との間には、本質的および実質的な差異が存在し、罰金刑についても、本質的・実質的な違いを否定することはできない。それゆえに、刑罰の濫用に対しては、刑法学からの強い抵抗（法益侵害を伴わない行為に対する刑罰への批判）がなされている（第1、4章参照）。また、法治国家原理、特に比例原則の観点からも、刑罰は、行政上の秩序罰と比べ、より制限的に用いられるべきであると考えられる。加えて、厳格な手続が要求される刑罰に比べ、行政上の秩序罰は、比較的簡便な手続によって科すことが可能であることから、行政上の義務履行確保手段として、刑罰に比べ機能的である場合も想定できる。これらのことから、行政罰法制のあり方を検討するにあたっては、

6）労役場留置の性質につき、判例は、「罰金の特別な執行方法」と位置付ける（最判昭和25年6月7日刑集4巻6号956頁）。

いかなる場合に行政刑罰を用い、いかなる場合に行政上の秩序罰を用いるかという、両者の振り分けの判断枠組みを明らかにすることが求められよう。

しかしながら、わが国においては、行政刑罰と行政上の秩序罰とを振り分ける基準が存在しないとされるように[7]、従来、行政罰に関し、必ずしも上記のような行政刑罰の刑罰としての本質や効果を前提とした議論はなされてこなかったように思われる。そこで、本書においては、このような行政刑罰の特殊性に配慮しつつ、行政罰に関する日独比較を行った上で、ドイツ法における行政上の処罰概念と行政罰の理論的基礎について論じ、それを踏まえ、わが国における行政罰法制のあり方について、行政刑罰と行政上の秩序罰を含むその他の制裁手段との振り分けの判断枠組みを中心に検討することとしたい。

3．本書の構成

上記のとおり、本書の目的は、ドイツ法研究を通じ、わが国における行政罰のあり方について論ずることにある。そのため、まず、第1章においては、わが国の行政罰の現状と課題について分析し、その上で、ドイツにおける行政刑法論と秩序違反法による非犯罪化の概要について紹介する。

第2章では、ドイツにおける行政上の処罰概念につき、近代以前のドイツ実定法を中心に分析を行い、伝統的な刑罰概念とは異なるものとして誕生した行政上の処罰概念が、啓蒙思想や近代刑法学の影響を受けてその対象範囲を縮小させるとともに、法的効果や手続について刑法典とは異なる法制度が構築された過程を確認する。

第3章においては、20世紀のドイツにおける行政罰法制につき、犯罪化と非犯罪化の観点から分析を行い、行政上の義務履行確保手段としての行政刑罰が

7）美濃部・前掲注4）15頁、田中利幸「行政と刑事制裁」雄川一郎＝塩野宏＝園部逸夫編『現代行政法大系第2巻』（有斐閣、1984）269頁、塩野宏『行政法Ⅰ〔第6版〕』（有斐閣、2015）275頁以下等。戦前において同様の指摘がなされていたことにつき、泉二新熊『日本刑法論上巻〔第42版〕』（有斐閣、1930）752頁参照。なお、川出敏裕＝宇賀克也「行政罰：刑事法との対話」宇賀克也＝大橋洋一＝高橋滋編『対話で学ぶ行政法』（有斐閣、2003）90頁［宇賀］は、「反社会性が強い行為には行政刑罰、単純な義務の懈怠に対しては行政上の秩序罰という一応の立法上の基準に従っておおむね整理が行われてきた」としつつ、「なお不統一と思われるものは残っている」とする。

どのように変化し、現在の法制度へと繋がったかを検証する。

終章では、行政上の処罰概念において重要な役割を果たした法治国家原理につき、時代ごとに実定法に与えた影響を観察した上で、ドイツにおける行政罰の理論的基礎と行政刑罰と「過料（Geldbuße)」との振り分けの判断枠組みについて分析を行い、行政罰法制に関するドイツ法からの示唆について考察する。これらの作業を通じ、わが国の行政罰法制の再検討に向けた理論的視座について検討することとしたい。

第1章　行政上の義務履行確保と行政罰[1)]

第1節　はじめに

わが国では、行政上の義務履行確保手段として、多くの行政法規に刑罰規定が設けられているが、そのあり方や理論的背景について議論が十分に尽くされているとはいえない[2)]。これに対し、ドイツでは、固有の刑法（Kriminalstrafrecht）と行政刑法（Verwaltungsstrafrecht）との分離を論じたゴルトシュミット（J. Goldschmidt）およびその理論を発展させたEb. シュミット（Eb. Schmidt）により刑事犯と行政犯の理論的分離が図られ、それを理論的背景として制定された秩序違反法により、犯罪（Straftat）と秩序違反（Ordnungswidrigkeit）との実定法上の分離が実現した。本章においては、わが国における従来の行政刑法に関する学説を整理した上で、ドイツ[3)]における行政刑法論の成立過程や概要、秩序違反法の成立に与えた影響について分析し、行政刑法に関する日独比較を通じて、わが国の行政刑罰の問題点を指摘するとともに、行政上の秩序罰を含む行政罰法制のあり方を検討するための方法論について論じることとしたい。

なお、わが国における「刑法」とドイツにおける“Strafrecht”とは、厳密には異なる概念である。すなわち、わが国における刑法（実質的意義の刑法）は、一般に、刑罰について定める法規（形式的意義の刑法および特別刑法）のみを意味する

1）本章は、田中良弘「行政の実効性確保手段としての刑罰規定のあり方についての一考察―ドイツにおける行政刑法理論と秩序違反法の制定を題材に―」一橋法学13巻2号（2014）781頁に大幅に修正を加えて再構成したものである。

2）美濃部達吉『行政刑法概論』（勁草書房、1949）序1頁、山本隆司「行政制裁の基礎的考察」高橋和之先生古稀記念『現代立憲主義の諸相（上）』（有斐閣、2013）255頁以下、今村暢好「行政刑法の特殊性と諸問題」松山大学論集第23巻4号（2011）155頁参照。

3）秩序違反法は西ドイツ（当時）で制定されたものであるが、本稿は東西ドイツの比較研究を行うものではないため、同法の立法当時のことを論じるにあたっても、東西ドイツに分けて論じることはせず、単に「ドイツ」という。

のに対し[4]、ドイツにおける“Strafrecht”には、刑法典（Strafgesetzbuch）や特別刑法（Nebenstrafrecht）に加え、「過料（Geldbuße）」を定める秩序違反法（Ordnungsstrafrecht）も含まれる[5]【図1参照】。また、行政罰について歴史的経緯を踏まえた考察を行う本書の性質上、各時代における「刑罰」や「犯罪」の意義が現代におけるそれと異なる点に留意すべきことは当然であるものの、歴史的考察という手法を用いるにあたり、それらの概念を一義的に定義することは困難である[6]。そのため、本書においては、日本とドイツとで、また時代ごとに、それぞれの概念が異なることを前提として、特に明記した場合を除き、「刑法」や「刑罰」、「犯罪」といった概念を区別せずに用いることとする。

【図1】

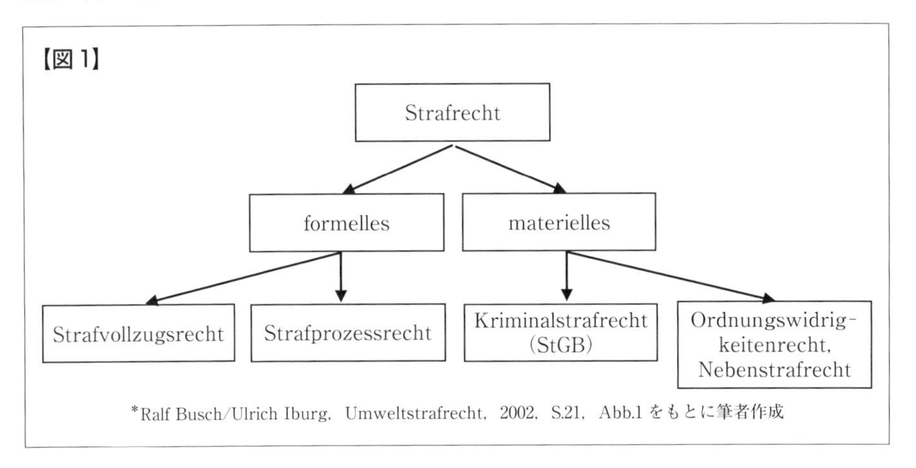

*Ralf Busch/Ulrich Iburg, Umweltstrafrecht, 2002, S.21, Abb.1 をもとに筆者作成

4）山口厚『刑法総論〔第3版〕』（有斐閣、2016）1頁。

5）ボン基本法74条1項1号の「刑法（Strafrecht）」に秩序違反法が含まれることにつき、Ingo von Münch/Philip Kunig（Hrsg.）, Grundgesetz Kommentar, Bd. 2, 6. Aufl., 2012, S. 90 参照。ただし、ボン基本法103条3項の「一般刑法（allgemeinen Strafgesetze）」には、秩序違反法は含まれないとする連邦憲法裁判所判例がある（BVerfGE 21, 391）。

6）現代的な意味においては、犯罪とは「構成要件に該当する違法かつ有責な行為」、刑罰とは「犯罪を行なった者に対して国家が科す制裁」と定義するのが一般的であるが、成文法はおろか国家すら存在しない時代をも取り上げる以上、一般用語としての「犯罪」や「刑罰」を用いない限り歴史的考察を行うことは困難であろう。

第2節　わが国の行政罰の現状と課題

第1款　問題の所在と方法論

Ⅰ　わが国の行政罰の特徴と問題点

1．行政刑罰

行政刑罰は、行政上の義務違反に対する制裁のうち、刑法上に刑名の定めがあるものをいう[1]。行政刑罰は、過去の行為に対して科せられる点で行政上の強制執行とは異なるものの、刑罰の存在により行政法上の義務履行を確保する機能を有している。近年、わが国においては、社会の変化と価値観の変動に対応するため、刑罰規定を有する行政法規の立法が活発に行われており、刑法学説から、「刑事立法の時代」と称されることがある[2]。行政法学説においても、行政上の義務履行確保手段として、行政刑罰の重要性がしばしば指摘されている[3]。なお、近時、行政罰に加え、反則金や加算税、課徴金、受益的処分の撤回、公表等の行政上の制裁について統一的な検討を加えようとする試みがある[4]。行政上の義務履行確保手段を検討するにあたり重要な視点であると思われるが、行

1）八木胖「行政刑法」日本刑法学会編『刑事法講座第1巻』（有斐閣、1952）69頁、塩野宏『行政法Ⅰ〔第6版〕』（有斐閣、2015）272頁。

2）川端博「『立法』の時代を迎えた刑事法学」学術の動向8巻6号（2003）39頁以下、今村暢好「軽微な犯罪と行政秩序違反」愛媛法学会雑誌39巻3・4号（2013）200頁等。

3）宮崎良夫「行政法の実効性の確保―行政法違反とその是正をめぐる問題点」雄川一郎先生献呈論集『行政法の諸問題（上）』（有斐閣、1990）203頁以下、阿部泰隆『政策法学の基本指針』（弘文堂、1996）234頁、小林泰文「行政の実効性確保に関する諸課題」レファレンス55巻2号（2005）7頁以下、北村喜宣『行政法の実効性確保』（有斐閣、2008）185頁以下、曽和俊文『行政法執行システムの法理論』（有斐閣、2011）139頁以下、小早川光郎ほか『地方分権の進展に対応した行政の実効性確保のあり方に関する検討会報告書』総務省・地方分権の進展に対応した行政の実効性確保のあり方に関する検討会（2013）11頁以下。

4）宇賀克也「行政制裁」ジュリスト1228号（2002）50頁以下、佐伯仁志『制裁論』（有斐閣、2009）9頁以下、中原茂樹「行政制裁―行政法の視点から」法律時報85巻12号（2013）20頁、山本隆司「行政制裁に対する権利保護の基礎的考察」『現代行政訴訟の到達点と展望―宮崎良夫先生古稀記念論文集』（日本評論社、2014）236頁等。なお、行政制裁の義務履行確保機能につき、碓井光明「行政上の義務履行確保」公法研究58号（1996）147頁以下参照。

政上の処罰法制について論じることを目的とする本書においては、混乱を避けるため、多義的な概念である「制裁」概念を議論の中心に据えることはせず[5]、伝統的に用いられてきた「行政罰」概念を用いることとする。

従来の行政法学説においては、行政刑罰の義務履行確保手段としての側面を中心に議論がなされており、刑罰としての本質に由来する行政刑罰の制約については、十分な検討がなされてこなかった[6]。その結果、わが国においては、行政強制制度の未整備も相俟って、もっぱら義務履行確保の観点から行政刑罰が多用され[7]、届出義務違反のような軽微な行政法規違反についても行政刑罰が定められている。このような現状に対しては、刑法学説を中心に、刑罰の対象とすべきでない行為についてまで行政刑罰が用いられているという批判が寄せられている[8]。わが国の行政法規においては、刑罰規定の濫用が生じているという指摘もなされている[9]。

次に、刑事実務上、行政犯の立件は、道路交通法をはじめとする一部の行政法規違反に集中しており[10]、行政刑罰規定の多くは、実際に執行されることは少なく、機能不全に陥っているという指摘が、多くの論者からなされている[11]。その理由として、①行政上の義務違反に対して刑罰を科すことは過酷に過ぎ、行

5）塩野・前掲注1）248頁以下参照。制裁概念につき、宇賀・前掲注4）50頁以下。なお、利益付与行為を含む「サンクション」概念を用いるものとして、畠山武道「サンクションの現代的形態」芦部信喜＝六本佳平編『岩波講座基本法学8紛争』（岩波書店、1983）365頁以下。

6）西津政信『間接行政強制制度の研究』（信山社、2006）52頁以下、阿部泰隆『行政法解釈学Ⅰ』（有斐閣、2008）617頁等。

7）市橋克哉「日本の行政処罰法制」名古屋大学法政論集149号（1993）125頁、阿部泰隆『行政の法システム（下）〔新版〕』（有斐閣、1997）445頁、筑紫圭一「環境法執行と行政制裁」法律時報85巻12号（2013）7頁等。

8）板倉宏「行政刑法の課題」ジュリスト増刊『現代の法理論』（1970）111頁等。刑法学説を中心とする批判につき、西津・前掲注6）52頁以下参照。

9）井戸田侃「行政法規違反と犯罪─行政刑法序説─」団藤重光＝平場安治＝平野龍一＝宮内裕＝中山研一＝井戸田侃編『犯罪と刑罰（上）─佐伯千仭博士還暦祝賀』（有斐閣、1968）162頁。

10）『平成27年版犯罪白書』（法務省、2015）によれば、平成26年の特別法犯の検察庁新規受理人員計42万人のうち、約77.8%を道路交通法違反が占め、以下、覚せい剤取締法違反、軽犯罪法違反、廃棄物処理法違反、銃刀法違反、入管法違反、自動車損害賠償保障法違反、風営適正化法違反および大麻取締法違反で、全体の9割を超える。

11）北村喜宣「行政罰・強制金」磯部力＝小早川光郎＝芝池義一編『行政法の新構想Ⅱ』（有斐閣、2008）140頁等。学説の整理につき、西津政信『行政規制執行改革論』（信山社、2012）53頁参照。

政および司法の担当者が行政刑罰の告発や立件に慎重になること[12]、②捜査機関の人的資源の限界から、膨大な数に上る行政刑罰規定すべてに対応することは困難であること[13]が挙げられるが、これらは、いずれも、立法時における行政刑罰の多用傾向が招いた結果であるということができよう。

なお、行政刑罰も刑罰である以上、刑法の基本原則は充たされなければならない[14]。かつては、行政法学説上、刑事罰と行政罰との間に質的な差異があることを理由に、行政刑罰については刑法総則の一部の規定の適用を除外すべきとする有力な見解が示されていたが[15]、現在では、行政法学説においても、刑事罰と行政罰との区別が相対的であることを理由に、解釈論によって刑法総則の適用を排除することはできないとするのが通説的見解である[16]。

2．行政上の秩序罰

行政罰のうち、刑罰以外の制裁を科すものを行政上の秩序罰という。行政上の秩序罰は、一般に、行政上の秩序に障害を与える危険があるにすぎない行政法規違反に対して科せられるものとされる[17]。代表的なものは過料であるが、道路交通法 51 条の 4 の定める放置反則金も行政上の秩序罰としての性格を有するとされる[18]。なお、過料という名称であっても、例えば、民事訴訟法 209 条の定める訴訟上の秩序を維持するための過料のように、行政上の秩序罰としての

12) 宮崎・前掲注３) 223 頁以下、市橋克哉「行政罰—行政刑罰、通告処分、過料」公法研究 58 号 (1996) 235 頁、塩野・前掲注１) 274 頁、佐伯・前掲注４) 7 頁等。

13) 西津・前掲注 11) 155 頁以下。なお、阿部・前掲注 3) 235 頁は、独占禁止法違反に関し、捜査機関の人員不足に加え、犯罪という社会的認識が不足していることを指摘する。

14) 八木・前掲注１) 71 頁。なお、佐伯・前掲注４) 18 頁は、刑法の基本原則は行政制裁一般にも妥当すべきとするが、刑法の基本原則の及ぶ範囲が広範にすぎるように思われ、疑問の余地がある (塩野・前掲注１) 249 頁参照)。

15) 美濃部達吉『行政刑法概論』(勁草書房、1949) 18 頁以下、田中二郎『新版行政法上巻〔全訂第２版〕』(弘文堂、1974) 191 頁以下。

16) 田中利幸「行政と刑事制裁」雄川一郎＝塩野宏＝園部逸夫編『現代行政法大系第２巻』(有斐閣、1984) 287 頁以下、塩野・前掲注１) 273 頁。ただし、行政犯には刑法総則の一部の規定の適用を除外すべきと主張する見解も、罪刑法定主義をはじめとする刑法の基本原則を否定するものではない (田中二郎・前掲注 15) 187 頁参照)。

17) 田中二郎・前掲注 15) 194 頁、塩野・前掲注１) 275 頁。

18) 北村博文「違法駐車対策に関する制度改正について」警察学論集 57 巻 9 号 (2004) 19 頁、宇賀克也「道路交通法の改正」自治研究 80 巻 10 号 (2004) 117 頁。

性格を有しないものも存在するが[19]、本書においては、特に断りのない限り、過料とは行政上の秩序罰たる過料を意味するものとする。

ところで、明治憲法下においては、公安を害する虞のある者に対する検束（行政執行法１条）や警察署長等の即決処分による拘留または科料（違警罪即決例１条以下）が認められており、これらは、戦前・戦中において、社会運動や政治活動を弾圧する道具として広く用いられた。これに対する反省から、第二次世界大戦後、行政処分としての身体拘束や科刑は廃止され、行政刑罰は刑事裁判によって、行政上の秩序罰についても、非訟事件手続（法律上の過料）または行政処分（条例上の過料）によって科せられることとなった[20]。しかしながら、特に法律上の過料について手続的整備が十分になされなかったこともあり、立法実務上、より威嚇力の高い行政刑罰を用いる慣行が定着し、行政上の秩序罰は、立法上、限定的にしか用いられていない[21]。ただし、条例上の過料については、近年、これを積極的に活用しようとする動きが生じている[22]。この理由としては、①条例上の過料には、地方公共団体の長の決定という比較的簡便な科罰手続が採用されていること、②自治体自ら積極的な適用を図ることが可能であるため、名目的な威嚇力に依拠する必要性が比較的低いこと[23]を指摘することができよう。

なお、行政刑罰と同様、過料についても、一部の例外を除き、実際に執行されることは少ないことが指摘されている[24]。その理由としては、特に、法律上の過料についての手続である非訟事件手続が、迅速性・効率性・確実性の点において使いにくい制度であること[25]、労役場留置が認められておらず、行政上の強制徴収のコストも過料の額に比して高いことなどが挙げられている[26]。

19）塩野・前掲注１）276 頁。

20）行政上の秩序罰も原則として裁判手続によって科せられるべきと主張する当時の学説として、田中二郎「過料小論」国家学会雑誌 62 巻 11 号（1948）636 頁。

21）第二次世界大戦後の行政罰の歴史的展開につき、市橋・前掲注 12）233 頁以下参照。

22）岩橋健定「分権時代の条例制定権―現状と課題」ジュリスト 1396 号（2010）143 頁。条例上の過料に関する歴史的沿革につき、須藤陽子「地方自治法における過料」行政法研究 11 号（2015）6 頁以下参照。

23）碓井光明「地方公共団体の科す過料に関する考察」明治大学法科大学院論集 16 号（2015）62 頁以下参照。

24）真島信英「行政罰たる過料による制裁のあり方をめぐる研究―わが国とドイツの過料手続に関する比較研究を中心として―」亜細亜法学 49 巻１号（2014）30 頁。

25）田中利幸・前掲注 16）270 頁、市橋・前掲注 12）237 頁。

Ⅱ　行政罰のあり方の検討に関する方法論

上記のような現状にかんがみれば、わが国の行政罰のあり方について、理論的側面および政策的側面の両面から再検討する必要性は高いものと思われる。そして、行政罰のあり方を検討するにあたっては、その中核を占める行政刑罰の「両属的性質」[27)]から、「いかなる場合に義務履行確保手段として行政刑罰を用いることができるか」という刑法学的観点と、「いかなる場合に義務履行確保手段として行政刑罰を用いることが妥当であるか」という行政法学的観点の双方から検討を加えることが求められよう。

1．いかなる場合に義務履行確保手段として行政刑罰を用いることができるか

刑法学説においては、刑事立法には刑罰の本質に由来する一定の制約（刑罰固有の制約）が存在するという考えが一般的である。例えば、刑法の目的は法益保護にあり、法益侵害ないしその危険を伴わない行為については立法によっても刑罰を科し得ないという説明や[28)]、刑罰は他の手段によって目的を達成できない場合にはじめて用いられる手段（ultima ratio）であるという説明がなされる[29)]。そして、行政刑罰も刑罰である以上、行政上の義務履行確保手段として行政刑罰を用いる場合であっても、上記の制約を超えて立法を行うことはできないとされる[30)]。

26）過料の額に比して行政上の強制徴収のコストが高いことから、過料処分自体の実効性を確保することが困難であることが指摘されている（宇賀克也『行政法概説Ⅰ〔第5版〕』（有斐閣、2013）253頁以下、西津・前掲注6）56頁）。

27）美濃部・前掲注15）序1頁は、行政刑法につき、「言はゞ行政法と刑法との相接触する中間区域に在るもので、其の何れにも専属せず、両属的性質を有する。その結果として、行政刑法…に付いての学問的研究の公にせられて居るものは、殊に我が国に於いては甚だ稀である」と指摘する。

28）小林憲太郎「刑法判例と実務（第2回）―法益保護主義―」判例時報2277号（2016）4頁以下参照。なお、刑法学説において、法益概念の曖昧を指摘し、刑罰固有の制約は「法益概念からではなく、社会的必要性という現実的基盤、それを反映して憲法秩序内で定立される刑事政策的諸原理等から導かれるべき」と主張する有力な見解がある（伊東研祐『法益概念史研究』（成文堂、1984）423頁）。

29）生田勝義『行為原理と刑事違法論』（信山社、2002）34頁以下、高山佳奈子「行政制裁法の課題―総説」法律時報85巻12号（2013）4頁。

30）佐伯・前掲注4）17頁以下。

これに対し、行政法学説においては、従来、行政刑罰について論じるにあたり、刑罰固有の制約を正面から取り上げるものは少なかったように思われる。例えば、田中二郎は、「行政法規の違反が、直接的に行政上の目的を侵害し、社会法益に侵害を加える場合」には行政刑罰を、「間接的に行政上の秩序に障害を及ぼす危険があるにすぎない場合」には行政上の秩序罰たる過料を科すべきと主張するものの、その理由としては、後者の場合に行政刑罰を科するものとすることは「行政刑罰制度の意義を不明瞭ならしめ、かえって一種の刑罰としての行政刑罰の尊厳性を失わしめることとなる惧れがある」ことを指摘するにとどまる[31)]。これに対し、西津政信は、行政法規違反の非犯罪化の法的判断基準として比例原則を挙げるが、かかる主張が、比例原則を上記のような刑罰固有の制約として位置付けているかは必ずしも明らかではない[32)]。

しかしながら、序章で述べたように、行政刑罰も、狭義の刑罰と同様、国家による個人の自由の剥奪を予定しているものである以上、刑罰としての本質に由来する制約を内在的に有していると考えるべきである。したがって、わが国の行政罰のあり方を検討するにあたっては、行政刑罰にも刑罰固有の制約が存在することを前提として、いかなる場合に義務履行確保手段として行政刑罰を用いることができるかについて検討することが求められよう。

2．いかなる場合に義務履行確保手段として行政刑罰を用いることが妥当であるか

行政刑罰を用いることができる場合であっても、立法政策上、「いかなる場合に義務履行確保手段として刑罰を用いることが妥当であるか」（立法政策上の妥当性）については、別途検討が必要である[33)]。

31）田中二郎・前掲注 15）195 頁。

32）西津・前掲注 11）158 頁以下参照。なお、ドイツにおける判例・学説を参考に比例原則を刑罰の限界との関係で論じるものとして、萩原滋「刑罰権の限界としての比例原則(1)（2・完）―ドイツの判例と学説」愛知大学法学部法経論集 155 号（2006）1 頁、同 156 号（2006）31 頁。

33）藤田宙靖『行政法Ｉ〔第４版改訂版〕』（有斐閣、2005）272 頁、小林泰文・前掲注３）13 頁、筑紫・前掲注７）8 頁等。刑法学説上、違法行為を抑止するには行政制裁を活用すれば足り、あえて刑事制裁を用いる必要がない場合が多いと主張する見解として、板倉宏「非当罰的不問行為の概念―社会統制の手段としての刑事制裁の干渉範囲を設定するための試行概念として―」前掲９）『犯罪と刑罰（上）』141 頁。

行政刑罰は、刑罰の存在により行政法上の義務履行を確保することを目的とするものであるが、前述のように、わが国においては、実際に執行されない行政刑罰が数多く存在し、そもそも現実に刑罰を科すことが予定されておらず、象徴的な意味しか有さない行政刑罰規定も存在するとの指摘がなされている[34)]。このような行政刑罰規定に果たして義務履行確保の機能があるといえるかは疑問である[35)]上、実際に執行されない刑罰規定の存在は、処罰されない犯罪を増大させることを意味するから、結果として刑罰全体の威嚇力を損なうおそれもある[36)]。行政上の刑罰規定のあり方を検討するにあたっては、それが現実に機能し、行政上の義務の履行を確保せしめるものであるか、運用を含めた政策的観点からの検討が必要となろう[37)]。

なお、この立法政策上の妥当性を検討するにあたっては、行政上の秩序罰の活用を含めた行政罰全体についての検討が不可欠となる[38)]。そして、前述のように、行政上の秩序罰が十分に活用されない大きな要因として、過料、特に法律上の過料に関する手続的整備が不十分であることが挙げられていることからすれば、わが国の行政罰のあり方を検討するにあたっては、行政上の秩序罰に関する手続的整備をも念頭においた法制度の検討が求められよう[39)]。

34）鈴木潔『強制する法務・争う法務』（第一法規、2009）93頁。

35）現実に執行されない刑罰規定の威嚇効果を疑問視する見解として、生田勝義「刑罰の一般的抑止力と刑法理論—批判的一考察—」立命館法学300・301号（2005）24頁以下。川出敏裕「行政罰の現状と課題」日本都市センター『行政上の義務履行確保等に関する調査研究報告書』（日本都市センター、2006）71頁は、刑罰が定められていること自体が一定の抑止力を有するとしつつ、「罰則規定というのは、違反があった場合に、現実に捜査が行われ、刑罰が科されるという裏づけがあってこそ真に威嚇力を発揮するものである」と指摘する。

36）板倉・前掲注8）115頁、高山・前掲注29）4頁等参照。なお、Eberhard Schmidt, Kriminalpolitische und strafrechtsdogmatische Probleme in der deutschen Strafrechtsreform, ZStW 69, 1957, S. 359も同旨。

37）抑止力を高めるために運用の強化が必要と主張する見解として、阿部・前掲注3）235頁。

38）川出・前掲注35）72頁、西津・前掲注11）152頁以下。

39）井戸田・前掲注9）167頁、北村・前掲注11）149頁、宇賀・前掲注26）254頁、西津・前掲注11）184頁以下。なお、市橋克哉「行政法上のエンフォースメント—行政上の秩序罰制度改革について：手続法の視点から」法律時報85巻12号（2013）37頁は、行政罰制度につき、行政権強化志向ではなく司法権強化志向の改革が行われるべきと主張する。

第2款　わが国における行政刑法論の問題点

I　従来の学説の整理

1．概念整理の必要性

既に述べたように、行政罰に関し、かつては、行政法学説から、刑事罰と行政罰との間に質的な差異があることを理由に、刑事罰に関する法体系（固有の刑法）と行政罰に関する法体系（行政刑法）とは、異なる原則に服するべきとする行政刑法論が提唱され[40]、これに反論する刑法学説との間で活発な議論が行われたものの、現在では、行政法学説においても、解釈論によって刑法総則の適用を排除することはできないとするのが通説的見解である。しかしながら、制度論を含めたわが国の行政罰のあり方について検討するにあたり、刑事罰と行政罰との間の質的な差異に着目した行政刑法論について論じることには、なお一定の意義があると考えられる。

ところで、前述のように、わが国においては、一般に、「刑法」は、刑罰について定めた法規のみを意味するものとされる。そのため、ドイツ法学における「行政刑法（Verwaltungsstrafrecht）」が行政罰について定めた法規全体を包含する概念であるのに対し、わが国における「行政刑法」は、一般に、行政刑罰について定めた法規のみを指す概念として把握される[41]。しかしながら、わが国における行政刑法論は、ドイツにおける行政刑法論の強い影響を受けて提唱されたものであり[42]、わが国の行政刑法論のいう「行政刑法」も、行政上の秩序罰を含む行政罰全体について定めた法規の総称を意味するものであった。このような行政刑法概念に関する理解の相違は、今日においても、わが国の行政刑法に関する議論に重要な影響を及ぼしていると思われる。すなわち、行政法学説にお

40）美濃部・前掲注15）序2頁。わが国における行政刑法論の歴史的経緯につき、山本隆司・前掲注4）242頁以下参照。

41）八木・前掲注1）69頁、井戸田・前掲注9）155頁、藤木英雄『行政刑法』（学陽書房、1976）3頁等。

42）山本隆司・前掲注4）243頁。ただし、山本隆司は、美濃部の行政刑法論は、「公法理論による行政作用の性格づけを反映した」ゴルトシュミットの行政刑法論ではなく、「もともと行政刑法を積極的に定義づけるものとはいえない」M.E. マイヤーの法理論を参照したように思われる、とする。

いては、主として行政上の義務履行確保手段である行政罰としての性質に着目して論じられるのに対し、刑法学説においては、主として刑罰としての性質を前提に論じられ、行政刑罰の両属的性質に着目した検討は、いずれの立場からも検討の対象から外れることとなった。このことは、上記の行政刑法概念に関する理解の相違と構造的に類似しており、わが国において行政刑法論が定着しなかった原因を行政刑法に関する概念の混乱に求めることも、あながち理由のないことではあるまい。そこで、以下、行政刑法論に関する概念を中心に、従来の学説の整理を行うこととする。

２．従来の学説の整理

(1)「行政刑法」概念　わが国において行政刑法論を最初に提唱した[43]美濃部達吉は、「行政刑法」につき、「行政法規に於いて人民に作為不作為又は給付の義務を課して居る場合に、人民がその義務に違反したことに対し刑罰の制裁を附して居る法令の規定」と定義した。そして、固有の刑法と行政刑法との間には、重大な性質上の差異があり、それゆえに、行政刑法は、固有の刑法とは著しくその適用の原則を異にする、と主張した[44]。

注目すべきは、美濃部自身、行政刑法を「刑罰の制裁を附して居る法令の規定」と定義していることである。そして、美濃部の行政刑法論に対する刑法学説からの反論は、当初、上記の定義を前提として、行政刑法には刑法とは異なる原則がされるべきという美濃部の主張に対する批判として展開された。例えば、八木胖は、「行政法規違反は、それが過料という如き行政罰ではなく、刑法上の刑罰を科せられるものである以上、それは刑法上の犯罪として理解せられねばならぬのであり、刑法上の犯罪としては刑法の原則に従うべきもので、刑法上の犯罪と別異にすべきものではない」として、行政上の秩序罰たる過料は行政刑法論の対象ではないことを当然の前提として、美濃部の行政刑法論に対する批判を行っている[45]。

しかしながら、美濃部は、行政刑法を上記のように定義する一方、その著書

43）今村暢好「行政刑法の特殊性と諸問題」松山大学論集 23 巻 4 号（2011）155 頁。
44）美濃部・前掲注 15）序 1 頁、3 頁以下。
45）八木・前掲注 1 ）71 頁。

『行政刑法概論』の総論において、「行政犯に対する制裁としての過料」という項を設け、さらに、その項において、行政上の義務違反に対する過料は、「これを秩序罰（Ordnungsstrafe）と總稱することが出来る」としており、「行政刑法」に、行政上の秩序罰たる過料について定める法令の規定が含まれることを前提としている。そのため、美濃部の行政刑法論は、上記の定義にもかかわらず、行政上の秩序罰全体を議論の対象としていることに留意が必要であろう。ちなみに、明治52年にゴルトシュミットの行政刑法理論をわが国に紹介した佐々木惣一は、“Verwaltungsstrafrecht”を「行政罰法」と訳しており[46)]、美濃部の行政刑法論を継承した田中二郎も、行政罰を定める法令の総称について「行政罰法」を用いている[47)]。

その後、美濃部の行政刑法論に対する刑法学説からの反論は、当初のような「行政刑法も刑罰を定めるもの（＝刑法）である以上、刑法の原則に従うべき」という形式的な批判から、美濃部の行政刑法論の対象が行政上の秩序罰をも含むことを前提としつつ、より実質的な反論を行うものに変容していった。福田平は、「行政刑法とは、広義において、……行政罰に関する法規の総称を意味する」とする一方、「行政罰のうち、とくに刑法に名のある罰（行政刑罰）に関する法規を行政刑法（狭義の行政刑法）と称する」として、行政法上の義務違反に対して科せられる行政罰全体を包含する広義の行政刑法と、行政刑罰のみを含む狭義の行政刑法とを区別する[48)]。そして、かかる行政刑法概念を前提として、「秩序罰を科せられるべき行政違反に関する法規は、……行政法の一部と考える」が、行政刑法（狭義の行政刑法）の基調をなすものは、「行政法の指導原理としての合目的性ではなく刑法の指導原理としての法的安定性」であり、行政刑法（狭義の行政刑法）は固有の刑法とその指導原理を共通にする、と主張した[49)]。

46）佐々木惣一「行政犯ノ性質ヲ論シテ警察犯ニ及フ」京都法学会雑誌4巻3号（1909）54頁。昭和15年に発表された須貝脩一「ゴルトシュミットの行政犯理論(1)（2・完）」法學論叢40巻1号（1939）89頁以下、同3号（1939）422頁も同じ。

47）田中二郎『行政法総論』（有斐閣、1957）112頁。

48）福田平『行政刑法〔新版〕』（有斐閣、1978）1頁。ただし、同1頁は、「狭義の行政刑法のみを行政刑法と称し、過料に関する規定は、これを行政刑法の範囲から除外することが妥当であろう」とする。

49）福田・前掲注48）36頁。

このように、美濃部の行政刑法論に対しては、刑法学説においても、当初の狭義の行政刑法概念に基づく形式的な批判から、行政上の秩序罰について定めた法規を含む広義の行政刑法概念を前提とする実質的な反論へと変容している。さらに、今日においては、刑法学説においても、前述のようなわが国の行政刑罰の多用傾向に関する問題意識を背景に、広義の行政刑法概念を前提として、わが国の行政罰のあり方を模索する動きへと移行している[50]。

(2)「行政犯」概念　上記のとおり、現在においては、わが国の行政刑法論についても、広義の行政刑法概念を前提として把握されるようになっているものの、他方において、行政刑法論において重要な役割を果たす「行政犯」については、概念上の相違が未だ解消されていないように思われる。

美濃部は、「行政犯」を、「行政上の目的の為めに法令に依つて人民に課せられて居る作為又は不作為の義務に違反したが為めに処罰の制裁を科せられて居る行為」と定義し、過料が定められているものを形式上の行政犯、刑罰が定められているものを実質上の行政犯とする[51]。そして、行政犯（実質上の行政犯）は、「行政上の目的の為めにする國家の命令又は禁止に違反するが故にのみ、犯罪として刑罰の制裁を科せらるる行為」である点において、国家の命令または禁止を待つまでもなく、その行為自身が社会的罪悪性を有するものと認識される刑事犯と区別される[52]。美濃部によれば、実質上の行政犯は、行政法規に定められていることによってはじめて犯罪たる性質を有するものであり、「法律の主眼とするところは、或る事を命令し又は禁止することに在り」、行政刑罰は、「唯其の命令又は禁止の効果を確実にするが為めに定めらるる」にすぎない[53]。

このような美濃部の見解を、八木は、「行政犯と刑事犯との概念及び区別における誤謬、犯罪及び刑罰の本質に対する観念における誤謬に基づいている」と批判する。すなわち、行政犯も刑法上の刑罰を科せられるものである以上、その本質において刑事犯と異なるところはなく、ただ「その行為の反道徳性、罪悪性、反社会性が、必ずしも国民一般に意識されておらず、その行為が犯罪と

50）井戸田・前掲9）159頁以下、山本雅昭「諸制裁の性質—刑法の視点から」法律時報85巻12号(2013) 14頁参照。
51）美濃部・前掲注15）2頁以下。
52）美濃部・前掲注15）4頁。
53）美濃部・前掲注15）5頁。

され処罰されることが、社会通念上当然には知られていない点で、それらが社会通念上当然とされる刑事犯と異なるにすぎない」[54]。このような八木の主張は、「行政犯」が刑法学上の犯罪、すなわち「その遂行に対して刑罰が科されるべき行為」[55]であることを前提に、「行政犯」を単なる行政上の義務違反と把握する美濃部の見解を批判するものであるが、ここでいう「行政犯」に、行政上の秩序罰が定められている行為は含まれていない。

その後も、刑法学説においては、「行政犯」を刑罰が科せられる行為のみを指すものと把握し、行政上の秩序罰が科せられる行為については、その対象から除外してきた[56]。福田は、「行政犯」を、「行政法上の義務違反（非行）」のうち、「刑罰の科せられるべき非行」と定義した上で、刑事犯は「基本的生活秩序（近代市民社会の基本的生活構造を規制する秩序）に違反する行為」であるのに対し、行政犯は基本的生活秩序に直接結合しない「派生的生活秩序（市民社会から一応遮断された外郭的生活秩序）に違反する行為」にすぎないと主張する[57]。そして、同じ「行政法上の義務違反（非行）」であっても、行政犯は、「法益の侵害・脅威を含み派生的生活秩序に対する違反」であるのに対し、過料が科せられるべき違反は、「行政庁の命令・禁止に対する積極・消極の不服従」にすぎないとして、これを「秩序違反」と定義する。福田の主張は、行政犯と刑事犯との区別という「法律学者を絶望させる区別」[58]を正面から論じ、行政犯を積極的に定義しようとする意欲的なものであるが、ここではその論点には立ち入らず、次の点を指摘するに留める。すなわち、福田は、刑罰が科せられるべき行為（法益の侵害・脅威を伴う行為）のうち、「基本的生活秩序」に違反する行為を「刑事犯」、「派生的生活秩序」に違反する行為を「行政犯」と定義し、行政上の秩序罰が科せられるべき非行（行政庁の命令・禁止に対する積極・消極の不服従）」を「秩序違反」と定義する。

54）八木・前掲注1）70頁以下。

55）山口厚『刑法総論〔第3版〕』（有斐閣、2016）2頁。

56）中川祐夫「行政刑法序説」前掲9）『犯罪と刑罰（上）』186頁以下。

57）福田・前掲注48）1頁以下、37頁。

58）Christian Reinhold Köstlin, Neue Revision der Grundbegriffe des Criminalrechts, 1845, S. 28.　なお、「法律学者を絶望させる区別」は、行政犯と刑事犯の区別の困難さを表現するものとして用いられるが、本来は刑事犯（Kriminaldelikt）とポリツァイ違反（Polizeidelikt）との区別についての言である。

これに対し、田中二郎は、「行政犯」を「行政罰を科せられるべき非行」であるとして、刑罰が科せられるべき非行のみならず、行政上の秩序罰が科せられるべき非行についても包含する概念と把握する。そして、行政犯は、「法規の定めに基づく命令禁止を前提とし、この命令禁止に違反するが故に反社会性をもつ」のに対し、刑事犯は、「法の規定をまつまでもなく社会生活上当然に侵すべからざる道徳的本分に違反し、……それ自体反道義性・反社会性を有するもの」であるとして両者を区別する[59)]。

以上のように、「行政犯」については、論者によってその定義が異なっている。特に、刑法が科せられる行為のみを検討の対象とする刑法学説と、行政上の秩序罰が科せられる行為を含めた検討を試みる行政上学説とで、議論の対象が異なっており、このことは、わが国において行政刑法論が発展しない要因となっていると考えられる。

Ⅱ　ドイツ法研究の必要性

以上のように、わが国の行政刑法論においては、その重要な要素である「行政刑法」や「行政犯」の概念が統一されておらず、このことは、わが国の行政刑法論が、行政罰の理論的基礎を提供できない一因であるといえよう[60)]。これに対し、既に述べたように、ドイツでは、ゴルトシュミットらの行政刑法論を理論的背景として秩序違反法が制定された[61)]。そのため、わが国の行政罰のあり方

59）田中二郎・前掲注15）186頁。

60）中川・前掲注56）187頁は、美濃部がもっぱら制裁の手段によって形式上の行政犯と実質上の行政犯を区別したことが、わが国において、いかなる場合に行政刑罰を用い、いかなる場合に行政上の秩序罰を用いるか、その振り分けの基準が明らかとされていないことの遠因となっていることを示唆する。

61）ドイツにおける行政刑法理論や秩序違反法に関する先行研究として、これまでに掲げたもののほか、土屋正三「西独の秩序違反法に就いて(1)～(3)」警察研究25巻6号（1954）19頁、7号（1954）37頁、9号（1954）50頁、同「西ドイツ秩序違反法の改正」警察研究38巻8号（1967）127頁、加川帯刀「秩序違反法と非犯罪化」千葉大学教養部研究報告A11号（1978）55頁、長野實『調査資料・西ドイツ秩序違反法』（国立国会図書館、1980）、村上暦造「西ドイツにおける行政法令違反処理手続(1)（2・完)―船舶関係法令違反に対する過料制度の実態と問題点」海上保安大学校研究報告第1部26巻1号（1981）1頁、同26巻2号（1981）1頁、吉田尚正「ドイツ法における秩序犯と刑事犯(1)～(5・完)」警察研究60巻12号（1989）25頁、61巻1号（1990）33頁、3号（1990）35頁、4号（1990）45頁、6号（1990）43頁がある。

について検討するにあたっては、本節で示した方法論や概念整理の必要性を踏まえ、ドイツにおける行政刑法論の分析を行うことが有益であろう。

ちなみに、ドイツにおける行政刑法論は、彼の地における刑罰概念を背景に、近代刑法学の影響を受けて成立したものである[62)]。そのため、次節においては、これらについて必要な範囲で歴史的考察を加えた上で、ドイツにおける行政刑法論について分析することとしたい。

第3款　小　　括

わが国においては、行政上の義務履行確保手段として行政刑罰が多く用いられているが、十分に機能しているとはいえず、行政刑罰を含めた行政上の処罰制度のあり方を再検討する必要性は高いと考えられる。わが国の行政罰の中核をなす行政刑罰は、刑罰であるとともに、行政上の義務履行確保手段として用いられるものであるから、そのあり方を検討するにあたっては、刑罰固有の制約という刑法学的観点と、立法政策上の妥当性という行政法学的観点の双方から考察することが求められる。また、刑事罰と行政罰との質的な差異に着目した行政刑法論を検討することにも、一定の意義があるといえよう。そして、その際には、秩序違反法制定の理論的背景となったドイツの行政刑法論を分析することが有益であると考えられる。

62）近代刑法学が秩序違反法の制定に及ぼした影響につき、山本隆司「行政制裁の基礎的考察」高橋和之先生古稀記念『現代立憲主義の諸相（上）』（有斐閣、2013）272頁以下参照。

第3節　ドイツにおける行政刑法論と秩序違反法

第1款　ドイツにおける刑罰概念と近代刑法学の展開

I　歴史的考察の必要性

いうまでもなく、ゴルトシュミットの行政刑法論は、当時のドイツにおける刑罰概念や近代刑法学を前提に提唱されたものである。そのため、ゴルトシュミットの行政刑法論を正しく理解するには、その背景にある刑罰概念や近代刑法学に関する歴史的経緯を踏まえた考察が求められよう。とはいえ、ドイツにおける刑罰論や近代刑法学について網羅的に論じることは筆者の能力を大きく超えるものである。そこで、以下、前節において指摘した刑罰固有の制約と立法政策上の妥当性という観点を意識しつつ、ゴルトシュミットの行政刑法論を理解するために必要な限度において、ドイツにおける刑罰概念および近代刑法学の展開について歴史的考察を行うこととしたい。

II　ドイツにおける刑罰概念史

1．古代ゲルマン時代

古代ゲルマン社会においては、現代的な意味での国家的統一体は形成されておらず、国家による処罰という考え方も存在しなかった[1]。国家による裁判は、ジッペ(Sippe)と呼ばれる共通の出自に基づいた共同体同士の間で生じたフェーデ（Fehde）[2]を平和的に解消する目的で行われ、民事と刑事の区別は原則として存在せず[3]、金銭の支払による和解によってウルフェーデ（Urfehde）がなされた[4]。

1）Heinrich Mitteis/Heinz Lieberich, Deutsche Rechtsgeschichte, 16. Aufl., 1981, S. 16ff, S. 35.　邦訳につき、ミッタイス・リーベリッヒ＝世良晃志郎訳『ドイツ法制史概説〔改訂版〕』（創文社、1971）を参照した（ただし、同書の原著は1969年刊行の第11版である）。

2）フェーデとは、ジッペによる名誉回復のための自力救済を意味し、いわば組織的な復讐である（Mitteis/Lieberich,（Anm. 1）, S. 36）。

3）塙浩「刑罰の歴史―西洋―」『フランス・ドイツ刑事法史』（信山社、1982）123頁124頁。Vgl. Mitteis/Lieberich,（Anm. 1）, S. 41.

なお、成文法は存在せず、法は裁判所によって発見される判告法（Weistumsrecht）[5] であり、判決は法の適用（Rechtsanwendung）ではなく認識（Erkenntnis）であった。[6]

古代ゲルマン時代において、違法行為（Frevel）に対する処罰は、主としてジッペ内部における復讐（Rache）や平和喪失（Friedlosigkeit）として行われた。[7] 復讐は、生命（Leben）、財産（Gut）、名誉（Ehre）といった個人の法益（Rechtsgüter）の侵害に対する反撃である。現行犯の場合は、侵害行為の重さを問わず、殺害を含め被害者や近隣者ら自身による復讐に委ねられ、現行犯でない場合には、ジッペによる組織的な復讐（organisierten Rache）であるフェーデの対象とされた。これに対し、人民（Volkes）や社会（Staats）自体の法益が侵害された場合や、いわゆる破廉恥罪（Neidingswerken）の場合には、平和喪失（Friedlosigkeit）の対象とされた。前者の例として、宗教上の犯罪のほか、反逆罪や軍隊からの脱走等、後者の例として、夜間の重窃盗（schweren Diebstahl）、夜間の放火、強姦が挙げられる。平和喪失は、直接的には法の喪失（rechtlos）という消極的効果を意味するが、平和喪失が訴えられると、民会による裁判手続によって、平和喪失という状態の確認とともにアハト刑（Achtstrafe）の宣告がなされた。このアハト刑の宣告は、アハト（迫害）という積極的効果、すなわち死刑の執行方法の決定を意味し、共同体の構成員全員によって執行された。[8]

このように、古代ゲルマン社会においては、国家による処罰という考え方は存在せず、違法行為（Frevel）に対する処罰は、主として当事者または共同体による復讐として行われた。これらは、現代的な意味における刑罰ではないものの、共同体によって容認された処罰という限度で刑罰としての性質を有している。[9] また、民会によるアハト刑の宣告は、公的関心に基づく刑罰が裁判手続を経て科せられる点において、現在の刑罰の淵源をなすものといえよう。[10] しかし

4）Mitteis/Lieberich,（Anm. 1）, S. 40f.

5）Vgl. Wilhelm Ebel, Geschichte der Gesetzgebung in Deutschland, 2. Aufl., 1958, S. 12ff.　古代ゲルマンにおける法概念については、第2章第2節第1款を参照されたい。

6）Mitteis/Lieberich,（Anm. 1）, S. 18.

7）Mitteis/Lieberich,（Anm. 1）, S. 34ff.　なお、家庭内の行為に関しては、家長（Hausherrn）が家権力（Hausgewalt）に基づいて処罰することができ、従者に対する主君も同様であった（Vgl. Mitteis/Lieberich,（Anm. 1）, S. 22f）。

8）Mitteis/Lieberich,（Anm. 1）, S. 37f.

ながら、これらは、あくまで個人や社会の法益に対する侵害を理由に科せられるものであり、また、判告法によって科せられることから明らかであるように、古くから確立している秩序を前提とするものであって、定められた秩序を遵守させる目的で科せられるものではなかった[11]。

2．フランク時代

フランク時代になると、刑罰の多くが成文法によって定められるようになったが[12]、復讐とフェーデは存続し、刑罰権の大部分がジッペと家父長のもとに残された[13]。他方、ジッペ間のフェーデにおいて裁判上の和解によるウルフェーデ（Urfehde）が強制されるようになったが、これは、裁判上の和解の際に支払われる人命金（Wergeld）や贖罪金（Buße）の一部を国家に帰属させることによる収入増を狙いとするものであったとされる。また、民会が有していた平和喪失に関する裁判権は、次第に国王裁判所（Königsgericht）へ移され、死刑（Todesstrafe）や身体刑（Leibesstrafen）、切断刑（verstümmelnde Strafen）等が刑罰として定められた。もっとも、アハト刑についても収入増を目的とする身請金（Lösegeld）の支払による刑の免除が認められた[14]。

上記のような伝統的な刑罰に加え、国王は、人民法（Volksrecht）には知られていなかった王法（Königsrecht）独自の犯罪構成要件を定めることができた[15]。ただし、罰令権（Bannrecht）に基づいて定められる犯罪には、身体刑や生命刑を定め

9）Mitteis/Lieberich,（Anm. 1）, S. 34ff.　なお、復讐やフェーデを私的刑罰（Privatstrafe）と把握する見解があるが（吉田道也「国家的刑罰権と非国家的刑罰権について―ドイツ―」法制史学会編『刑罰と国家権力』（創文社、1960）558頁参照）、Mitteis/Lieberich,（Anm. 1）, S. 36は、ジッペも民族的国家体制（Volksverfassung）の構成要素である自律的自治体（autonome Selbstverwaltungskörper）であることを理由に反対する。

10）Mitteis/Lieberich,（Anm. 1）, S. 39f.　平場安治＝作田啓一＝中義勝「刑罰思想の流れ」平場安治編『刑罰の思想』（新友堂、1978）6頁以下［作田］参照。

11）Ebel,（Anm. 5）, S. 13.

12）Mitteis/Lieberich,（Anm. 1）, S. 82f.

13）Mitteis/Lieberich,（Anm. 1）, S. 91f.

14）Mitteis/Lieberich,（Anm. 1）, S. 93は、これらの動きを、刑法の「財源化（fiskalisiert）」と表現する。これに対し、身請金の使用は「フェーデを克服し、国家的刑罰権を確立しようとする努力」でもあったと評価するものとして、吉田道也・前掲注9）560頁。

15）Mitteis/Lieberich,（Anm. 1）, S. 94.

ることはできなかった。[16] また、これとは別に、国王は、人民の一般的誠実義務（allgemeinen Treupflicht）に基づき、自らの裁量によって、誠実義務違反に対し自由裁量刑（Harmschar）を科すことができた。[17]

このように、フランク時代には、刑罰権の主体がジッペから国家へと次第に移行していったことを観察することができる。中でも、注目すべきは、国王が、統治の手段として、[18] 新たな犯罪構成要件を創出することができるとされたことである。ここに、応報思想に基づく狭義の刑罰とは異なる、統治の手段としての刑罰という新たな考え方を観察することができる。また、誠実義務違反に対する自由裁量刑の中に、義務違反に対する刑罰という考え方を観察することも可能である。フランク時代におけるこれらの変化は、古代ゲルマン時代からの伝統的な刑罰（狭義の刑罰）とは本質的に異なる、新たな刑罰概念の誕生を意味するものといえ、後の行政罰概念に繋がるものということができよう。[19]

3．中世以後

いわゆる「オットーの戴冠」による神聖ローマ帝国成立後も、なお復讐およびフェーデは存続した。しかしながら、封建制下における領主層のフェーデに歯止めをかける必要性から、10世紀末以降の「神の平和（Gottesfriede）」運動を経て、神聖ローマ帝国においてラント平和令（Landfrieden）がたびたび発布されるようになった。[20] ラント平和令は、領主層によるフェーデの制限をその目的とするものであったが、フェーデの制限に伴い、犯罪行為を現実に処罰することが重大な問題となった。[21] そのため、ラント平和令は、従来は非自由人（Unfreie）に対してのみ行われていた公権力による死刑や身体刑の執行を自由人に拡張し、ここに、公権力によって執行される「実刑（peinliche Strafen）」が誕生した。[22] これ

16）Mitteis/Lieberich,（Anm. 1）, S. 62.
17）Mitteis/Lieberich,（Anm. 1）, S. 94.
18）Mitteis/Lieberich,（Anm. 1）, S. 62; Vgl. Ebel,（Anm. 5）, S. 34.
19）山本隆司「行政制裁の基礎的考察」高橋和之先生古稀記念『現代立憲主義の諸相（上）』（有斐閣、2013）255頁は、ドイツにおける行政制裁は、君主の包括的な罰令権に淵源がある、とする。
20）Mitteis/Lieberich,（Anm. 1）, S. 209ff.
21）Mitteis/Lieberich,（Anm. 1）, S. 180.
22）Mitteis/Lieberich,（Anm. 1）, S. 278; 吉田道也・前掲注9）561頁以下参照。

により、贖罪金の支払によって済まされるのは比較的軽い犯罪の場合に限られるようになり、贖罪金は罰金としての性質を有することとなった[23]。ただし、かつてのアハト刑も一定の範囲で残された[24]。

「実刑」の誕生により、刑罰は、従来の当事者による復讐から、犯罪を抑止する意図をもって科せられ、公権力によって執行される処罰へと変容した[25]。他方、罰令権は存続したため[26]、中世以降、犯罪抑止のための刑罰と国家目的達成のための刑罰とが混然一体となってドイツにおける刑罰概念を形成することとなった。しかしながら、やがて啓蒙思想を背景として刑罰権の制約が論じられるようになり、近代刑法学が成立することとなる。

Ⅲ　近代刑法学の展開

1．ベッカリーア、カント

1764年、当時のヨーロッパにおける刑罰権の濫用を背景に、ベッカリーア(C. Beccaria)は、社会契約論を根拠として犯罪と刑罰について論じた『犯罪と刑罰』[27]を出版し、刊行2年後の1766年にはドイツ語訳が出版され、その後のドイツ刑事法学に大きな影響を与えた。

ベッカリーアが近代刑法学に与えた影響は多岐にわたるが、本款との関連においては、刑罰は各個人の行動が社会の存在を危うくした程度に応じて課せられるべきであり、必要最小限度に留めるべきであるとした点が重要であろう。また、ベッカリーアは、刑罰の目的は犯罪の予防にあり、予防のために刑罰の確実性を重視した。ベッカリーアは、刑罰の濫用を強く戒めただけでなく、その根拠として、社会契約に基づく刑法概念を唱え[28]、近代刑法の基本原則である「刑法の謙抑性」に繋がる考え方を示した。

23）Mitteis/Lieberich,（Anm. 1）, S. 278f.

24）Vgl. Mitteis/Lieberich,（Anm. 1）, S. 279.

25）Vgl. Mitteis/Lieberich,（Anm. 1）, S. 279.　Ebel,（Anm. 5）, S. 46f は、ラント平和令による実刑刑法（peinliche Strafrecht）の幕開けは、刑法史上重要な点であると指摘する。

26）Vgl. Ebel,（Anm. 5）, S. 60.

27）Cesare Beccaria, Dei delitti e delle pene, 1764; ベッカリーア＝風早八十二・五十嵐二葉訳『犯罪と刑罰』（岩波文庫、1959）。

28）風早八十二「解説」前掲注27）『犯罪と刑罰』208頁。

これに対し、カント（I. Kant）は、刑罰の正当化根拠は国家による同害報復の原理にあり、犯罪に対しては断固として刑罰を科さねばならないと主張した。[29] カントの主張は、目的刑論を否定し、刑罰の本質は応報にあるとするものであり、かかる見解によれば、ただ目的を達成するためだけに刑罰を科すことは許されない。これらの刑罰の本質に関する議論について本書では立ち入らないが、いずれの立場をとるにせよ、刑罰にはその本質に由来する固有の制約があり、それを超えて刑罰を用いることは許されないこととなる。そして、この考え方は、それぞれの立場を超えて受け入れられ、近代刑法学の前提となった。

2．フォイエルバッハ

近代刑法学は、近代刑法の父と呼ばれるフォイエルバッハ（P.J.A. Feuerbach）により成立したとされる。フォイエルバッハは、法と道徳を峻別し、罪刑法定主義の思想を確立した点において高く評価されるが、[30] 本書の問題意識との関連においては、狭義の犯罪とポリツァイ違反[31]とを区別し、両者を実定法上分離すべきであると主張した点が特に重要であろう。すなわち、フォイエルバッハは、犯罪の本質は権利の侵害にあり、狭義の犯罪は、「統治活動の執行及び国家の宣言とは無関係に存在する」権利の侵害、ポリツァイ違反は、「ポリツァイ法規に対する服従を要求する国家の権利」の侵害であり、[32] この性質上の違いから、ポリツァイ違反に関する罪（Polizeiübertretungen）は、刑法典とは別個の法典で規定されるべきである、[33] とする。

上記のフォイエルバッハの主張に対しては、いかなる法規違反に対しても「ポリツァイ法規に対する服従を要求する国家の権利」の侵害を理由に刑罰を科すことが認められうるため、犯罪の本質を権利侵害に求めることで犯罪の範囲を

29）Immanuel Kant, Die Metaphysik der Sitten, Bd. 6, Akademie 1968, S. 331ff.

30）荘子邦雄『近代刑法思想史序説』（有斐閣、1983）40頁以下参照。

31）本書においては、当時のポリツァイ概念と現代的な警察概念の混同を避けるため、「ポリツァイ違反」を用いる。なお、ポリツァイ概念につき、第2章第2節第2款参照。

32）Vgl. Paul Johann Anselm von Feuerbach, Lehrbuch des Gemeinen in Deutschland gültigen peinlichen Rechts, 14. Aufl., 1847, S. 46.　邦訳につき伊東研祐『法益概念史研究』（成文堂、1984）15頁以下を参照した。

33）Vgl. Feuerbach,（Anm. 32）, S. 48.

限定して市民の自由を保護しようとすることとの論理的整合性がないようにも考えられる。しかしながら、近年では、フォイエルバッハの主張は、ポリツァイ違反に対する処罰の正当化根拠を、個人の権利を保護するために発せられたポリツァイ法規に服従しないことによって個人の権利が危殆化することに求められるという見解が示されており[34)]、刑罰固有の制約を検討する上で参考となると思われる。また、フォイエルバッハが狭義の犯罪とポリツァイ違反とを性質上区別したことは、法（Recht）に対する違反と行政（Verwaltung）に対する違反とを区別するゴルトシュミットの行政刑法論に繋がる考え方であるといえよう。

3．ビンディング、ベーリング

フォイエルバッハ以降、ビンディング（K. Binding）やベーリング（E. Beling）によって、行為規範概念が主張された[35)]。ビンディングは、行為者を裁く法命題と行為者が違反する法命題とを区別し、犯罪の本質は後者（行為規範）への反抗であり、行為規範は、概念的に前者（裁判規範）に先立つものであると主張した[36)]。ベーリングは、ビンディング同様、犯罪の本質を行為規範への反抗とした上で、行為規範の淵源を国家の規範的意思という全法秩序に共通な一般規範に求めた[37)]。

これらの主張は、ゴルトシュミットの行政刑法論に少なからず影響を与えたものと考えられる。なぜなら、犯罪の本質が前法的な行為規範への反抗にあるとすれば、法が特別に課した義務への違反にとどまる場合は犯罪を構成しないため、単なる法律上の義務違反と犯罪とは、概念上区別されるからである。ちなみに、M.E. マイヤー（M.E. Mayer）は、ゴルトシュミットの行政刑法論とほぼ同時期に、行為規範を社会の「文化規範（Kulturnorm）」に求めた上で、狭義の刑罰は、文化規範を承認した国法規範への違反に対するもの、行政罰は、文化規範と独立的・中立的に定立される国法規範への違反に対するものであるとして、両者を区別している[38)]。

34）フォイエルバッハの主張に対する学説の整理につき、伊東・前掲注 32）17 頁以下参照。
35）江藤隆之「刑罰法規の意味としての行為規範」桃山法学 17 号（2011）1 頁以下参照。
36）Karl Binding, Die Normen und ihre Übertretung, Bd. 1, 4. Aufl., 1922, S. 3ff.
37）Ernst Beling, Die Lehre vom Verbrechen, 1906, S. 118f.

Ⅳ　ゴルトシュミットの行政刑法論の背景

1．近代刑法学の影響

ベッカリーア以後展開されてきた刑罰論は、論者によって立場は異なるものの、刑罰には一定の制約があるという前提に立ち、それを理論的に探求している点では共通している。すなわち、刑罰には、その本質に由来する固有の制約があり、立法によっても刑罰を科しえない領域が存在するという考え方が、刑法学において共通認識となっているといえよう。そして、狭義の犯罪とポリツァイ違反とを性質上区別するフォイエルバッハの主張やその後の行為規範説が、ドイツにおける行政刑法論の理論的背景となっていると考えられる。

2．実定法の影響

前述のとおり、フォイエルバッハは、狭義の犯罪とポリツァイ違反とを区別し、前者は個人の権利を侵害するものであるが、後者はその内在する危険性ゆえに法律上禁止されたにすぎず、それゆえ、ポリツァイ違反は、実定法上、刑法典とは別の法律で規定されるべきであると主張した。これを受け、1839年にヴュルテンベルク（Württemberg）でポリツァイ刑法典（Polizeistrafgesetzbuch）が制定されたのを皮切りに、ヘッセン（Hessen, 1847年）やバイエルン（Bayern, 1861年）、バーデン（Baden, 1863年）等でポリツァイ刑法典が制定された[39]。

しかし、1871年のライヒ刑法典（Reichsstrafgesetzbuch）により、ポリツァイ違反の一部が刑法典に統合され[40]、これにより、ドイツにおいても違警罪（Übertretung）が刑法典に規定される犯罪類型の一つとなった[41]。ただし、従来のポリツァイ刑法典も存続し、また、自由主義的な夜警国家からの福祉国家への変化

38）Max Ernst Mayer, Rechtsnormen und Kulturnormen, 1903, S. 14ff.　山本隆司・前掲注19）271頁は、M.E. マイヤーの主張は「文化規範」を論じることが中心であり、行政刑法を積極的に定義づけることを意図するものではない、とする。

39）Ottmar Bühler, Die eigene Strafgewalt der Verwaltungsbehörden nach deutschem Recht, in: Festschrift für Ernst Heinrich Rosenfeld zu seinem 80. Geburtstag am 14. August 1949, 1949, S. 208.

40）この過程におけるフランス法の影響を指摘するものとして、山本隆司・前掲注19）266頁。

41）Vgl. Gesetz, betreffend die Redaktion des Strafgesetzbuchs für den Norddeutschen Bund als Strafgesetzbuch für das Deutsche Reich. Vom 15. Mai 1871, §1.

に伴い、刑法典以外の個別法に規定された刑罰規定も増加する一方であった[42]。このような、多様な刑罰が混在する状況に加え、国家観の変化に伴い、行政の意味も警察行政から福祉行政を中心とするものに変わっていく中、ゴルトシュミットは1902年に『行政刑法』[43]を発表し、従来の刑法理論とは異なる行政刑法論を提唱した[44]。

第2款　ゴルトシュミットの行政刑法論と秩序違反法

I　ゴルトシュミットの行政刑法論とドイツ法への影響

1．ゴルトシュミットの行政刑法論

ゴルトシュミットの行政刑法論は、法に対する違反を司法犯（Rechtswidrigkeit）、行政に対する違反を行政犯（Verwaltungswidrigkeit）と定義した上で、司法犯に科せられる司法罰（Rechtsstrafe）と行政犯に科せられる行政罰（Verwaltungsstrafe）[45]とを、理論的に区別することを試みるものである[46]。

ゴルトシュミットによれば、法と行政とはその目的を異にしており、法の目的は、意思主体の勢力範囲の保護（Schutz）にあるのに対し、行政の目的は、社会全体の福祉（Wohlfahrt）の促進（Förderung）にある[47]。そのため、司法犯は、他の意思主体の勢力範囲の侵害であり、法益侵害（Rechtsguterbeeinträchtigung）と

42）Vgl. Karl Siegert, Deutsches Wirtschaftsstrafrecht, 1939, S. 24; 司法資料279号『独逸経済刑法―経済に於ける秩序罰』（司法省調査部、1942）9頁以下、吉田尚正「ドイツ法における秩序犯と刑事犯(1)」警察研究60巻12号（1989）28頁、西津政信『間接行政強制制度の研究』（信山社、2006）58頁。

43）James Goldschmidt, Das Verwaltungsstrafrecht, 1902.

44）福田平『行政刑法〔新版〕』（有斐閣、1978）11頁以下は、ゴルトシュミットを、「はじめて行政刑法に学問的基礎を与えんとした学者である」と位置付ける。

45）本書においては、ゴルトシュミットの理論をより正確に理解するため、“Verwaltungsstrafe”を「行政罰」と訳すこととする。なお、私見によればゴルトシュミットの行政刑法論は「行政罰法論」とするほうがより正確であると思われるが、わが国において、一般に「行政刑法」の訳が定着していることから、“Verwaltungsstrafrecht”については「行政刑法」を用いることとする（前節第2款参照）。

46）Goldschmidt,（Anm. 43）, S. 539ff.

47）Goldschmidt,（Anm. 43）, S. 529ff.

いう「損害の発生（damnum emergens）」を意味するのに対し[48]、行政犯は、福祉の増大に向けられた行政上の義務を懈怠することであり、公共の福祉（öffentliche Wohl）の阻害（Durchkreuzung）という「利益の逸失（lucrum cessans）」を意味する。したがって、行政犯は、論理上必然的に法益侵害を伴うものではない[49]。

行政犯に対して科せられる行政罰は、刑罰を通じた法の反作用（Reaktion）ではなく、自力救済の許容による行政の反作用である。しかしながら、刑罰を用いる以上、「法律なければ刑罰なし（nulla poena sine lege）」という命題により、法規命令（Rechtsverordnung）なしに刑罰を科すことは許されず、行政罰についても、あらかじめその行使を国民に予測させるための一般的宣言（allgemeine Erklärung）が発せられることが不可欠である。そのため、本来行政の事務である行政罰権（Verwaltungsstrafgewalt）の行使の態様についても、法規（Rechtssätze）の形式により定められる[50]。

このように、行政罰が法定化され刑罰法規（Strafrechtssätze）の形式をとったことにより、いくつかの行政罰規定は、両属的性質（Zwitternatur）を有することとなった。すなわち、ある行政罰規定が国家の法益そのものを保護の対象としている場合には、かかる行政罰規定に違反することは、行政上の義務の懈怠であると同時に、国家の法益を侵害する行為である。そして、高権の主体である国家も刑法による保護の対象であるから、かかる義務の懈怠は、行政犯ではなく司法犯となる。

以上より、行政刑法（Verwaltungsstrafrecht）とは、公共の（または国家の）福祉の促進を委ねられた国家が、行政上の義務の懈怠に対し、法規（Rechtssätze）の形式で行政効果（Verwaltungsfolge）としての刑罰（Strafe）と結合させたものである[51]。しかしながら、法と行政とは究極において調和するものであるから、司法犯と行政犯の間には、絶対的な区別が存在するのではなく、相対的な区別が存在するにすぎない。すなわち、違反の性質に関するその時代・その場所における解釈（Auffassung）によって、ある違反が司法犯であるか行政犯であるかが定

48）Goldschmidt,（Anm. 43）, S. 539f.
49）Goldschmidt,（Anm. 43）, S. 544f.
50）Goldschmidt,（Anm. 43）, S. 558ff.
51）Goldschmidt,（Anm. 43）, S. 573ff.

まり、一義的にいずれかに属するといえるような法規違反は極めて少ない。このように、刑法と行政刑法との間には「層の移行の過程（Abschichtungsprozess）」が存在する[52]。

2．ドイツ法への影響

ゴルトシュミットの行政刑法論は、当時の刑事法学に大きな影響を与え、1911年から1930年にかけて提出された刑法典改正に関する多くの法案（未成立）は、重罪および軽罪と違警罪を別の部（Teil）に規定するなど、行政犯の刑事犯からの分離を唱えたゴルトシュミットの主張を反映しようと試みた[53]。例えば、1925年のドイツ刑法典案の草案理由書は、「刑事不法（Kriminellen Unrecht）と単なる秩序違反（bloße Ordnungswidrigkeit）、すなわち軽罪（Vergehen）と違警罪（Übertretung）との区別は、行為の内在的本質（innere Wesen）のみが基準となりうる[54]」として、ゴルトシュミットの行政刑法論の影響を受けていることを示唆している。ちなみに、同法案は、違警罪について、刑法典中に特別の総則規定と構成要件とを定めていた。これらの法案は、いずれも成立しなかったものの、ゴルトシュミットの行政刑法論が当時の立法担当者らに一定の影響を与えていたことを意味するものといえよう[55]。

その後、行政機関の権限が大幅に拡張されたナチス期において、裁判手続によらず行政手続によって刑罰を科す「秩序罰（Ordnungsstrafe）」が経済法の分野で用いられたが、第二次世界大戦が終結すると、復興のために制定された多くの経済法規に、「秩序罰」に代わって、刑事裁判手続によって刑罰を科す刑事罰（Kriminalstrafe）の規定が設けられた。これらの中には、権利侵害を伴うとは考えにくい単なる義務違反についてまで刑罰を定めるものが存在したため、ボン基本法のもと、行政犯を刑事犯から分離して「非犯罪化（Entkriminalisierung）」することが要請され、1949年の経済刑法（Wirtschaftsstrafgesetz）において実現した

52）Goldschmidt,（Anm. 43）, S. 585f. 「層の移行の過程」の訳は山本隆司・前掲注19）271頁による。「変容過程」と訳するものとして、福田・前掲注44）10頁、吉田尚正・前掲注42）30頁。

53）長野實『調査資料・西ドイツ秩序違反法』（国立国会図書館、1980）9頁。

54）Amtlicher Entwurf eines Allgemeinen Deutschen Strafgesetzbuchs nebst Begründung 1925, Materialien zur Strafrechtsreform, Bd. 3, S. 177.

55）Vgl. Eberhard Schmidt, Das neue westdeutsche Wirtschaftsstrafgesetz, 1950, S. 29f.

（ナチス期の「秩序罰」と第二次世界大戦後の非犯罪化については、第3章第2節以下において詳述する）。

1949年経済刑法（後述）の制定に大きな影響を与えたEb. シュミットは、同法に関する著書において、法が保護を与えようとする益（Güter）を、法益（Rechtsgüter）と行政益（Verwaltungsgüter）とに分け、各種の経済法規違反は、このいずれに悪影響を与えるかによって質的に異なり、法益の侵害には刑事罰（Kriminalstrafe）が、行政益の侵害には行政罰（Verwaltungsstrafe）が科せられるべきであると主張した[56]。その一方、Eb. シュミットは、経済の分野においては本質的に量が質を決定するとして、その規模によって経済犯（Wirtschaftsstraftat）にも秩序違反（Ordnungswidrigkeit）にもなり得る違反行為が存在することを認めている[57]。なお、秩序違反法の立法過程においても犯罪と秩序違反との区別が問題となったが、後述するように、現行法である1968年秩序違反法は、両者は実定法の定めによって区別されるという立場を採用している。

II　秩序違反法の制定と行政刑法論の影響

ゴルトシュミット以降、その本質的差異を否定するものを含め、刑事犯（司法犯）と行政犯の区別に関する多くの主張がなされた。これらの議論は、刑罰の本質を論じるにあたって興味深い題材を提供するものであるが、秩序違反法の制定に与えた影響という観点からは、既に紹介したゴルトシュミットの行政刑法論を超えるものではないため、それらの議論の詳細については先行研究[58]に委ねることとし、以下、秩序違反法の制定過程におけるゴルトシュミットの行政刑法論の影響について分析することとしたい。なお、一連の秩序違反法の内容および立法経緯については、第3章第3節において詳述する。

1．「秩序違反」概念の導入

1949年経済刑法[59]は、実定法上の概念として「秩序違反（Ordnungswidrigkeit）」

56）Schmidt,（Anm. 55）, S. 21f.

57）Schmidt,（Anm. 55）, S. 37f.

58）福田・前掲注44）9頁以下等。

59）1949年7月26日経済刑法の簡略化に関する法律（Gesetz zur Vereinfachung des Wirtschaftsstrafrechts vom 26. Juli 1949（WiStG 1949））。

を導入し（6条以下）、秩序違反に該当する経済法規違反については、刑罰とは異なる制裁である「過料（Geldbuße）」が科せられることとなった。その理由につき、同法の立法理由書は次のように説明する。すなわち、従前は、犯罪と秩序違反とが明確に区別されておらず、司法と行政の権限配分が行政機関や検察庁の裁量に委ねられていたため、恣意的な運用などの弊害が生じていた。そのため、1949年経済刑法においては、犯罪と秩序違反とを概念的に区別し、そのことを明示的に表すため、従前用いられてきた「秩序罰」に代えて「過料」を用いることが適当である[60)]。

1949年経済刑法の立法理由書は、秩序違反概念を導入した理由としてゴルトシュミットの行政刑法論を直接引用することをせず、司法と行政の権限配分の問題を主たる理由として挙げるにとどまる。しかしながら、同理由書は、同法6条の規定は犯罪と秩序違反とを概念上分離することを試みるものであるとしており[61)]、同法は、刑事犯（司法犯）と行政犯とを概念的に区別したゴルトシュミットの行政刑法論を理論的背景としているということができよう。また、同法が導入した秩序違反概念を引き継いだ1952年秩序違反法および1968年秩序違反法の各立法理由書においても、1949年経済刑法による犯罪と秩序違反の分離はゴルトシュミットの行政刑法論に基づいて行われたと説明されている[62)]。さらに、1949年経済刑法の制定に強く関わった[63)]Eb. シュミット自身が、同法の理論的根拠がゴルトシュミットの行政刑法論にある旨述べている[64)]。加えて、現行法である1968年秩序違反法のコンメンタールにおいても、同法がゴルトシュミットの影響を受けて制定されたことについて異論はない[65)]。以上のことからすれば、同法は、ゴルトシュミットの行政刑法論を理論的背景として制定されたと言って差し支えないものと思われる[66)]。

60）Kurt Haertel/Günther Joël/Eberhard Schmidt, Gesetz zur Vereinfachung des Wirtschaftsstrafrechts: Textausgabe mit erläuternder Einführung, Verweisungen und amtlicher Begründung, 1949, S. 135, S. 141f.

61）Haertel/Joël/Schmidt, (Anm. 60), S. 135ff.

62）BT-Drs., I/2100, S. 14; Vgl. BT-Drs., V/1269, S. 22f.

63）Vgl. BT-Drs., V/1269, S. 23.

64）Schmidt, (Anm. 55), S. 14.

65）Vgl. Lothar Senge (Hrsg.), Karlsruher Kommentar zum Gesetz über Ordnungswidrigkeiten, 4. Aufl., 2014, S. 17f.

2．刑事罰法と行政罰法の分離

1949年経済刑法は、秩序違反概念を導入したものの、犯罪と秩序違反とを実定法上明確に区別することをせず、一つの構成要件が犯罪にも秩序違反にも該当する「真正混合構成要件（echte Mischtatbestände）」については、法の適用段階において犯罪と秩序違反のいずれに該当するかの判断がなされることとなった。[67] その後に制定された1952年秩序違反法[68]は、経済法の分野に限られていた秩序違反概念をあらゆる行政法の分野に広げるものであったが、同法は、行政法規違反を、①もっぱら「過料」が定められているもの、②もっぱら刑罰が定められているもの、③「過料」と刑罰の両方が定められており、個々の事案に応じていずれが科せられるか判断されるものの3つに分類し、①③を総称して「違反行為（Zuwiderhandlung）」と定義した（1条4項）。

これに対し、現行法である1968年秩序違反法は、刑罰と「過料」のいずれの対象にもなり得る「違反行為」概念を採用せず、法適用者（Rechtsanwender）が犯罪と秩序違反のいずれに該当するかを判断する真正混合構成要件の新規創設は回避されることとなった。[69] 同法は、秩序違反と「過料による処罰を許容する法律の構成要件を充たす行為」と定義し（1条）、これによって、犯罪と秩序違反とは実定法によって明確に区別されることとなった。このことは、両者が実定法によらず法適用者によって区別されるという、法の明確性の原則の観点から問題である状況を解決するのみならず、犯罪には刑法の総則規定が、秩序違反には秩序違反法の総則規定が適用されるとすることによって、秩序違反法を法体系上独立させる意味をも有していた。したがって、現在のドイツにおいては、秩序違反に対する制裁を定める秩序違反法は、犯罪に対する制裁を定める固有の刑法（Kriminalstrafrecht）とは、異なる法体系として実定法上区別されている

66） 長野・前掲注53）18頁以下、福田・前掲注44）21頁以下等。

67） Vgl. Joachim Bohnert/Benjamin Krenberger/Carsten Krumm, Ordnungswidrigkeitengesetz Kommentar, 4. Aufl., 2016, S. 5.

68） Gesetz über Ordnungswidrigkeiten vom 25. März 1952（OWiG 1952）.

69） 現存する真正混合構成要件は、労働保障法32条と1954年経済刑法2条の2つのみとされる（今村暢好「行政刑法の特殊性と諸問題」松山大学論集23巻4号（2011）182頁）。なお、法適用者による犯罪と秩序違反の区別の判断を伴わない不真正混合構成要件（unechte Mischtatbestände）は残されている（OWiG 1968, §21）。

ということができる。[70]

第3款　小　　括

秩序違反法による非犯罪化が実現する前のドイツにおいては、必ずしも刑罰によって対処すべきとは考えられない行為についても刑罰が用いられていた。ゴルトシュミットの行政刑法論は、そのような時代背景のもと、法益侵害を伴う「司法犯」と単なる法規違反である「行政犯」とを区別することを意図して提唱されたものであり、ゴルトシュミットの主張は、従来は重視されてこなかった「行政」概念を用いて「司法犯」と「行政犯」とを理論的に区別しようとしたものであったということができよう。そして、ゴルトシュミットの行政刑法論を理論的背景として、第二次世界大戦後に秩序違反法が制定されたことは、前述のとおりである。

ところで、ゴルトシュミットが行政刑法論を提唱する以前から、類似の議論として、刑事犯（Kriminaldelikt）とポリツァイ違反（Polizeidelikt）の区別について議論がなされてきた。[71] そのため、ゴルトシュミットの行政刑法論の特徴は、刑事犯（司法犯）と行政犯との区別を主張したこと自体ではなく、法益侵害を伴わない法規違反に対して行政罰（Verwaltungsstrafe）を科すことを正面から認め、これを、義務履行を確保するための行政強制（Verwaltungszwang）として正当化した点にあると考えられる。このように、ゴルトシュミットの行政刑法論は、行政罰の理論的基礎という観点からも重要な意義を有しているといえよう。[72]

70）Vgl. BT-Drs., Ⅵ/3250, S. 327f.

71）ドイツにおける議論につき、福田・前掲注44）2頁以下参照。

72）Vgl. Schmidt, (Anm. 55), S. 18ff.

第4節　中間的結論

I　行政刑法論における諸概念について

1．ゴルトシュミットの行政刑法論からの示唆

秩序違反法による非犯罪化が実現する前のドイツでは、「刑罰（Strafen）」は、刑事罰（kriminelle Strafe）のみを意味するものではなく、非刑事的刑罰（nicht-kriminelle Strafe）を含む広義の概念であった。したがって、ゴルトシュミットのいう「行政刑法（Verwaltungsstrafrecht）」ないし「行政犯（Verwaltungsdelikt）」は、このような当時の刑罰概念を前提としていることに留意が必要である[1]。

ゴルトシュミットは、「行政刑法」を、行政上の義務の懈怠に対して刑罰（広義の刑罰）が結合されたものと定義しており、ここでは、法益侵害を伴うか否かにかかわらず、法規の形式により行政罰が定められていることのみをもって、行政刑法概念が画されている。そのため、個々の行政罰規定に違反することは、行政上の義務の懈怠であるとともに法益侵害を伴う場合があり、したがって、行政刑法の一部は「両属的性質（Zwitternatur）」を有している。他方、ゴルトシュミットは、行政上の義務の懈怠であっても、それが法益侵害を伴う場合には、行政犯ではなく司法犯であるとしており、ここでいう「行政犯」は、行政罰が定められている行政上の義務の懈怠のうち、法益侵害を伴わないものを意味する概念である。

このように、ゴルトシュミットの行政刑法論は、行政罰を定める法規全体を「行政刑法」と把握し、行政罰の対象とされていた行政上の義務の懈怠を、法益侵害を伴う刑事犯（司法犯）と、法益侵害を伴わない単なる義務違反（行政犯）とに分類し、後者に対しては、その性質上、前者と異なった原理に服するべきであると主張するものであったということができよう。そして、かかる主張が後の秩序違反法の制定へと繋がり、その結果、軽度な法益侵害を伴うものも含め、行政上の義務違反の多くが非犯罪化された。このことは、わが国における行政

1）ゴルトシュミットの行政刑法論の前提となる刑罰概念につき、第3章第2節第1款参照。

上の刑罰規定のあり方を検討する上で示唆に富むものと思われる。

2．わが国における概念整理に関する試案

ゴルトシュミットの行政刑法論が、広義の刑罰概念を前提に、広く行政罰全般を対象とするものであったのに対し、わが国における行政刑法論は、主に行政刑罰のみを対象として議論され、結果として、行政刑罰と行政上の秩序罰の振り分けを含む行政罰全体に関する理論的基礎を提供することができなかった。

私見によれば、「行政刑法」や「行政犯」などの概念は、それ自体から何らかの実定法解釈上の原理を導き出せるものではない。かつての行政法学説のように、行政刑法を行政法の一分野と位置付け、それゆえに、刑法理論とは異なる原則に服すると主張することは、一種の循環論法にすぎないように思われる。かつての刑法学説のように、行政刑法も刑法の一部である以上、刑法理論に服すると主張することも同様である。それらの概念は、個々の罰則規定を総合して分析するための分類にすぎず、そこから直接に何らかの解釈論上の帰結を導くことができるものではないと解すべきであろう。

したがって、わが国の行政罰の理論的基礎を論じるにあたっては、さしあたり、「行政刑法」を行政罰に関する規定の総称、「行政犯」を法令上行政罰が定められている義務違反と定義し、必要に応じて、さらに細分化された概念を用いてそれぞれの特性を論じれば足りるものと思われる。この点に関し、ゴルトシュミットの行政刑法論を理論的背景としつつ、刑事犯との区別が疑問視された「行政犯」概念を用いず、「秩序違反（Ordnungswidrigkeit）」概念を採用したドイツ秩序違反法の例が参考になろう[2]。

Ⅱ　行政罰のあり方について

1．秩序違反法からの示唆

ゴルトシュミット自身が認めるように、刑事犯と行政犯の区別は必ずしも明白ではなく、既に存在する行政罰規定の適否を一義的に判断することは困難である。しかしながら、境界領域における判別が困難であることを理由に、行政

2）わが国においても秩序違反法制を導入すべきとする見解として、西津政信『行政規制執行改革論』（信山社、2012）151頁以下。

上の義務違反に対して漫然と行政刑罰を多用することは、理論的にも立法政策としても妥当ではない[3)]。この点に関し、1968年秩序違反法に先立つ1949年経済刑法法および1952年秩序違反法は、境界領域にある義務違反について真正混合構成要件を認め、これについては、法適用者が犯罪であるか秩序違反であるかを判断するという手法を採用した。このことは、法的安定性および法の明確性の観点から問題であるものの[4)]、秩序違反という新たな概念の導入過程における立法上の工夫として、一定の評価がなされるべきと考えられる。

これに対し、現行法である1968年秩序違反法は、真正混合構成要件に関する規定を廃止し、犯罪と秩序違反とは、原則として実定法上の構成要件によって区別されることとなった。このことは、秩序違反に対し、刑事手続とは異なる手続を採用することが可能であることをも意味している。この点につき、同法は、軽微な非行に対する便宜主義を明文で規定したほか（47条1項）、法適用の容易化や手続の簡易化を目的として、刑法総則の規定とは異なる規定を導入している[5)]。ちなみに、同法は、「刑罰（Strafe）」の文言を用いることを意識的に避け[6)]、また、刑法典で用いられる「犯行（Tat）」、「有責な（schuldhaft）」、「処罰（Bestrafung）」の代わりに、「行為（Handlung）」、「非難可能な（vorwerfbar）」、「処罰（Ahndung）」が用いられるなど、秩序違反に対して科せられる「過料」が狭義の刑罰とは異なる処罰概念に基づいていることが表されている[7)]。

3）ゴルトシュミットは、「動物と植物のいずれに属するか明確でない生物が存在するからといって、動物と植物の区別を否定する者はないであろう」として、判別が困難な義務違反が存在することを理由に刑事犯（司法犯）と行政犯の区別を否定すべきではないと主張する（James Goldschmidt, Das Verwaltungsstrafrecht, 1902, S. 529）。

4）Vgl. BT-Drs., V/1269, S. 27.

5）一例として、1952年秩序違反法では採用された刑法総則上の「共犯（Teilnahme）」を用いず、「関与（Beteiligung）」と規定するが（14条）、これは法適用の容易化を意図したものと説明される（BT-Drs., V/1269, S. 48）。ただし、同規定につき、刑法理論と整合的に解すべきとした判例がある（Vgl. BGHSt. 31, 309.＝NJW 1983, 2272）。

6）1949年経済刑法につき、Vgl. Eberhard Schmidt, Das neue westdeutsche Wirtschaftsstrafgesetz, 1950, S. 39f.

7）刑罰に代えて「過料」が導入された理由につき、Vgl. Kurt Haertel/Günther Joël/Eberhard Schmidt, Gesetz zur Vereinfachung des Wirtschaftsstrafrechts: Textausgabe mit erläuternder Einführung, Verweisungen und amtlicher Begründung, 1949, S. 141f.

2．わが国の行政罰のあり方について

近代刑法学においては、刑罰には固有の制約があり、立法によっても刑罰を科しえない領域があることが共通認識となっている。前節において確認したように、近代刑法学は、近代国家成立前からの刑罰概念の連続性を前提に形成されてきたものであり、わが国の刑事法体系も近代刑法学を前提とする以上、行政刑罰についてのみ刑罰固有の制約を論じる必要がないと解することは困難であろう[8]。そのため、わが国における行政罰のあり方を検討するにあたっては、まず、対象となる行政上の義務違反につき、刑罰固有の制約の観点から、当該義務違反に対して行政刑罰を用いることができるかについて検討する必要がある。そして、刑罰固有の制約は、立法政策的な観点からの制約ではなく、刑罰規定に内在する制約であるから、新規立法の際はもちろん、現に存在する行政刑罰規定についても、これに反することが明らかであるものについては、法改正により積極的に非犯罪化を図るべきであると思われる[9]。

次に、刑罰固有の制約の観点からは行政刑罰を科すことが許容されるとしても、立法政策上の妥当性の観点から行政刑罰を用いることが相当でないと認められる場合には、新たに行政刑罰規定を設けることは認められず、現存する行政刑罰規定についても、非犯罪化が図られるべきであろう。他方、行政上の秩序罰については、その中心をなす過料の賦課・徴収手続に関する法整備が不十分であることが指摘されており、立法政策上の妥当性の観点からわが国の行政罰について検討するにあたっては、過料の賦課・徴収手続に関する法整備を含めた総合的な検討が求められる[10]。

これらの点に関し、ドイツにおいては、一連の秩序違反法の制定後、大規模な秩序違反への転換による非犯罪化が実現しており、その際の犯罪と秩序違反

8）高山佳奈子「行政制裁法の課題―総説」法律時報85巻12号（2013）4頁参照。

9）小早川光郎ほか『地方分権の進展に対応した行政の実効性確保のあり方に関する検討会報告書』総務省・地方分権の進展に対応した行政の実効性確保のあり方に関する検討会（2013）27頁は、「行政刑罰の対象を真に刑罰に値するものに限定し、刑罰本来の機能を回復することが適当である。併せて、必要に応じて行政上の秩序罰（過料）への移行を図ることが適当である」とする。

10）西津政信『間接行政強制制度の研究』（信山社、2006）201頁以下、真島信英「行政罰たる過料による制裁のあり方をめぐる研究―刑事的視点から見た刑罰と過料の限界を中心として」亜細亜法学45巻2号（2011）147頁以下。

との振り分けに関する議論や[11]、非犯罪化に向けた秩序違反法の手続規定に関する法整備について分析することは、わが国の行政罰のあり方について検討するにあたり、示唆に富むものと思われる。

11）わが国における犯罪と秩序違反との区別に関する先行研究として、村上暦造「行政官庁による処罰に関する一考察―西ドイツにおける秩序違反と犯罪の区別をめぐる論議を中心として」海上保安大学校研究報告第1部27巻1号（1981）1頁、神山敏雄「経済犯罪行為と秩序違反行為との限界(1)〜(3・完)―ドイツの法制度・学説・判例を中心に」刑法雑誌24巻2号（1981）149頁、同26巻2号（1984）256頁、同27巻1号（1986）21頁がある。

第2章　行政上の処罰概念の歴史的展開

第1節　はじめに

前章で確認したように、わが国の行政罰については、立法実務上、行政刑罰が多用される傾向があり、また、行政上の秩序罰を含む多くの行政罰規定が実際に執行されることなく機能不全に陥っていることが、従来から指摘されてきた。これに対し、ドイツにおいては、刑事犯（司法犯）と行政犯の区別を提唱したゴルトシュミットの行政刑法論を理論的背景として第二次世界大戦後に秩序違反法が制定され、従来は刑罰が用いられてきた行為の多くを秩序違反に転換し、非犯罪化（Entkriminalisierung）を実現した。また、秩序違反法には、適用の容易化や手続の簡易化といった、行政上の義務履行確保の観点からの立法的工夫が施されており、運用上も、わが国とは対照的に、行政上の義務履行確保手段として機能している[1)]。これに対し、わが国においても、行政罰制度の見直しが提唱されているものの、立法化には至っていない。

本章においては、ドイツにおいて、いかなる理由から、刑事犯と行政犯の分離が理論的に受け入れられ、実定法上において実現することとなったのか、その歴史的経緯を解明するため、ポリツァイ条令（Polizeiordnung）およびポリツァイ刑法（Polizeistrafrecht）を中心に行政罰法制について分析を行い、ドイツにおける行政上の処罰概念の歴史的展開について検討することとしたい。

1）ドイツにおける秩序違反法等の運用に関する調査研究として、西津政信「ドイツ諸州の行政上の義務履行確保運用及び行政執行体制に関する調査研究報告(1)～(6)」愛知大学法学部法経論集198号（2014）175頁、同200号（2014）43頁、同202号（2015）221頁、同204号（2015）251頁、同206号（2016）91頁、同208号（2016）145頁がある。

第2節　前史（近世以前）

国家が成立する前から存在していた狭義の刑罰と異なり、行政罰は、国家の統治権に基づき、行政上の義務履行を確保する観点から科せられるものである。前者は、前法的な応報思想に基づいて科せられるのに対し、後者は、行政上の目的を実現するために用いられる。そのため、行政罰概念は、その本質上、国家と国家の目的を実現するための「制定法（Gesetz）」を前提とする[1)]。本節においては、ドイツにおける「法（Recht）」概念と「刑罰（Strafe）」概念について歴史的考察を行い、狭義の刑罰概念とは異なる「行政罰（Verwaltungsstrafe）」概念が、いつ、どのように誕生したのかを観察する。

第1款　法（Recht）、刑罰（Strafe）、行政罰（Verwaltungsstrafe）

Ⅰ　ドイツにおける法概念

エーベル（W. Ebel）によると、中世以前のドイツにおける法（Recht）は、「判告法（Weistumsrecht）」、「締約法（Satzungsrecht）」、「命令法（Gebotsrecht）」の３つに分類される[2)]。これらは、ドイツ史において順次発生した概念であるが、交換的に形成されたものではなく、混合的に発生し、歴史的経緯を経て、今日における制定法（Gesetz）を中心とした法概念を形成するに至った。そこで、以下、ドイツにおける行政罰概念について歴史的考察を行う前提として、中世以前における法概念がいかなるものであったかについて、上記の分類を手がかりとして分析する。

1）行政の意義については議論があるが、歴史的には、行政は、法のもとに、司法以外の国家目的を実現することを目的とする作用として観念されてきたということができる（田中二郎『新版行政法上巻〔全訂第２版〕』（弘文堂、1974）２頁）。

2）Wilhelm Ebel, Geschichte der Gesetzgebung in Deutschland, 1958, S. 11.　邦訳につき、W・エーベル＝西川洋一訳『ドイツ立法史』（東京大学出版会、1985）を参照した。

1．判告法（Weistumsrecht）

判告法は、ドイツの歴史上、最も古くに現れた法形式であるとされる[3)]。判告法は定められた（gesetzt）ものではなく、永遠に妥当する秩序、生活の諸事情に内在する自然的秩序であり、共同体の構成員によって自然と形成されるものであった。すなわち、法は、個々の具体的事案において、法仲間（Rechtsgenossen）によって発見されるものであり、判決（Urteil）は、遵守されるべき法の確認（Feststellung）を意味していた。したがって、目的的な立法政策のようなものはありえず、古い法が廃止され新たな法が確定したとしても、それは法の変更（Wandels）ではなく回復（Wiederherstellung）であり、それゆえに、判告法の改訂は「法是正（Rechtsbesserung）」と称されている[4)]。

このように、判告法は、立法者によって定められるものではなく、共同体によって発見されるものであった[5)]。このような法概念は、フランク時代を経て中世に至っても存続し、中世の各地方において、裁判集会（Thing）によって判告される農民法（Bauernrecht）が存在していた。

2．締約法（Satzungsrecht）

上記のゲルマン的法概念からは、法は発見されるものであり、人為的に定められるものではなかった。他方、共同体は、構成員の合意により、協定（Absprache）、合意（Einung）、誓約（Willkür）といった締約を定めることがあった。締約は、締結者が規範に従う義務を負い、かつそれに違反した場合の法的効果に服することを自ら約定するものである。その義務に違反した場合の法的効果の宣告は、判告法における法の宣告ではなく、判決という形式による自ら約定した規範の適用を意味する。そのため、判告法と異なり、判決における共同体構成員の同意は不要であり、したがって、構成員による裁判集会によることなく、裁判官が単独で判決を下すことが可能であった。

3）Ebel,（Anm. 2）, S. 12ff; Heinrich Mitteis/Heinz Lieberich, Deutsche Rechtsgeschichte, 16. Aufl., 1981, S. 17f.

4）Vgl. Ebel,（Anm. 2）, S. 15ff.

5）一例として、696年のヴィスレード王によるアングロサクソン法典（Die angelsächsischen Gesetze Königs Withräd von 696）は、「ここに、貴顕の者らは、すべての人々の同意を得て、これらの判告法を発見した」と宣明する（Ebel,（Anm. 2）, S. 32）。

しかしながら、当然にすべての共同体構成員を拘束する判告法とは異なり、締約に拘束されるのは、その本質から、その締結行為が自己のものとして帰責される範囲に限られていた。そのため、少なくとも概念上は、共同体構成員全員の同意と自己拘束を得ることが要件とされた。締約法において、多数決原理による拘束力が正面から認められるのは近世に至ってからであり、それまでは、共同体の代表者によって締約法が定立されることがあっても、それは量的な多数決原理に基づいて行われるものではなく、構成員全員の同意を前提として行われるものであった[6]。

締約法概念の成立により、ある共同体は、遵守すべき規範を定めることが可能となり、判告法には存在しなかった、人為的に定められた秩序が観念されることとなった。締約法がドイツにおける制定法の原型であるとされるのはそのためである[7]。

3．命令法（Gebotsrecht）

命令法は、締約法と同様、人為的に定められた秩序を可能とするものであり、その本質においてゲルマン的な法概念とは異なるものである。また、命令法は、構成員自身の同意によって約定されるものではなく、一方的に服従を要求する点において、締約法とも異なる性質を有している。なお、命令（Gebot）のうち、法の実現を命じ、その施行のために用いられるものは、執行命令（Exekutivgebot）であり、他の法によって正当性と権原を付与されているものであって、概念上は法命令（Rechtsgebot）とは異なるものである。

命令法は、統治権力（Obrigkeit）が与えた秩序に服することを一方的に要求する法形式である。命令法の立法者は、他の法の授権により命令法を定立するのではなく、自己の命令により法律（Gesetz）を制定する。したがって、命令法の根源は、自然的秩序でも共同体構成員の自己拘束でもなく、統治権力の意思そのものであった。そのため、命令法の定立には、統治権力と共同体構成員との間に命令・服従関係が存在していることが前提となるが、国家による統治権力

6）Ebel,（Anm. 2）, S. 20ff.

7）Ebel,（Anm. 2）, S. 43 は、法の中心が判告法から締約法に移った12世紀以降の神聖ローマ帝国において、はじめて立法権のイデオロギー的・理論的基礎付けがなされた、とする。

が確立され、命令法が判告法や締約法に代わって法（Recht）の中心を担うようになるのは、近世に至ってからであった[8)]。

命令法は、現代的な立法（Gesetzgebung）概念が確立する以前の概念であり、権力分立を前提とする近代的な法律（Gesetz）概念とは明らかに異なる性格を有している[9)]。とはいえ、統治権力により定立された規範が、そのこと自体によって構成員を拘束することは、近代の法律において不可欠の要素であり、その意味において、命令法は、今日における法概念に最も近いとされる[10)]。

Ⅱ　刑罰概念の変遷と行政罰

行政罰は、行政上の義務違反に対し、行政目的を達成する手段として、国家の統治権力に基づいて科せられるものである[11)]。ドイツにおける刑罰概念の歴史的展開については前章で論じたとおりであるが、行政罰概念が、いつ、どのように発生したかを解明するには、各時代における刑罰概念を前提に、行政目的を達成する手段としての刑罰が、いかなる根拠に基づいて科せられていたのかを明らかにする必要があろう。そこで、以下、このような観点から中世以前のドイツにおける刑罰概念について分析することとする。

1．古代ゲルマン時代

古代ゲルマン時代においては、刑罰は個人や共同体による復讐を中心とする概念であり、公的関心に基づく刑罰としては、わずかに宗教や軍事に関するアハト刑が存在するにすぎなかった。アハト刑は、共同体の構成員としての義務違反を理由に刑罰を科すものであり、ここに、行政目的を達成するための手段としての刑罰概念の萌芽を認めることもできよう。

しかしながら、アハト刑が前提とする共同体の秩序は、古くから確立してい

8）Ebel,（Anm. 2）, S. 25ff.

9）Ebel,（Anm. 2）, S. 78 は、中世の領邦国家においては、法の制定や解釈が究極的には君主の専権であったことを理由に、制定法（Gesetz）が法（Recht）そのものとなっていた、とする。

10）Ebel,（Anm. 2）, S. 27.

11）Vgl. James Goldschmidt, Das Verwaltungsstrafrecht, 1902, S. 577.　なお、わが国における行政罰を「行政法上の義務違反に対し、一般統治権に基づき、制裁として科せられる罰」の総称と定義するものとして、田中二郎・前掲注1）185 頁。

る自然的秩序（natürliche Ordnung）を意味し、統治権力によって定立される公の秩序（öffentliche Ordnung）ではあり得なかった。古代ゲルマンにおける法とは、発見される法である判告法であり、前法的に存在している秩序や慣習から独立した規範を人為的に定めることはできなかった[12)]。そのため、古代ゲルマン時代においては、行政目的を達成するための手段としての刑罰という観念は存在しなかったといえよう。

2．フランク時代

フランク時代においては、王は罰令権に基づき勅令（Kapitularien）と呼ばれる法を発することができた。勅令は、王法（Königsrecht）と位置付けられ、原則として法判告によって成立する人民法（Volksrecht）と対置される。この勅令は、一方的に服従を要求する点で法命令と共通する性質を有するものの、その多くは判告法に基づく執行命令として発せられるものであった。人民法の補充法と位置付けられる付加勅令の中には、人民が王の意向を拒否することができず、実質的には法命令としての性質を有するものも存在したとされるが、人民法と同一ないし類似の方法で成立するものであり、概念上は、一方的に服従を要求する法命令とはみなされていない。王法独自の独立勅令についても、支配層の助言（consilium）や同意（consensus）を得た上で発せられており、締約としての性格が強く、やはり法命令とはみなされていない[13)]。

前章で述べたように、フランク時代においては、国王は、罰令権に基づき、統治の手段として、人民法にない独自の犯罪構成要件を創出することができ、これにより、古代ゲルマン時代には存在し得なかった、人為的に定められた規範を遵守させる目的から、それに反する行為に対し刑罰を用いることが可能となった。そして、罰令権に基づく刑罰がドイツにおける行政制裁の淵源と考えられているのは既に述べた[14)]。他方、統治の手段として科せられる刑罰は、独立勅令として定められるものであり、その根拠は、上述のように、臣民が定立さ

12) Ebel,（Anm. 2）, S. 18f; Vgl. Mitteis/Lieberich,（Anm. 3）, S. 17f.
13) Ebel,（Anm. 2）, S. 37; Vgl. Mitteis/Lieberich,（Anm. 3）, S. 89.
14) 山本隆司「行政制裁の基礎的考察」高橋和之先生古稀記念『現代立憲主義の諸相（上）』（有斐閣、2013）255頁。

れた規範に従うことを表明し、それに違反した場合の法的効果を承認する旨を誓約したことに求められる。したがって、罰令権に基づく刑罰は、公の秩序に違反したことをもって統治権力に基づいて科せられるものということはできず、その意味において、今日における行政罰とは性質が異なるものであった。

3．中　世

神聖ローマ帝国の成立後も、当初は判告法が法の中心であったが、12 世紀以降、多くの帝国法（Reichsgesetze）やラント法（Landrechte）、都市法（Stadtrechte）などが定立され、締約法が次第に法の中心となっていった[15]。例えば、前章で取り上げたラント平和令は、「王が誓約させた平和令（forma pacis, quam rex iurare fecit）」という名称に示されるように、純然たる締約法であり、関与者の誓約による自己拘束を効力の根拠としていた。したがって、ラント平和令が直接に効力を有するのは、締約の当時者、すなわち皇帝と帝国の構成員である諸侯や法人としての都市のみであり、ラントにおける臣民や都市における市民に対しては、別途、諸侯や都市が誓約したのと同じ締約の遵守を諸侯や領主に対し誓約させる必要があった[16]。

ところで、15 世紀以降のドイツにおける統治活動の重要な要素として、ポリツァイ条令（Polizeiordnung）が挙げられる[17]。近世領邦国家におけるポリツァイ条令については次節において取り上げるが、中世におけるポリツァイ条令も、公の秩序の形成・維持を目的として規範を定立するものであり、多くの場合、刑罰規定を伴うものであった。とはいえ、中世においては、帝国法、ラント法、都市法のいずれも締約法としての性格を強く有しており[18]、上記の刑罰規定も、フランク時代の独立勅令による刑罰と同様、統治権に基づいて科せられるもの

15）神聖ローマ帝国においては、理論上、皇帝は従来の法に拘束されず、自由に新しい法を作ることができるとされたが（princeps legibus soltus）、Ebel, (Anm. 2), S. 44 は、現実には、当時の帝国法は、諸侯全員の同意が要求されるなど、締約法としての性格が強いものであった、とする。

16）Ebel, (Anm. 2), S. 46ff.

17）紫垣聡「バイエルンにおけるポリツァイ立法の成立と都市―市場ポリツァイを中心に―」パブリック・ヒストリー 4 号（2007）104 頁。

18）Ebel, (Anm. 2), S. 42ff; 今村哲也「Polizei をめぐる法定立―中世ラントを中心に」一橋論叢 94 巻 5 号（1985）718 頁以下参照。

ということはできず、ポリツァイ条令上の刑罰規定が今日的な意味における行政罰の性質を備えるには、近世の領邦国家において、国家の立法権（Recht zur Gesetzgebung）が確立するのを待つ必要があった。

第2款　近世領邦国家におけるポリツァイ条令

I　近世領邦国家における刑罰概念の変化

上述のように、中世以前のドイツにおいては、現代の行政罰と同種の性格を有する刑罰は存在せず、それが登場するのは、近世に入ってからであった。そこで、以下、近世ドイツの領邦国家において行政罰の起源としてのポリツァイ罰（Polizeistrafe）がどのようにして成立し、また、そのことが当時の刑罰概念にいかなる影響を与えたのかについて分析する。

1．近世領邦国家における立法権の獲得

近世に入り、主権（Souveränität）とラント高権（Landeshoheit）を獲得した帝国等族（Reichsstände）が治めるラントにおいて、主権を有する近代的国家としての領邦国家（Territorialstaat）が誕生した。これらの領邦国家において制定される法は、判告法や締約法と異なり、国家の意思行為（Willensakt）として創出され、国家の構成員と裁判所を拘束する規範を定立する法命令としての側面が強い法律（Gesetz）であった。

この領邦国家における立法権（Recht zur Gesetzgebung）は、13世紀半ばの大空位時代を経て諸侯の力が高まると同時に、社会の変動に伴い旧来の身分秩序が動揺し、領邦国家における諸身分が弱体化したことにより確立していったものである。1231年の帝国判告法は、新法を定立する（constitutiones vel nova iura）には、領邦国家の支配層の同意（consensus meliorum et maiorum terrae）が不可欠であると定めており、それゆえ、中世におけるラント法は、従前と同様、判告法または締約もしくはその混合形式であったとされる。しかしながら、上記のように諸侯の力が高まると同時に諸身分が弱体化したことにより、新法定立に必要とされた支配層の同意は次第に形骸化し、法の宣告は、ラント裁判所の裁判集

会によって行われるものから、官僚（Amtmann）によって行われるものに変化していった。これにより、国家の意思行為として創出され、一方的に国家の構成員を拘束する法命令が立法の中心となった[19]。

2．近世領邦国家における法概念の変化

近世においては、社会情勢の変化に伴って旧来の身分秩序が崩壊し、公の秩序[20]を構築して国家を秩序ある状態に回復することが領邦国家の最優先課題となった[21]。領邦君主が統治権力として秩序の確立や管理を引き受けることは、「ポリツァイ（Polizei）」という概念にまとめられ、領邦国家におけるポリツァイを実現するため、「ポリツァイ条令（Polizeiordnung）」とよばれる立法（Gesetzgebung）が行われるようになった[22]。

ポリツァイ条令の中には、帝国ポリツァイ条令（Reichspolizeiordnungen）のように、締約法の性格を有するものも存在したが、領邦国家においては、一方的な服従を要求するポリツァイ条令が数多く発出され、命令法は、判告法や締約法と並んで法の一類型として機能するようになった[23]。他方、ポリツァイ条令は、従来の法概念とは異なっていたために、多くの場合裁判規範性[24]が明文で与えられていたにもかかわらず、当時の法学者からは、法（Recht）とはみなされず、法学の対象とされなかった[25]。しかしながら、現代、特に近年においては、ドイツ

19）Ebel, (Anm. 2), S. 57ff.

20）当時の公の秩序（öffentliche Ordnung）につき、Vgl. Michael Stolleis, Was bedeutet "Normdurchsetzung" bei Policeyordnungen der frühen Neuzeit?, in: Grundlagen des Rechts. Festschrift für Peter Landau zum 65. Geburtstag, 2000, S. 746f; ミヒャエル・シュトライス＝和田卓朗訳「初期近代〔＝近世〕のポリツァイ条令における『規範の現実的通用』とは何を意味するか」大阪市立大学法学雑誌49巻2号（2002）332頁参照。

21）松本尚子「ドイツ近世の国制と公法—帝国・ポリツァイ・法学—」法制史研究48巻（1998）189頁。

22）Ebel, (Anm. 2), S. 59ff; 村上淳一『近代法の形成』（岩波書店、1979）135頁以下参照。

23）Vgl. Ebel, (Anm. 2), S. 60.　16世紀末の領邦国家にとって、ポリツァイ条令が重要な規範定立の道具であったとするものとして、Stolleis, (Anm. 20), S. 741.

24）カール・クレッシェル＝村上淳一訳「司法事項とポリツァイ事項」法学協会雑誌99巻9号（1982）1404頁以下、特に1418頁以下参照。

25）Ebel, (Anm. 2), S. 60は、当時、ポリツァイ条令の対象は「法」の外の領域に属していた、とする。ポリツァイ条令が現代においても長らく法制史研究の対象として重視されてこなかったことにつき、田口正樹「近世ドイツのポリツァイ条令と刑事司法」北大法学論集59巻4号（2008）1936頁。

立法史において、ポリツァイ条令は、従来の判告法に対置されるものと位置付けられ[26]、命令法という新たな法概念の誕生という重要な意味を有しているものとして見直されている[27]。

3．ポリツァイ罰の誕生

ポリツァイ条令は、多くの場合、定められた秩序（gesetzte Ordnung）に違反した者に対して刑罰規定を設けていた。近世領邦国家のポリツァイ条令における刑罰規定は、従来のように当事者の締約に基づくものではなく、一方的・強制的に与えられる法的効果として科せられるものであった。このような刑罰概念は、定められた秩序に違反したことに対して科せられる点において、従来の判告法に基づく刑罰とは異なる性格を有している。近世領邦国家におけるポリツァイ条令上の刑罰規定は、ポリツァイ条令によって定められた規範の遵守を刑罰の威嚇によって確保しようとするものであり[28]、ここに、ドイツにおける行政罰の起源としてのポリツァイ罰（Polizeistrafe）が誕生したということができよう[29]。

これに対し、神聖ローマ帝国には、諸侯や都市を一方的に命令に服せしめる力はなく、法命令の形式による立法権は、主権とラント高権を獲得した帝国等族が治めるラントにおいてのみ存在していたとされる[30]。したがって、行政罰と共通の性格を有するポリツァイ罰は、初期においては、ラントにおいてのみ存在したということができよう。このことは、ドイツ帝国成立後も同様であり、統一法典であるライヒ刑法典（Reichsstrafgesetzbuch）が制定された後も、ラント法としてのポリツァイ刑法典（Polizeistrafgesetzbuch）は存続した[31]。

26）Ebel,（Anm. 2）, S. 60f; 松本・前掲注21）187頁。

27）近年におけるポリツァイ条令研究の例として、Karl Härter/Michael Stolleis（Hrsg.）, Repertorium der Policeyordnungen der frühen Neuzeit, Bd. 1-11, 1996-2016.

28）クレッシェル・前掲注24）1419頁参照。

29）ポリツァイ条令にはじまる「ポリツァイ法（Polizeirecht）」が、19世紀の立憲主義運動を受けて「行政法（Administrativrecht）」に転化したとするものとして、Stolleis,（Anm. 20）, S. 741.

30）Vgl. Ebel,（Anm. 2）, S. 45.

4．ポリツァイ罰の誕生が刑罰概念に与えた影響

ポリツァイ条令は、当時の法学者からは法（Recht）とみなされておらず、ポリツァイ条令に対する違反に科せられる刑罰と、法（Recht）に対する違反に科せられる刑罰とは、概念的に異なるものと考えられてきた。そのため、ポリツァイ罰は、長らく刑事法研究の対象から外されていたが、近年、ポリツァイ条令の法制史上の重要性が認識されるようになったことに伴い、ポリツァイ罰もまた、近世ドイツにおける刑事法を理解するための重要な要素として認識されるようになっている[32]。

ポリツァイ罰は、制定法による新たな構成要件の創出を可能にした点において、従来の発見される法（判告法）に基づく刑罰概念に大きな影響を与えた。これにより、従来は基本的に応報的な観点から科せられるものであった刑罰に、目的を達成するための手段としての性格が加わったということができよう。

このように、ポリツァイ罰の存在により、狭義の犯罪に対して科せられる刑罰と、ポリツァイ違反（Polizeidelikt）に対して科せられる刑罰とを包含する広義の刑罰概念が生じ、このことが、司法犯（Rechtswidrigkeit）に対して科せられる刑罰を司法罰（Rechtsstrafe）、行政犯（Verwaltungswidrigkeit）に対して科せられる刑罰を行政罰（Verwaltungsstrafe）として、両者を概念的に区別すべきとしたゴルトシュミットの行政刑法論に繋がったものと考えられる。

II　近世領邦国家におけるポリツァイ罰

近世ドイツにおけるポリツァイ概念は、19世紀の自由主義的な夜警国家（Nachtwächterstaat）におけるポリツァイ概念とは異なるものであった[33]。すなわち、後者は、現在する危険の回避のための配慮[34]、すなわち公共の安全・秩序を

31）例えば、次節で取り上げるバーデン大公国ポリツァイ刑法典は、ドイツ帝国消滅後も1974年まで州法として存続した（Stefan Zeitler/Christoph Trurnit, Polizeirecht für Baden-Württemberg, 2. Aufl., 2011, S. 8; Vgl. Ulrich Stephan/Johannes Deger, Polizeigesetz für Baden-Württemberg: Kommentar, 7. Aufl., 2014, S. 30f）。

32）Vgl. Härter/Stolleis, Repertorium, bd. 1,（Anm. 27）, S. 16.

33）クレッシェル・前掲注24）123頁。ポリツァイ概念とその歴史的変遷につき、Vgl. Zeitler/Trurnit,（Anm. 31）, S. 1ff.

34）今村哲也「Polizeiの意味について」一橋研究7巻3号（1982）58頁。

脅かす危険から公衆または個人を保護することのみを意味するのに対し[35]、前者は、公的生活および私的生活のあらゆる分野における秩序の形成・維持をも広く包含するものであった[36]。したがって、近世領邦国家におけるポリツァイ概念に基づくポリツァイ条令は、その後に確立した自由主義的なポリツァイ概念に基づく警察法（Polizeirecht）[37]とは区別する必要がある[38]。そこで、以下、ポリツァイ条令における「ポリツァイ」の意義について概説した上で、ポリツァイ罰の性質について分析する。

なお、本書においては、概念の混同を避けるため、通常「警察」の用語が用いられるような場合についても原則として「ポリツァイ」を用いることとする。

1．近世領邦国家におけるポリツァイ概念

ポリツァイ条令とは、15世紀末から18世紀までのドイツにおいて、ポリツァイを実現するために制定された一連の立法をいう[39]。なお、個々の条令には「ポリツァイ条令（Polizeiordnung）」の名称が用いられていないものも存在するが、通例に従い、名称にかかわりなく内容に応じてポリツァイ条令として扱うこととする[40]。

ポリツァイとは、共同体の善き秩序（gute Ordnung）自体を指しつつ、それを目指す統治活動をも包含する概念であるとされる[41]。このことから、一般的に、ポリツァイは、行政全般を指すものとして理解される[42]。ただし、当初は、未だ行政概念が確立しておらず、善き秩序は行政によって実現されるものではなく、

35）Vgl. Allgemeines Landrecht für die Preußischen Staaten von 1794（PrALR），Ⅱ17　§10; Vgl. Preußischen Polizeiverwaltungsgesetzes vom 1. Juni 1931（PrPVG 1931），§14.

36）Gerhard Oestreich, Policey und Prudentia civilis in der barocken Gesellschaft von Stadt und Staat, in: Strukturprobleme der frühen Neuzeit, 1980, S. 370; ゲルハルト・エストライヒ＝阪口修平・千葉徳夫・山内進編訳『近代国家の覚醒』（創文社、1993）参照。

37）警察法に関する先行研究として、田上穣治『警察法〔新版〕』（有斐閣、1983）。

38）今村哲也・前掲注34）55頁以下参照。

39）Vgl. Ebel,（Anm. 2）, S. 59f.

40）Vgl. Stolleis,（Anm. 20）, S. 749.

41）Oestreich,（Anm. 36）, S. 367f. なお、ポリツァイを、活動ではなく状態を意味するものとする見解も、その状態を実現するための立法や国家による監督がポリツァイ概念に含まれることを否定するものではない（今村哲也・前掲注34）64頁参照）。

42）Oestreich,（Anm. 36）, S. 367.

臣民自身がポリツァイ条令によって定められた規律を守ることで実現すべきものと考えられており[43]、善き秩序を目指す統治活動が行政活動を意味するようになるのは、18世紀に入り、ポリツァイ機関（Polizeibehörde）が登場してからであった[44]。

統治活動としてのポリツァイは、善き秩序の実現に向け、ほぼすべての公的・私的問題を統治権力の統制下におき、統治権力の定めた規範に従わせようとした活動であるとされる[45]。18世紀の領邦国家においては、ポリツァイ条令によって、経済統制をはじめ、風俗や公衆衛生、高利貸、労賃、建築等のさまざまな分野における規制がなされた[46]。ポリツァイ条令の根拠は、国家が人民を幸福に導くための「ポリツァイを実現する権利（ius politae）」にあるとされた。その一方、善き秩序を実現するために活動することは、王や君主の責務であると考えられていた[47]。

2．法概念の変化とポリツァイ罰

近世において、ポリツァイは、様々な勢力がそれぞれあるべき位置を占めて調和を実現するものと理解されており、ポリツァイ条令も、当初は君主と諸身分（Stände）の間における締約としての側面を有していた。16世紀のドイツでは都市化や世俗化の進行によって旧来の身分秩序が動揺しており、多くの君主がポリツァイ条令により秩序を安定させて社会を落ち着かせようとしたが[48]、何が善き秩序であるかは、当初は統治権力ではなく共同体の構成員によって決せられるものであった。そのため、当初のポリツァイ条令は締約法としての性質を強く有していたことは、既に述べたとおりである。

43）クレッシェル・前掲注24）137頁。

44）クレッシェル・前掲注24）137頁参照。15世紀から18世紀にかけてのポリツァイ概念の変容につき、Vgl. Franz-Ludwig Knemeyer, Polizeibegriffe in Gesetzen des 15. bis 18. Jahrhunderts, AöR 92, 1967, S. 153ff.

45）Vgl. Oestreich,（Anm. 36）, S. 370.

46）Oestreich,（Anm. 36）, S. 370f; Ebel,（Anm. 2）, S. 60f. Härter/Stolleis, Repertorium, bd. 1,（Anm. 27）, S. 2f は、ポリツァイ立法は、国家行政の新しい任務領域を切り開いた点においても意義がある、とする。

47）Vgl. Zeitler/Trurnit,（Anm. 31）, S. 3.

48）Oestreich,（Anm. 36）, S. 368f.

しかしながら、社会の変化に伴ってポリツァイ概念も次第に変化し、17世紀後半には、30年戦争によって社会が疲弊したことに伴い領邦国家における諸身分が弱体化したこともあり、何が善き秩序であるかは、君主や行政を担う官僚によって決せられるようになった。そのため、ポリツァイ条令は命令法としての性格を有するようになり、やがて、君主の考える善き秩序を実現するための手段として位置付けられることとなった。[49]

3．ポリツァイ罰の目的と根拠

ポリツァイ条令の多くは、個々のポリツァイ条令によって具体化された善き秩序を実現するための手段として刑罰を用いていた。[50] 前述のように、ドイツにおいて公権力による処罰という観念が生じたのは、ラント平和令によってフェーデが禁止され、公権力によって執行される「実刑」が誕生したことによるものであった。帝国全域に及ぶ最初のラント平和令は1103年に発せられたが、フェーデの全面禁止と公権力による実刑概念が確立するのは、1495年にヴォルムス帝国議会によっていわゆる永久ラント平和令（Ewiger Landfriede）[51] が定められてからであった。その後、1532年にカロリナ刑法典[52] が成立し、ようやくドイツにおいても本格的な刑事法典が定められた。[53] 15世紀末から用いられるようになったポリツァイ条令は、このような実刑概念を前提とする刑事法典の成立と前後して発展したものであり、[54] 現在では近世における刑罰やポリツァイによる社会統制について理解するための重要な要素であると考えられている。[55]

ポリツァイ罰は、伝統的な応報思想に基づく狭義の刑罰と異なり、立法者が

49）Vgl. Ebel,（Anm. 2）, S. 59ff.

50）Gerhard Schuck, Arbeit als Policeystrafe: Policey und Strafjustiz, in: Karl Härter（Hrsg.）, Policey und frühneuzeitliche Gesellschaft, 2000, S. 611f; Vgl. Wilhelm Brauneder, Das Strafrecht in den österreichischen Polizeiordnungen des 16. Jahrhunderts, in: Studien I: Entwicklung des Öffentlichen Rechts, 1994, S. 489ff.

51）Reformgesetzgebung Maximilians I. auf dem Wormser Reichstag, 7. August 1495.

52）Peinliche Halsgerichtsordnung Kaiser Karls V. von 1532（Constitutio Criminalis Carolina）.

53）田口・前掲注25）254頁は、ドイツにおける刑事法典の歴史的経緯と、律という体系的な刑事法典の長い伝統を持つ東アジアとの差異を指摘する。

54）Brauneder（Amn. 50）, S. 497は、ポリツァイ条令と16世紀における刑法典とを、いずれも公共善（gemeinen Nutzen）を目指すものとした上で、ポリツァイ条令上の刑罰規定を「動的な刑法（bewegliches Strafrecht）」であるとする。

55）Schuck,（Amn. 50）, S. 611.

望ましいと考える秩序に違反する行為を罰する点において、罰令権に基づく刑罰と類似の性格を有している。しかしながら、ポリツァイ条令上の刑罰規定は、「ポリツァイを実現する権利」に基づいて定められた点において、主として締約法によって定められた罰令権に基づく刑罰とは概念的に異なるものであった。すなわち、ポリツァイ罰は、「ポリツァイを実現する権利」である立法権に基づいて定められ、合意による効果ではなく、制定法（Gesetz）そのものの効果として、ポリツァイ条例上の義務の履行を確保するため、ポリツァイ違反に対して科せられるものであったということができよう[56)]。

Ⅲ　ポリツァイ罰の特徴

ポリツァイ条令上の刑罰は、構成要件や刑種、科刑手続の点において、当時の刑法典上の刑罰とは異なる特徴を有していた。このうち、一部の犯罪構成要件や刑種については、後に刑法典上の刑罰にも導入されるなど、ポリツァイ条令が刑法典に先行して導入したものということができる[57)]。他方、ポリツァイ罰に関する構成要件の定め方や科刑手続については、刑法典上の刑罰とは大きく異なっており、現代の秩序違反法上の「過料」に繋がる特徴となっている。

1．新たな犯罪構成要件の創出

ポリツァイ条令は、殺人や傷害、窃盗などの伝統的な犯罪とは異なる新たな構成要件を創出した。これには、詐欺や背任といった、現在では狭義の犯罪として固有の刑法において定められているものも含まれる。また、先買や独占といった経済犯罪や、衣服規制違反のように、個人の生命・身体・財産や共同体の存続に害を及ぼさない単なる規制違反に加え、親子の相互扶助や子の教育などの家庭内の規律に反する行為についても刑罰が定められるなど、従来の応報思想に基づく刑罰とは明らかに異なる類型の構成要件が定められた[58)]。

これらの中には、涜神や暴利行為のように、従来は教会法（kirchliches Recht）

56）Brauneder, (Anm. 50), S. 498は、16世紀の（広義の）刑法におけるポリツァイと権力の密接な関係は、近代国家の出現を顕著に表すものである、とする。

57）Ebel, (Anm. 2), S. 64fは、ポリツァイ条令に刑罰が用いられたことにより、狭義の刑罰についても質的な変化が生じ、刑種や量刑に関してポリツァイ的な観点が加わるとともに新たな犯罪類型が生じた、とする。

によって禁じられていたものも存在したが、ポリツァイ条令は、それらを人為的に定められる制定法によって規律し、刑罰の対象とした。このように、ポリツァイ条令は、従来は刑罰の対象とされていなかった、あるいは少なくとも世俗法（weltliche Recht）によって規制されていなかった行為を新たな構成要件として定めた点に特徴がある[59]。

2．新たな刑種の導入

ポリツァイ条令においては、古代から存在した死刑や身体刑等の刑罰に加え、ガレー船漕役刑（Galeerenstrafe）や要塞労役刑（Festungsstrafe）、懲役刑（Zuchthaus）といった労役刑（Arbeitsstrafe）が導入された。

これらの労役刑のうち、ガレー船漕役刑は、受刑者の教育・改善を目的とする現代の自由刑とは異なり、身体刑に類するものであったと考えられている[60]。すなわち、ガレー船漕役刑は、トルコ海軍に対抗するために戦闘用ガレー船の漕ぎ手を必要とした南欧諸国に対して受刑者を派遣する目的で創出されたものであり、受刑者の大半は受刑中に死亡したとされる[61]。このように、ガレー船漕役刑は、当時の国際情勢を背景に、死刑と同程度の高い威嚇をもたらす刑罰として作り出されたものであり、労役刑が導入された主たる目的は、受刑者の教育・改善による特別予防ではなく、刑の威嚇による一般予防にあった。

このような刑種が用いられた背景には、ポリツァイ条令によって定められた労働義務が存在する。すなわち、多くの領邦国家においては、ポリツァイ条令により、自らの財産で生きていけない者には、身体上の理由により働くことができない場合を除き、労働義務が課せられていた。そして、労働義務の履行を

58）Vgl. Ebel,（Anm. 2）, S. 64f.　Christian Berringer, Regulierung als Erscheinungsform der Wirtschaftsaufsicht, 2004, S. 3f は、ポリツァイ条令を国家による経済監督（Wirtschaftsaufsicht）の歴史的な起点と位置付ける。

59）Vgl. Ebel,（Anm. 2）, S. 102ff.

60）Eberhard Schmidt, Einführung in die Geschichte der deutschen Strafrechtspflege, 3. Aufl., 1965, S. 187.

61）Vgl. Hans Schlosser, Der Mensch als Ware: Die Galeerenstrafe in Süddeutschland als Reaktion auf Preisrevolution und Großmachtpolitik（16.-18. Jahrhundert）, in: Reinhard Blum/Manfred Steiner（Hrsg.）, Aktuelle Probleme der Marktwirtschaft in gesamt- und einzelwirtschaftlicher Sicht Festgabe zum 65 Geburtstag von Louis Perridon, 1984, S. 102ff.

確保するため、「無為者（Müßiggänger）」に対し、死刑と同程度の威嚇力を有し、かつ、強制的に労働義務を履行させる措置であるガレー船漕役刑を用いることが正当化された。また、ガレー船漕役刑は、ポリツァイ条令で定められたことにより、正規の刑事裁判における審問手続や弾劾手続を経る必要がなく、当時の領邦国家にとって、執行手続が簡易であるという利点を有していた[62]。

これに対し、要塞労役刑（Festungsstrafe）や懲役刑（Zuchthaus）は、受刑者の教育・改善を図るための手段という性格を有していた。特に懲役刑は、実質的にも労働による受刑者の社会復帰と結びつくものであり、現代的な意味の自由刑（Freiheitsstrafe）に繋がるものと位置付けられている[63]。とはいえ、近世における労役刑は、ポリツァイ条令によって定められた労働義務を前提とするものであり、応報思想に基づく狭義の刑罰と異なり、対象となる行為が必然的に法益侵害を伴うものではなく、あくまでポリツァイ条令上の義理の履行を確保するための手段として用いられた[64]。

3．刑罰規定および手続規定

上記で論じたように、ポリツァイ罰は、条令によって義務が定められていることを前提とするものである。そのため、ポリツァイ罰の構成要件は、禁止される行為や、なされるべき行為を条令により具体的に定め、その上で、定められた義務に違反した場合の刑罰が定められていた。これに対し、刑法典においては、構成要件を具体的かつ詳細に規定することをせず、例えば、カロリナ刑法典125条が、「放火の罪（Straff der Brenner）」につき、「……悪意の放火者は、火をもって生より死へと処刑せられるべし[65]」と規定するように、伝統的な犯罪類型の場合には、その罪名のみをもって構成要件とするものも存在した。このように、狭義の刑罰に関しては、構成要件に行為規範が具体的かつ詳細には規定されないのに対し、ポリツァイ罰については、多くの場合、ある程度具体的

62）Schuck,（Anm. 50), S. 617.

63）ヴォルフガング・ゼラート＝石塚伸一訳「ドイツ刑事司法史における自由刑の起源と展開について」北九州大学法政論集18巻2号（1990）350頁以下。

64）Vgl. Schuck,（Anm. 50), S. 617f.

65）Constitutio Criminalis Carolina, Art. 125.　邦訳につき、塙浩「カルル五世刑事裁判令（カロリナ）」『フランス・ドイツ刑事法史』（信山社、1982）196頁を参照した。

に行為規範が規定された上で、それに違反した場合の刑罰が定められていた。

その一方、ポリツァイ罰の内容については、刑法典が、上記のカロリナ刑法典125条のように、ある程度具体的に刑罰の内容や執行方法を規定していたのに対し、ポリツァイ条令は、例えば、義務違反に対し「重大な刑罰（ernstliche Strafe）」や「相応の刑罰（gebührliche Strafe）」、場合によってはただ単に「刑罰（Strafe）」を科すとだけ規定し、具体的な刑罰の内容についてはポリツァイ機関や裁判官に委ねるものも多く存在した[66]。

また、ポリツァイ条令は、刑を科すための手続を詳細に定めないものが大半であった。このことは、当時の刑法典の少なくない部分が刑事手続に関する規定であったこととの比較において、ポリツァイ条令の特徴であるといえよう。具体的には、例えば、カロリナ刑法典は、拷問をするには、それに先立って犯行の徴表（Indiz）を調査すべき（29条）と規定したり、本人の自白がない場合には、有罪判決を下すにあたり2人以上の信用できる証人によって立証される必要がある（67条）としたりするように、刑を科すために必要な手続や要件、立証の方法について規定していたのに対し、ポリツァイ条令においては、具体的には定めがされていないことも多く、実際にも、しばしば簡易な手続によって刑に処せられたとされる[67]。

以上のように、ポリツァイ条令上の刑罰規定は、①行為規範が具体的に規定される点、②刑罰の内容について法適用者の幅広い裁量を認める点、③刑を科すための要件や手続について具体的な規定を設けず、実際にもしばしば簡易な手続で処理されていた点において、当時の刑法典とは異なる特徴を有していた[68]。これらの特徴は、現代における秩序違反法の特徴と共通するものであるということができる。すなわち、①については、刑法典が具体的かつ詳細に行為規範を示すことをしないのに対し、秩序違反法においては、具体的な義務を明文で定めた上で、それに違反した場合の「過料」を定めるという形式がとられてい

66） Vgl. Brauneder, (Anm. 50), S. 500ff.

67） Karl Härter, Strafverfahren im frühneuzeitlichen Territorialstaat, Inquisition, Entscheidungsfindung, Supplikation, in: Andreas Blauert/Gerd Schwerhoff (Hrsg.), Kriminalitätsgeschichte. Beiträge zur Sozial- und Kulturgeschichte der Vormoderne, 2000, S. 467.

68） Schuck, (Anm. 50), S. 611f は、ポリツァイ罰独自の科刑手続につき、領邦国家における刑事手続のポリツァイ化である、とする。

る。また、②については、後述するように、刑法典上の刑罰に対しては起訴法定主義が採用されているのに対し[69]、秩序違反法では訴追便宜主義が採用され、執行機関の裁量が認められている。さらに、③についても、秩序違反法は、刑事裁判手続と比べ簡易な手続を採用している。このように、ポリツァイ罰は、当初から行政罰と共通の特徴を有していたといえよう。

Ⅳ　ポリツァイ罰概念

以上のように、ポリツァイ条令上の刑罰は、狭義の刑罰（刑事罰）とは概念的に異なるものであり、かつ、後の行政罰（Verwaltungsstrafe）と共通の性質を有していた。すなわち、固有の刑法は、応報思想に基づき、判告法により発見されてきた自然的秩序を前提として形成されてきたものであるのに対し、ポリツァイ条令上の刑罰規定は、人為的に定められた秩序の維持という目的を達成するための手段として、法命令によって定められるものであった。そのため、固有の刑法は、必然的に、自然人の生命・身体・財産や共同体の存続という法益を侵害する行為を対象とするのに対し、ポリツァイ条令においては、立法者は自ら創出した秩序を維持するため、単なる不服従や道徳違反に対しても刑罰を用いることができ、当時のポリツァイ概念を反映して、公的生活および私的生活のあらゆる分野における作為または不作為がポリツァイ罰の対象であるポリツァイ違反（Polizeidelikt）となりえた。また、詐欺や背任といった、現在では固有の刑法で扱われる犯罪行為についてもポリツァイ違反として扱われていた。

したがって、近世領邦国家におけるポリツァイ罰は、領邦国家における君主の統治権力に基づき、君主が定める秩序を維持する目的から、極めて広い範囲の行為を対象に、裁量により簡易な手続によって科せられるものであったといえよう。加えて、労役刑が労働義務を強制的に履行させる措置として用いられたように、ポリツァイ罰は、義務の強制執行としての性質をも有していたということができよう[70]。

69）ドイツ刑事訴訟法152条2項。
70）次節第1款Ⅵ参照。

第3款　ポリツァイ罰概念の変容

I　プロイセン一般ラント法

1716年、ライプニッツ（G.W. Leibniz）は、ローマ法とドイツ法を編纂し、帝国に新たな統一法典を作成することを提案した。当時の神聖ローマ帝国の実状から、この提案が実現することは事実上不可能であったが、フランスにおける法典編纂の動きの影響もあり、ドイツの各ラントにおいて法典編纂の動きが生じ、1794年にプロイセン一般ラント法[71]が制定された[72]。プロイセン一般ラント法は、ドイツ立法史において、様々な点で重要な意義を有しているが[73]、本書の問題意識との関連においては、従来は必ずしも明確でなかったポリツァイの定義およびポリツァイ違反の管轄について、第2編第17章に「ポリツァイの管轄（Polizeygerichtsbarkeit）」という章を設け、明文で規定した点が注目される。

1．ポリツァイの責務

第10条　公共の静穏、安全及び秩序の維持、並びに社会又は個人に差し迫った危険を回避するために必要な措置を講じることは、ポリツァイの責務とする[74]。

プロイセン一般ラント法10条は、従来は無制限とされていたポリツァイの責務につき、「公共の平穏、安全及び秩序の維持のため、並びに社会又は個人に差し迫った危険を回避するために必要な措置を講じること」と定義した。この背景には、17世紀に始まった啓蒙思想の影響があるとされる[75]。これにより、ポ

71）Allgemeines Landrecht für die Preussischen Staaten von 1794（PrALR）.

72）戸倉広「ドイツ法制史のローマ法」国士舘法学10号（1978）39頁以下参照。

73）村上淳一・前掲注22）146頁以下、屋敷二郎『紀律と啓蒙—フリードリヒ大王の啓蒙絶対主義』（ミネルヴァ書房、1999）129頁以下参照。

74）PrALR, II 17 §10., “Die nöthigen Anstalten zur Erhaltung der öffentlichen Ruhe, Sicherheit, und Ordnung, und zur Abwendung der dem Publico, oder einzelnen Mitgliedern desselben, bevorstehenden Gefahr zu treffen, ist das Amt der Polizey.”

リツァイの責務にはじめて法律上の制約が存在することとなった。[76]

2．ポリツァイの管轄

第11条　ポリツァイ法規違反の調査及び処罰は、故意かつ有責の重罪と結合されていない限り、ポリツァイの管轄に属する。[77]

プロイセン一般ラント法11条は、ポリツァイ条令に基づく調査および処罰はポリツァイの管轄に属すると規定し、従来は明文で定められることの少なかったポリツァイ罰に関する科刑手続について、刑事裁判所ではなく、ポリツァイ機関によって行われることとした。これにより、固有の刑法（Kriminal-strafrecht）に定められた刑罰は、刑事裁判所によって、ポリツァイ条令に定められた刑罰は、ポリツァイ機関によって科せられることとなった。同条がポリツァイ違反の処罰をポリツァイの管轄と明示したことにより、狭義の刑罰とポリツァイ罰とは、概念や法形式が異なるにとどまらず、科刑手続においても異なるものであることが、実定法上明らかとなった。

Ⅱ　バイエルン刑法典

1．罪刑法定主義とバイエルン刑法典の制定

上記のドイツ統一法典の編纂の動きと併行して、18世紀のヨーロッパにおいて、罪刑法定主義に基づく刑法典の制定が主張されるようになった。例えば、1764年に刊行されたベッカリーアの『犯罪と刑罰』には、既に罪刑法定主義に関する主張が含まれていた。[78] 1789年に採択されたフランス人権宣言は、「何人

75）Zeitler/Trurnit,（Anm. 31）, S. 3.

76）今村哲也・前掲注18）58頁は、プロイセン一般ラント法第10条につき、「ここに規定された実質的なPolizei概定の定式化により、立法者は、できる限り広範な自由の領域を、社会ならびに個人の発展に必要な要件として要請する政治的な原理をうけ入れた、と解することもできる」と評価する。

77）PrALR, Ⅱ17 §11., “Die Untersuchung und Bestrafung der gegen solche Polizeygesetze begangnen Uebertretungen kommt, sobald damit kein vorsätzliches oder schuldbares Verbrechen verbunden ist, der Polizeygerichtsbarkeit zu.”

も、犯罪に先立って制定公布され、かつ適法に適用された法律によらなければ、処罰されない」（8条後段）と規定して罪刑法定主義を宣明した。[79] ちなみに、1810年に制定されたフランス刑法典（ナポレオン刑法典）は、「いかなる違警罪、軽罪及び重罪も、犯行の前に法律によって定められていない刑を科せられることはない」（4条）[80] として罪刑法定主義を明文で規定している。

ドイツにおいても、フランス人権宣言に先立つ1787年、オーストリア刑法典[81] が罪刑法定主義を採用した。[82] 近代刑法学の父と呼ばれるフォイエルバッハは、1801年に出版された著書において、「法律なければ刑罰なし（nulla poena sine lege）」、「犯罪なければ刑罰なし（nulla poena sine crimine）」、「法律なければ犯罪なし（nullum crimen sine poena legali）」との命題を提示し、罪刑法定主義の原則を一般化した。[83] また、フォイエルバッハは、ナポレオン刑法典を参考にバイエルン王国刑法典を起草し、[84] 同法典は1813年に制定された。[85] このバイエルン王国刑法典は、各ラントに大きな影響を与え、各地において、同法典を模した刑法典が制定された。[86]

78）風早八十二「解説」ベッカリーア＝風早八十二・五十嵐二葉訳『犯罪と刑罰』（岩波文庫、1938）208頁以下。ヴォルフガング・ケウナ＝本田稔訳「ベッカリーア―刑法を批判し、強化する者」立命館法学347号（2013）652頁参照。なお、罪刑法定主義の淵源は、一般に1215年のマグナ・カルタにあるとされる。

79）新倉修「フランス刑法と罪刑法定主義」早稲田法学会誌28号（1977）244頁は、上記に加え、第16条「いかなる社会も、権利の保障が確実でなく、権力の分立が確立していなければ、憲法を有していない」、第6条第3項「法律は、保護する場合でも、処罰する場合でも、すべての者に対して同一でなければならない」および第8条前段「法律は、厳格かつ明白に必要な刑罰でなければ定めてはならない」を、罪刑法定主義を宣言した条文として挙げ、第1条ないし第6条にみられる国家概念及び法律概念と併せ、近代刑法における罪刑法定主義の原型であるとする。

80）邦訳につき、中村義孝編訳『ナポレオン刑事法典史料集成』（法律文化社、2006）147頁を参照した。

81）Allgemeines Gesetzbuch über Verbrechen und derselben Bestrafung（ÖStGB 1787）.

82）Mitteis/Lieberich,（Anm. 3）, S. 358.　1787年オーストリア刑法典がベッカリーアの影響を受けて制定されたことにつき、村上淳一・前掲注22）213頁参照。

83）Paul Johann Anselm von Feuerbach, Lehrbuch des gemeinen in Deutschland gültigen peinlichen Rechts, 1801, S. 22.

84）Feuerbach,（Anm. 83）, S. 133ff.　ただし、フォイエルバッハは、封建制の廃止及び立憲制への移行を含む全面的なナポレオン法典の継受を主張したが、反対派の抵抗により実現しなかった（五十嵐清「ドイツにおけるナポレオン法典の継受」北大法学論集29巻3・4号（1979）451頁以下）。

85）Strafgesetzbuch für das Königreich Bayern von 1813（BayStGB 1813）.

2．違警罪（Polizeiübertretung）の定義と管轄

バイエルン王国刑法典は、ナポレオン刑法典と同様[87]、可罰的行為をその害悪の大きさに従って重罪（Verbrechen）、軽罪（Vergehen）、そして違警罪（Polizeiübertretung）の3つに分類し（2条1項[88]）、違警罪につき、国家または臣民の権利それ自体は侵害しないが、法秩序または法的安全性の観点から、刑罰をもって禁止され、または命じられている作為または不作為と定義する（2条4項[89]）。そして、重罪は刑事裁判所（Kriminalgericht）、軽罪は市民刑事裁判所（Zivilstrafgericht）、違警罪はポリツァイ機関（Polizeibehörde）がそれぞれ管轄することと定められた（3条）。ただし、同法典は、具体的な違警罪の構成要件を同法典の中で定めることはしていない[90]。

Ⅲ　ポリツァイ罰概念の展開

以上のように、近世領邦国家におけるポリツァイ罰は、当時のポリツァイ概念を背景に、極めて広い範囲を対象に、秩序維持の目的から刑罰を科すことが可能であった。これに対し、プロイセン一般ラント法は、「公共の静穏、安全及び秩序の維持、並びに社会又は個人に差し迫った危険を回避するために必要な措置を講じること」と定めてポリツァイの範囲に一定の限定をしたため、ポリツァイ罰の範囲もそれに応じて一定の制約がかかることとなった。ポリツァイ罰の対象は、次節で取り上げるポリツァイ刑法典（Polizeistrafgesetzbuch）の制定によって、さらに制限されることとなる。

また、前述のように、従来、ポリツァイ罰の科刑手続は定められないことも多かったが、プロイセン一般ラント法により、ポリツァイの管轄であることが

86）野村和彦「バイエルン刑法典について(2)」平成法政研究14巻1号（2009）202頁。

87）ナポレオン刑法典は、犯罪を「重罪（crime）」、「軽罪（delit）」および「違警罪（contravention）」に分類し、それぞれ異なった刑事手続を定めていた。

88）山田晟『ドイツ法概論Ⅰ〔第3版〕』（有斐閣、1985）230頁は、犯罪を重罪と軽罪、違警罪に3分類することにつき、18世紀の自然法学説に由来する、とする。

89）BayStGB 1813, §2. Abs. 4, “Alle jene Handlungen oder Unterlassungen, welche zwar an und für sich selbst Rechte des Staats-oder eine Unterhands nicht verletzen, jedoch wegen der Gefahr für rechtliche Ordnung und Sicherheit unter Strafe verboten oder geboten werden.”

90）野村・前掲注86）205頁参照。村上淳一・前掲注22）220頁は、バイエルン刑法典は、「権利＝法」の侵害としての刑法上の犯罪のみを扱うこととした、とする。

明示された。これにより、狭義の刑罰は刑事裁判所により、ポリツァイ罰はポリツァイ機関により科せられることとされたが、その後に制定されたバイエルン王国刑法典は、違警罪を、国家または臣民の権利それ自体は侵害しない行為と定義した上でポリツァイ機関の管轄であると規定し、違警罪と刑法典上の犯罪とは、管轄が異なるのみならず、性質が異なることを明示している。

このように、ポリツァイ罰概念は、その対象に一定の制約が設けられたことに加え、その本質が狭義の刑罰とは異なり、また、処罰に関する管轄も異なるものとして認識されていったということができよう。

第4款　小　括

古代ゲルマンにおいては、法（Recht）とは発見される法を意味し、定められた法（Gesetz）という概念は存在しなかった。そのため、行政上の目的を達成するための手段として制定法により定められる行政罰の概念が生じるのは、君主が立法権を獲得した近世領邦国家においてポリツァイ罰が用いられるようになってからであった。ポリツァイ罰は、狭義の刑罰と比べ、多くの点で異なる特徴を有していた。第一に、狭義の刑罰は、復讐に由来する応報思想に基づいて科せられるものであるのに対し、ポリツァイ罰は、人為的に定められた秩序を維持するため、義務違反に対し科せられるものであり、両者は概念的に異なるものである。第二に、ポリツァイ罰は、①行為規範が構成要件に具体的に示される点、②刑罰の内容について裁量が認められる点、③科刑手続や要件について具体的な規定を設けず、しばしば簡易な手続で処理された点において、狭義の刑罰と大きく異なっている。③については、プロイセン一般ラント法やバイエルン刑法典によってポリツァイの管轄に属することが明文で規定され、実定法上も、狭義の刑罰とポリツァイ罰とは異なる法体系に属するものであることが示されている。

以上より、ポリツァイ罰は、狭義の刑罰概念とは異なる、新たな刑罰概念に基づくものであり、実定法上も異なる法体系に属するものと考えられてきたということができる。

第3節　19世紀――ポリツァイ刑法（Polizeistrafrecht）

前節において確認したように、ドイツにおける行政罰は、近世の領邦国家におけるポリツァイ罰という形で誕生した。ポリツァイ条令は、君主の広範な立法権に基づいて制定されるものであり、公的生活および私的生活のあらゆる領域において人為的な規範が定立され、それを遵守させる目的で死刑やガレー船漕役刑のような重罰を含むポリツァイ罰が用いられた。当時の広範なポリツァイ概念から、その対象には特に制約がなく、当初のポリツァイ罰は、極めて広い範囲の行為を対象とする概念であったということができる。

しかしながら、17世紀に始まった啓蒙思想により、ポリツァイの範囲に一定の制約が設けられるようになり、また、啓蒙思想を背景として成立した近代刑法学の影響を受け、ポリツァイ罰に関するポリツァイ刑法典（Polizeistrafgesetzbuch）が編纂されることとなる。本節においては、バーデン州で制定されたバーデン大公国ポリツァイ刑法典を取り上げ、実定法としてのポリツァイ刑法について分析を行い、19世紀ドイツにおける行政罰（ポリツァイ罰）概念について考察することとしたい。

第1款　バーデン大公国ポリツァイ刑法典

前章で紹介したように、フォイエルバッハは、ポリツァイ違反を、ポリツァイ法規に対する服従を要求する国家の権利の侵害であると定義し、ポリツァイ罰は、刑法典とは別個の法典において規定されるべきであると主張した[1)]。これを受け、19世紀のドイツにおいて、ポリツァイ罰について規定するポリツァイ刑法の概念が誕生し、ヴュルテンベルク（1839年）、ヘッセン（1847年）、バイエルン（1861年）、バーデン（1863年）等でポリツァイ刑法典が制定された[2)]。

1）フォイエルバッハがバイエルンにポリツァイ刑法の制定を提案したことにつき、Karl Härter, Kontinuität und Reform der Strafjustiz zwischen Reichsverfassung und Rheinbund, in: Heinz Durchhardt/Andreas Kunz（Hrsg.）, Reich oder Nation? Mitteleuropa 1780-1815, 1998, S. 275f.

これにより、従来の混然一体としていた刑法概念が、固有の刑法（Kriminalstrafrecht）とポリツァイ刑法（Polizeistrafrecht）とに概念的に区別されることとなった[3]。

以下、1863年に制定されたバーデン大公国ポリツァイ刑法典[4]の実定法上の特徴について論じることとする。

I　罪刑法定主義の採用

第1条第1項　あらかじめポリツァイ上の刑罰をもって罰する旨の法律上の定めがない限り、いかなる作為または不作為もポリツァイ上の刑罰を科せられない[5]。

第2項　法律上明文で許されている場合を除き、郡または地区のポリツァイ規則により、ポリツァイ上の刑罰を伴う命令または禁止を定めることはできない[6]。

バーデン大公国ポリツァイ刑法典1条は、「法律なければ刑罰なし（keine Strafe ohne ein Strafgesetz）」の命題を宣明する[7]。また、それとともに、法律の委任なしに郡または地区のポリツァイ条令で刑罰を定めることを禁止し、ポリツァイ刑法についても罪刑法定主義を採用することを明示した[8]。同法典の立法資料

2）Wolf-Rüdiger Schenke, Polizei- und Ordnungsrecht, 8. Aufl., 2013, S. 3; Heinz Mattes, Untersuchungen zur Lehre von den Ordnungswidrigkeiten I, 1977, S. 92f.　なお、フランスにおいては、1832年の刑法一部改正により、市町村による条令や命令に違反する行為は違警罪として刑法典に包括的に取り込まれていた（新倉修「フランス刑法と罪刑法定主義」早稲田法学会誌28号（1977）249頁）。

3）ギュンター・ヤコブス＝松宮孝明・金尚均訳「機能主義と古きヨーロッパの原則思考の狭間に立つ刑法」立命館法学247号（1996）442頁以下参照。

4）Polizeistrafgesetzbuch für das Großherzogthum Baden vom 31. Oktober 1863（BadPolStGB）.

5）BadPolStGB, §1 Abs. 1, “Die Begehung oder Unterlassung einer Handlung ist nur insofern polizeilich strafbar, als sie vorher von einem Gesetz mit polizeilicher Strafe bedroht ist.”

6）BadPolStGB, §1 Abs. 2, “Durch Verordnungen, bezirks- oder ortspolizeiliche Vorschriften können Gebote oder Verbote nur dann und nur insoweit unter polizeiliche Strafe gestellt werden, als ein Gesetz dies ausdrücklich gestattet.”

7）L. Stempf, Das Polizeistrafgesetzbuch für das Großherzogthum Baden mit den Motiven, Commissionsberichten und den landständischen Verhandlungen, 1864, S. 22; ル・ステムプ＝内務省警保局編『獨逸聯邦巴丁國警察刑法釋義―日本立法資料全集別巻449』（信山社、2007）参照。

は、罪刑法定主義の採用は、1818年に制定されたバーデン大公国憲法[9]が定めた個人の自由および財産の保障をポリツァイ刑法の領域に及ぼすものであると説明する[10]。なお、従来から存在していたポリツァイ条令上の刑罰規定については、バーデン大公国ポリツァイ刑法典において引き続き有効とする旨が定められたもの以外、効力を失うこととされた（34条1項）。

このように、バーデン大公国ポリツァイ刑法典は、従来はポリツァイ条令によって自由に定めることができたポリツァイ罰に罪刑法定主義を採用した。ちなみに、秩序違反法3条も「法律なければ処罰なし（Keine Ahndung ohne Gesetz）」として、行政罰である「過料」につき処罰法定主義を採用している。

Ⅱ　ポリツァイ罰の対象の制限

1．ポリツァイの定義等

プロイセン一般ラント法と異なり、バーデン大公国ポリツァイ刑法典は、条文上はポリツァイの定義を規定していない。これに関し、同法典の立法資料は、一般に刑罰が科せられる行為として、次の4つの類型を挙げ、第4の類型がポリツァイ刑法の対象であるとする[11]。

①　市民社会の法制度、法規命令または風俗上の基盤に対する侵害を含む作為または不作為であって、刑法典上、実刑または市民刑を科すべき行為として定められているもの[12]。

②　違法に租税の減免を図る作為または不作為であって、租税刑法または関税刑法において刑罰が定められているもの[13]。

8）ただし、罪刑法定主義にいう「法定」とは、今日においては、権力分立の観点から、議会により制定された法律によって定められたことを意味するが、当時のドイツにおいては、立法権に関する権力分立が厳密には実現していなかったことに留意が必要である（第4章第1節第1款2(3)参照）。

9）Verfassungsurkunde für das Großherzogtum Baden vom 22. August 1818.

10）Stempf, (Anm. 7), S. 22.

11）Stempf, (Anm. 7), S. 21f.

12）“Handlungen und Unterlassungen, welche einen Angriff auf die Rechtsverfassung, der Rechtsordnungen und die sittlichen Grundlagen der bürgerlichen Gesellschaft enthalten, und im Strafgesetzbuch als peinlich oder bürgerlich strafbare Handlungen aufgeführt sind.”

③　軍事高権から発せられた市民の義務に違反する行為であって、軍刑法において定められているもの。[14]

④　ポリツァイ行政の観点から発せられた命令または禁止に対する違反であって、刑罰によって威嚇されているもの。[15]

以上のように、バーデン大公国ポリツァイ刑法典の立法資料は、刑罰の対象となりうる行為の類型として、①市民社会の法制度、法規命令または風俗上の基盤に対する侵害を含む行為、②違法に租税の減免を図る行為、③軍事上の義務に違反する行為、④ポリツァイの観点から発せられた命令または禁止に違反する行為の4つを挙げ、このうち、④のみがポリツァイ刑法の対象となりうると定義する。

また、刑罰を定める法令につき、①については刑法典（Strafgesetzbuch）、②は租税刑法（Steuerstrafgesetzen）または関税刑法（Zollstrafgesetzen）、③は軍刑法（Militärstrafgesetzen）と特定するのに対し、④については、刑罰を定める法令を特定していない点も特徴的である。

2．対象となる行為

バーデン大公国ポリツァイ刑法典第2篇（各論）は、違反行為について具体的に規定している。各論の各章目は次のとおりである。

第1章　公共の安全、平和および秩序に関する違反[16]
第2章　宗教、教育および風俗に関する違反[17]

13） “Handlungen und Unterlassungen, welche als fiscalische Übertretungen, als Entziehung oder Verkürzung bestimmter Strafgefälle erscheinen, und in den Steuer- und Zollstrafgesetzen behandelt sind.”

14） “Übertretungen der von der Militärhoheit geforderten staatsbürgerlichen Pflichten, welche in Militärstrafgesetzen bezeichnet find.”

15） “Zuwiderhandlungen gegen die im Interesse der Polizeiverwaltung ergangenen Gebote und Verbote, deren Übertretung mit Strafe bedroht ist.”

16） BadPolStGB, Tit. 1, “Übertretungen in Bezug auf die öffentliche Sicherheit, Ruhe und Ordnung.”

17） BadPolStGB, Tit. 2, “Übertretungen in Bezug auf religiöse Einrichtungen, Erziehung und Sittlichkeit.”

第3章　生命および健康に関する違反[18]
第4章　消防に関する違反[19]
第5章　建築に関する違反[20]
第6章　道路および水道に関する違反[21]
第7章　営業に関する違反[22]
第8章　農業、狩業および漁業に関する違反[23]
第9章　船舶および筏の運行並びに鉄道に関する違反[24]
第10章　他者の財産に関する違反[25]

前述のように、同法典34条1項により、従来から存在していたポリツァイ条令上の刑罰規定は、ポリツァイ刑法において引き続き有効とする旨が定められたものを除き、効力を失うこととされた。そのため、同法典の施行により、上記の各章に定められた違反行為以外については、原則としてポリツァイ罰の対象から除外されることとなった。

バーデン大公国ポリツァイ刑法典が例外的に存続することとしたポリツァイ条令上の刑罰規定は、犬の飼育税（34条2項1号）、火災保険（同項2号）、測量・商業旅行許可（同項3号）、土地の境界保護（同項4号）、水道（同項5号）、狩猟（同項6号）、漁業権（同項7号）、ライン川における鮭漁（同項8号）、営業（同項9号）、徴募兵の適格性（同項10号）および軍馬の強制徴用（同項12号）に関する法令、ゲマインデ法第111条について制定された執行命令（同項13号）、森林法（35条）、ゲマインデ条令、ゲマインデ選挙条令および直接税登録簿に関する法律5条（36条1項1号）、学校における懲戒（同項2号）、公務員に対する懲戒（同項3号）、行政またはポリツァイの印章（同項4号）、許認可の停止・取消し（同項5号）、拘禁・

18）BadPolStGB, Tit. 3, “Übertretungen in Bezug auf Leben und Gesundheit.”
19）BadPolStGB, Tit. 4, “Übertretungen in Bezug auf die Feuerpolizei.”
20）BadPolStGB, Tit. 5, “Übertretungen in Bezug auf die Baupolizei.”
21）BadPolStGB, Tit. 6, “Übertretungen in Bezug auf die Straßen- und Wasserpolizei.”
22）BadPolStGB, Tit. 7, “Übertretungen in Bezug auf die Gewerbepolizei.”
23）BadPolStGB, Tit. 8, “Übertretungen in Bezug auf die Feld-, Jagd-, und Fischereipolizei.”
24）BadPolStGB, Tit. 9, “Übertretungen in Bezug auf Schifffahrt, Flößerei und Eisenbahnen.”
25）BadPolStGB, Tit. 10, “Übertretungen in Bezug auf fremdes Eigenthum.”

戒厳（同項6号）、拘留場・監獄（同項7号）に関する法令ならびに裁判手続において科すべき刑罰を定める全ての法令（同項8号）に規定されたものである。

このように、バーデン大公国ポリツァイ刑法典は、ポリツァイ罰の対象となる行為を上記の各章において規定される行為および第34条ないし第36条で規定された条令で定める行為に限定している。とはいえ、同法典36条は、ゲマインデ条令およびゲマインデ選挙条令ならびに裁判手続において科すべき刑罰を定める全ての法令に規定されたポリツァイ罰を存続することと規定したため、同法典の施行後もかなりの広範囲にわたってポリツァイ違反に対する刑罰が存続することとなった。しかしながら、従来は「公的生活と私的生活のあらゆる分野」を刑罰の対象とすることが可能であったポリツァイ条令上の刑罰規定が、同法典の施行により、原則として廃止され（34条1項）、新たな立法も禁止された（1条2項）ことは、それまで法的制約のなかったポリツァイ罰の対象に、実定法上、一定の制約を設けるものであったと評価することができよう。

3．ポリツァイ罰の対象と罪刑法定主義

バーデン大公国ポリツァイ刑法典には、量的観点から、一定の違反行為をポリツァイ罰の対象から除外する規定が存在する。例えば、同法典41条1号は、「密かにまたは商用以外の目的で、武器または弾薬を多量に貯蔵する者」につき、100グルデン以下の罰金または4週間以下の拘禁刑に処す旨を定めていた。同号は、武器の所持そのものを刑罰の対象としていた従来のポリツァイ条令の規定を廃止し、密かにまたは商用以外の目的で、かつ、多量に武器を所持することを構成要件として規定し、それ以外の武器の所持についてはポリツァイ罰の対象から外している。同号につき、立法資料は、市民の武器を所有する権利を完全に制限することは相当ではないことから、少量の武器の所持はポリツァイ違反として扱わないこととし、また、商用目的の所持については、将来は許可制に移行することを予定しているものの、同法典制定時点では未だ制度が構築されていないという理由から構成要件から外されたと説明する[26]。

前述のとおり、同法典は、従来存在したポリツァイ条令上の刑罰規定すべて

26）Stempf,（Anm. 7), S. 117.

に法律上の授権を行うことをせず、同法典で特に定めるものを除き廃止した。そして、このことは、同法典の立法者が、罪刑法定主義を形式的に法律上の定めを要求する原理ではなく、刑罰規定の実質的妥当性をも要請するもの[27]と考えていたことを示唆するものといえよう。

Ⅲ　ポリツァイ罰の内容

1．刑罰の種類

前節において確認したように、ポリツァイ条令上の刑罰規定の中には、死刑や身体刑、ガレー船漕役刑等の極めて重い刑種を定めるものも存在した。これに対し、バーデン大公国ポリツァイ刑法典4条1項は、ポリツァイ刑法上の刑罰として「拘禁刑（Gefängnißstrafe）[28]」、罰金刑（Geldstrafe）、営業権停止（zeitliche Einstellung der Gewerberechte）の3種に限定している。なお、1845年に制定されたバーデン大公国刑法典[29]においては、実刑（peinliche Strafen）として、「死刑（Todesstrafe）」、「終身刑（lebenslängliche Zuchthausstrafe）」、「有期懲役刑（zeitliche Zuchthausstrafe）」、「免職（Dienstentsetzung）」の各刑が、市民刑（bürgerliche Strafen）として、「労役刑（Arbeitshausstrafe）」、「要塞労役刑（Festungsstrafe）」、「拘禁刑（Gefängnißstrafe）」、「解雇（Dienstentlassung）」、「商業権又は公的資格の剥奪（Entziehung eins Gewerbsbetriebs, oder einer öffentlichen Berechtigung）」、「罰金刑（Geldstrafe）」および「没収（Confiscation einzelner Gegenständen）」、「譴責（gerichtlicher Verweis）」が定められていた。

バーデン大公国ポリツァイ刑法典がポリツァイ罰を上記の3種に限定したことにつき、立法資料は次のとおり説明する。すなわち、ポリツァイ違反は、本質的に、他の犯罪と比べ当罰性が最も小さい段階（niedersten Stufe der Strafbarkeit）

27）罪刑法定主義が多義的な概念であることにつき、萩原滋『罪刑法定主義と刑法解釈』（成文堂、1998）183頁以下参照。なお、現代における実定法上の罪刑法定主義の比較法的研究として、小暮得雄「罪刑法定主義の比較法的動向」北大法学論集14巻3・4号（1964）568頁以下。

28）“Gefängnißstrafe”は「禁錮」や「拘留」と訳されることがあるが、バーデン大公国刑法典およびバーデン大公国ポリツァイ刑法典においては、刑の長短にかかわらず“Gefängnißstrafe”が用いられるなど、今日のわが国における「禁錮」（刑法第13条）や「拘留」（同法第16条）と意味合いが異なるため、本書においては「拘禁刑」を用いることとした。

29）Strafgesetzbuch für das Großherzogthum Baden（BadStGB）.

である。そして、草案段階においては、刑の種類として、拘禁刑、罰金刑のほか、「譴責（Verweis）」が掲げられていたが、立法時の審議において、譴責は個人の自尊心（Ehrgefühl）を害すものであり、少額の罰金刑よりもむしろ厳しい処罰であると考えられるという意見が示されたために削除された。代わりに、草案になかった営業権停止が追加されたが、これは、営業法（Gewerbegesetz）に定められている営業権停止をポリツァイ刑法典において規定しないことは、同法典の施行後も営業法上の刑罰を存続させる旨を定めたバーデン大公国ポリツァイ刑法典34条9号と矛盾するとの指摘がなされたためである。したがって、同法典4条1項が営業権停止をポリツァイ罰として規定することは、営業権停止をポリツァイ刑法上の一般的な刑罰とする意図ではない[30]。

このように、バーデン大公国ポリツァイ刑法典においては、ポリツァイ罰はポリツァイ違反を抑止するために用いられることを前提に、拘禁刑以下の比較的軽い刑種のみが用いられることとされた。ここに、「善き秩序」の実現が優先され、そのための手段として重罰を用いることが許容されていた近世以前のポリツァイ条令と異なり、19世紀のポリツァイ刑法においては、行為の当罰性に応じた適正な処罰という考え方が導入されたことを観察することができる。また、譴責が削除された理由として、個人の自尊心を害することが理由として挙げられており、当時のポリツァイ罰は、刑法典上の犯罪に対して科せられる狭義の刑罰とは異なり、処罰される者の名誉を害さないものと位置付けられていたということができよう。なお、現代ドイツにおいても、名誉侵害の有無は、狭義の刑罰と行政罰との本質的な違いを基礎付ける要素であると考えられている[31]。

2．法定刑の上限

バーデン大公国ポリツァイ刑法典は、ポリツァイ罰の量刑等について、次のような制限を設けている。第一に、ポリツァイ裁判所は、些細な違反（geringfügigen Übertretungen）につき、主刑を回避（Umgehung）し、没収のみを言い渡すことができる（4条3項）。第二に、法律に別段の定めがない限り、ポリツァイ違

30）Stempf,（Anm. 7）, S. 30f.
31）BVerfGE 9, 167; Vgl. BVerfGE 22, 49.

反に対して科せられる刑罰は、拘禁刑につき4週間、罰金刑につき100グルデンを上限とする（6条）。第三に、罰金が支払われない場合、拘禁刑をもって罰金刑に代えるが（7条1項）、その場合も、別段の定めがない限り、4週間を上限とする（同条第2項）。ちなみに、バーデン大公国刑法典においては、拘禁刑の上限は1年（同法典39条）、罰金刑の上限は1000グルデン（同法典第47条）とされていた。

このように、バーデン大公国ポリツァイ刑法典は、ポリツァイ罰につき、法定刑を刑法典上の刑罰と比べて比較的軽いものと定め、また、事案によっては、同法典4条1項に定める刑を回避し、没収のみを言い渡すことができるとして、ポリツァイ違反に対し過度に重い刑が科せられないよう配慮している。このことは、ポリツァイ罰の目的が、贖罪ではなく、刑罰の威嚇により違反行為の抑止を図ることにあるから、比較的軽度の刑で足りるという考えに基づくものとされる[32]。ちなみに、些細な違反に対し、他の刑を回避し没収のみを言い渡しうるとする規定は、秩序違反法にも存在する（27条3項）。

Ⅳ　構成要件の規定方法

バーデン大公国ポリツァイ刑法典は、上記の各章（39条ないし161条）において、ポリツァイ違反となる行為を規定している。その規定方法は、条文上、何らかの作為または不作為を直接構成要件として規定しているものと、ポリツァイ機関の許認可を得ずに何らかの行為を行うことや、ポリツァイ法規上の命令やポリツァイ機関がなした命令に違反する行為のように、構成要件の一部を他のポリツァイ法規やポリツァイ機関の行為に委ねているものとに大別することができる[33]。

この点に関し、立法資料は、同法典は、バイエルン王国の立法に倣い、各論において、一部のポリツァイ違反については、その構成要件と刑罰を詳細に規定し、他のポリツァイ違反については、ポリツァイ上の行為に刑罰の威嚇を附加する方法を採用したと説明する。

32) Stempf,（Anm. 7), S. 34.
33) Stempf,（Anm. 7), S. 23.

1．規範定立型

構成要件上、具体的に規範を定立する規定の例として、次の規定を挙げることができる。

第41条第1項

1号　密かにまたは商用以外の目的で、武器または弾薬を多量に貯蔵する者[34]

2号　公共の安全および秩序の目的で設けられた政府の禁止に違反し武器を所有する者[35]

3号　所管行政庁の許可を受けずに軍用に適した銃砲を所有する者[36]

（4号・5号略）

第2項　第1号、第2号および第3号に該当するものは、100グルデン以下の罰金刑または4週間以下の拘禁刑に処す[37]*……。（以下略）*

バーデン大公国ポリツァイ刑法典41条1号は、「密かにまたは商用以外の目的で、武器または弾薬を大量に貯蔵する」ことを構成要件としており、ここでは、条文上直接に禁止規範が定められている。これに対し、同条2号の構成要件は、「公共の安全および秩序の目的で設けられた政府の禁止に違反し武器を所有する」こと、同条第3号の構成要件は、「所管行政庁の許可を受けずに軍用に適した銃砲を所有する」こととされており、いずれも、行政庁の行為が構成要件の一部となっている。なお、同条2号が政府の禁止に違反して武器を所持することを構成要件とし、同条3号が許可を得ずに軍用に適した銃砲を所持することを構成要件としていることからすれば（同条第4号および第5号は、武器の携

34）BadPolStGB, §41 Nr. 1, “Wer größere Vorräthe von Waffen oder Munition heimlich oder zu anderen als Handelszwecken ansammelt,”

35）BadPolStGB, §41 Nr. 2, “wer im Besitze von Waffen betreten wird, wenn solcher aus Gründender öffentlichen Sicherheit und Ordnung von der Staatsregierung untersagt ist,”

36）BadPolStGB, §41 Nr. 3, “wer zum Kriegsgebrauch geeignete Geschütze besitzt, ohne die Erlaubnis von der zuständigen Polizeibehörde erwirkt zu haben,”

37）BadPolStGB, §41 “wird in den Fällen der Ziffern 1, 2, und 3 an Geld bis zu 100 Gulden oder mit Gefängniß bis zu 4 Wochen…bestraft.”

帯に関する規定である）、同条第1号は、第2号および第3号に該当しない行為のうち、一定の範囲の武器の所持を直接的に禁止する意図で設けられたものと考えられる[38)]。

なお、上記のほか、条文上直接に構成要件を定めている規定として、住居侵入・不退去（54条）、犬の放飼い（58条1号）、乞食（66条）、通行妨害（125条）、建造物汚穢（129条）、解錠具の携帯（138条1号）、無断狩猟（146条）等が挙げられる。

2．ポリツァイ従属型

上記のように、バーデン大公国ポリツァイ刑法典上のポリァイ違反には、条文上、直接構成要件が規定されているものも存在するが、大部分は、他のポリツァイ法規やポリツァイ機関の行為を構成要件の一部に取り込んでいる。例えば、同法典40条、44条1号、48条、75条は、それぞれ、次のとおり規定している。

第40条　国の許可を得ずに、国内において、外国の兵役に就かせるために人を募集した者は、100グルデン以下の罰金刑または4週間以下の拘禁刑に処す[39)]。

第44条　次の行為は、50グルデン以下の罰金刑に処す[40)]。

1号　法令により義務付けられた出生または死亡の届出を怠った者[41)]。

第48条　正当な理由なく、郡の行政庁によって命ぜられた旅行行程や旅行日程を遵守しなかった者は、3日以下の拘禁刑に処す[42)]。

第75条　公衆浴場に関する郡または地区のポリツァイ規則に違反した者は、5グルデン以下の罰金刑に処す[43)]。

38）Vgl. Stempf, (Anm. 7), S. 117.

39）BadPolStGB, §40, “Wer ohne Staatserlaubniß im Großherzogthum für fremde Kriegsdienste wirbt, wird an Geld bis zu 100 Gulden oder mit Gefängniß bis zu 4 Wochen bestraft.”

40）BadPolStGB, §44, “Einer Geldstrafe bis zu 50 Gulden unterliegt: ”

41）BadPolStGB, §44 Nr. 1, “wer die durch Gesetze oder Verordnungen ihm gebotene Anzeige von Geburts- oder Todesfällen unterläßt,”

42）BadPolStGB, §48, “Wer die von der Bezirkspolizeibehörde zwangsweise ihm vorgeschriebene Reiserichtung oder Reisezeit ohne genügende Entschuldigung nicht einhält, wird mit Gefängniß bis zu 3 Tagen bestraft.”

上記の各規定は、それぞれ、①必要とされる許可を得ていないこと（40条）、②法令により義務付けられた届出を怠ったこと（44条1号）、③下命に違反したこと（48条）、および④ポリツァイ法規に違反したこと（75条）を構成要件としている。そして、①および④は、ポリツァイ法規に従属する構成要件、②および③は、ポリツァイ機関の行為に従属する類型であるということができよう。このような構成要件の規定方法は、現代ドイツにおいて、特に環境刑法（Umweltstrafrecht）の分野において刑法の行政従属性（Verwaltungsakzessorietät）[44]として議論されており、前者の類型には、刑罰を定める法規とは別の行政法規が構成要件の一部となっている「行政法規従属性（Verwaltungsrechtsakzessorietät）」の原型を、後者の類型には、行政行為や行政機関の判断が構成要件の一部となっている「行政行為従属性（Verwaltungsakzessorietät）」の原型を、それぞれ観察することができる[45]。

このような構成要件の規定方法が用いられた理由につき、立法資料は、ポリツァイ違反の多くはポリツァイ法規と密接に関連しているため、これを分離して刑法典のように個々の構成要件を詳細かつ完全な形で規定することは困難であり、かえって、ポリツァイ法規の目的を損なうことになる、と説明する[46]。このことから、一部の刑罰規定における行政従属性は、19世紀におけるポリツァイ刑法の立法過程において既に議論の対象となっていたということができよう。

3. 刑法典補充型

条文上直接に構成要件を定める規定の中には、上記のような規範定立型ないしポリツァイ従属型の構成要件と異なり、刑法典上の犯罪構成要件に該当する

43) BadPolStGB, §75, "An Geld bis zu 5 Gulden wird bestraft, wer den in Bezug auf das Baden in öffentlichen Wassern erlassenen orts- oder bezirkspolizeilichen Vorschriften zuwiderhandelt."

44) 刑法の行政従属性に関する先行研究として、山中敬一「ドイツ環境刑法の理論と構造」関西大学法学論集41巻3号（1991）1061頁以下、交告尚史「環境刑法の行政従属性」刑法雑誌32巻2号（1992）215頁以下、伊東研祐「刑法の行政従属性と行政機関の刑事責任―環境刑法を中心に」『環境刑法研究序説』（成文堂、2003）63頁以下、今村暢好「刑法と行政法の依存関係とその問題点」法学研究論集29号（2008）57頁以下等。

45) 刑罰法規が他の法規に依存することは、ビンディングが1885年の著書において既に指摘していた（Karl Binding, Handbuch des Strafrechts, Bd. 1, 1885, 9f）。

46) Stempf,（Anm. 7）, S. 23.

ことを前提に、事案が軽微であることを理由として、狭義の刑罰ではなくポリツァイ罰を科す旨を定めているものが存在する。

例えば、バーデン大公国ポリツァイ刑法典第10章「他人の財産に関する違反」の各条は、それぞれ次のとおり規定する。

第159条第1項　刑法典第397条および第477条によりポリツァイ違反として処分すべきとされる窃取、横領および詐欺を行った者は、14日以下の拘禁刑または50グルデン以下の罰金刑に処す。[47]

第160条　故意の毀損のうち刑法典575条によって処罰されないものは、50グルデン以下の罰金刑または14日以下の拘禁刑に処す。[48]

第161条　偽造または変造の貨幣または紙幣を真物と誤信して受け取り、その後に偽造または変造であることを認識した場合であっても、それを真物または効用を有するものとして使用した者は、その損害が5グルデン未満の場合には、15グルデン以下の罰金刑に処する。[49]

上記の規定は、いずれも、刑法典の補充規定として、刑法典上の構成要件に該当するものの、狭義の刑罰を科せられない行為につき、ポリツァイ罰を科す旨を定めるするものである[50]。例えば、バーデン大公国刑法典397条は、直ちに飲食する目的で少額の飲食物や1グルデン以下の農作物を窃取した場合、窃盗罪ではなく、ポリツァイ違反として扱う旨を規定し、また、同法典477条は、2回目までの窃取、横領および詐取は、被害額が1グルデンを超過しない場合、

47) BadPolStGB, §159 Abs. 1, "Entwendung, Unterschlagung und Betrug, soweit dieselben nach den §§397 und 477 des Strafgesetzbuchs als Polizeifrevel zu behandeln find, werden mit Gefängniß bis zu 14 Lagen oder an Geld bis zu 50 Gulden bestraft."

48) BadPolStGB, §160, "Muthwillige Beschädigungen, soweit die nicht die Strafbestimmungen des §575 des Strafgesetzbuchs auf dieselben Anwendung finden, werden an Geld bis zu 50 Gulden oder mit Gefängniß bis zu 14 Lagen bestraft."

49) BadPolStGB, §161, "Wer falsche oder verfälschte Münzen oder falsches oder verfälschtes Papiergeld irrthümlich als ächt eingenommen und nachdem er die Falschheit erkannt, als ächt oder als vollgiltig wider ausgegeben hat, wird, wenn die Beschädigung den Betrag von fünf Gulden nicht erreicht, von einer Geldstrafe bis zu 15 Gulden getroffen."

50) Stempf, (Anm. 7), S. 251ff.

原則としてポリツァイ違反として扱う旨を定めていた[51]。これを受け、バーデン大公国ポリツァイ刑法典159条は、それらの行為につき、ポリツァイ罰を科す旨を定めている。同様に、同法典160条および161条は、バーデン大公国刑法典が、再犯であることまたは損害額が一定額以上であることを処罰の要件とする犯罪構成要件につき、処罰要件に該当しない場合、ポリツァイ罰を科す旨を定めている。

立法資料によれば、上記の各規定は、刑事罰が科せられるべき行為につき、便宜上（Zweckmäßigkeit）、ポリツァイ罰を科すものである。すなわち、これらの規定は、本質的には狭義の犯罪である行為につき、罪が軽微で公衆に及ぼす危険が小さいと考えられることを理由に、政策的にポリツァイ違反として扱うものであり、他のポリツァイ違反とは類型が異なるものである[52]。

このような性質から、上記の各規定は、本来のポリツァイ罰と異なり、構成要件上、違反行為につき、「窃取（Entwendung）」、「横領（Unterschlagung）」、「詐欺（Betrug）」、「毀損（Beschädigungen）」のように、具体的な行為ではなく、罪名のみをもって規定している。このような刑法典補充型の構成要件を規定するものとして、上記のほか、傷害（バーデン大公国刑法典239条）に至らない暴行（52条）、常習的浮浪（バーデン大公国刑法典639条等）に至らない浮浪（65条）等がある。

V　ポリツァイ罰の科刑手続

1．ポリツァイ裁判手続

バーデン大公国ポリツァイ刑法典上、ポリツァイ罰の科刑手続は、別段の定めのない限り、ポリツァイ裁判所（Polizeigericht）の管轄に属するとされたものの（4条3項）、その制定当時、具体的な裁判手続については定められていなかった。この点につき、立法資料は、同法典の制定にあたり、市民の権利保護の観点から、ポリツァイ機関による科刑は認められないとする見解と、簡易迅速な手続の観点から、従来慣例的に認められていたポリツァイ機関による科刑手続を認めるべきとする見解が対立し、草案提出までに統一的な見解を見出すことができなかったため、同法典においては、原則としてポリツァイ違反に関する

51）BadStGB, §477; Vgl. Stempf,（Anm. 7）, S. 251.
52）Stempf,（Anm. 7）, S. 251f.

審理および判決をポリツァイ機関から剥奪してポリツァイ裁判所の管轄とするにとどめ、ポリツァイ裁判所の構成や裁判手続については、別の法律をもって規定することとしたと説明する[53]。

これを受け、1864年に制定された「バーデン大公国におけるポリツァイ罰に関する裁判管轄と手続に関する法律[54]」は、バーデン大公国ポリツァイ刑法典の適用に関し、ポリツァイ違反事件の第一審を区裁判所（Amtsgericht）の管轄とした（1条）。立法資料によれば、ポリツァイ違反は、その性質上、行為の類似性が高く、問題となるケースが極めて少ないと考えられるため、第一審を区裁判所の管轄とした、と説明される[55]。

2．軽罪の管轄との調整規定

バーデン大公国ポリツァイ刑法典は、ポリツァイ違反につき、原則として刑法総則の規定が適用されると規定する（2条）。同法典が定める例外として、前述した刑の種類（4条）や、刑の上限（6条、7条）のほか、手続に関するものとして、ポリツァイ機関の告訴を訴訟条件とする軽罪（Vergehen）の管轄に関する調整規定がある。

第21条　ポリツァイ機関の告訴を訴訟条件とする軽罪は、ポリツァイ裁判所が第6条に定める刑を超えないと判断した場合、当該ポリツァイ機関の申立てにより、ポリツァイ違反として判決を言渡すことができる[56]。

ポリツァイ機関の告訴を訴訟条件とする軽罪とは、例えば、食品等への有害

53) Stempf, (Anm. 7), S. 7f.　なお、立法理由書において、ポリツァイ罰の科刑手続に関し早急に立法措置を講じることを求める旨の言及がされている（Ibid., S. 16）。

54) Gesetz über die Gerichtsbarkeit und das Verfahren in Polizeistrafsachen im Großherzogthum Baden vom 28. Mai 1864.

55) L. Stempf, Das Gesetz über die Gerichtsbarkeit und das Verfahren in Polizei-Strafsachen mit Motiven, Commissionsberichten und landständischen Verhandlungen bearbeitet, 1864, S. 4.

56) BadPolStGB, §21, “Vergehen, welche nur auf Antrag der Polizeibehörde gerichtlich verfolgt werden dürfen, können auf Antrag derselben als Polizeiübertretungen abgeurtheilt werden, wenn nach dem Ermessen des Polizeigerichts keine höhere als in §6 bestimmte Strafe zu erkennen ist.”

物の混入（バーデン大公国刑法典250条）、生命・健康等に危険のない保護責任者遺棄（同法典260条、264条）、公然わいせつ（同法典359条）、公的掲示物毀損（同法典620条）等が挙げられる。立法資料によると、これらの軽罪は、狭義の犯罪であると同時に、ポリツァイ違反としての性質を併せ有していることから、ポリツァイ罰としての刑の上限を超えない場合には、告訴権者であるポリツァイ機関の申立てにより、ポリツァイ裁判所が判決を言渡すことができることとされた。[57)]

バーデン大公国ポリツァイ刑法典21条は、ポリツァイ機関の告訴を訴訟条件とする軽罪につき、刑がポリツァイ罰の上限を超えないことを要件として、ポリツァイ違反として処分することにより簡易迅速な手続を可能とするものである。このような、機能性を重視した科刑手続の簡易化は、ナチス時代における「秩序罰（Ordnungsstrafe）」の多用に繋がるものであるが、後述するように、第二次世界大戦後、刑事裁判によらず狭義の刑罰を科すことについてボン基本法との抵触や恣意的な運用の弊害が指摘され、秩序違反法においては採用されていない。[58)]

3．例外：ポリツァイ機関（Polizeibehörde）による科刑処分

前述のとおり、バーデン大公国ポリツァイ刑法典は、ポリツァイ違反につき、原則としてポリツァイ裁判手続によって刑罰を科すこととしたが、例外的に、従来慣行的に行われてきたポリツァイ機関による科刑処分も存続された。

同法典の施行後もポリツァイ機関による科刑処分が認められたポリツァイ罰は、後に執行罰（Exekutivstrafe）ないし強制罰（Zwangsstrafe）と呼ばれる類型と、同じく後に秩序罰（Ordnungsstrafe）と呼ばれる類型である。

57）Stempf,（Anm. 7）, S. 57.

58）秩序違反法は、「過料手続と刑事手続（Bußgeld- und Strafverfahren）」という章を設け（第6章）、「過料」手続と刑事手続の調整規定を設けているが、「過料」手続によって刑罰を科すことは想定されていない。

(1) 執行罰 (Exekutivstrafe)

第31条第1項　ポリツァイ権限を有する行政機関は、強制執行のための特別な手続が定められていない場合、公法上の義務を履行させるため、特定の個人に対し次の罰金刑を宣告することによって、当該義務の履行を強制する権限を有する。[59)]

バーデン大公国ポリツァイ刑法典31条1項は、強制執行手続が定められていない公法上の義務につき、ゲマインデの長 (Bürgermeistern) は、当該義務が履行されない場合、ランドゲマインデ (Landgemeinde) においては2グルデン以下、都市ゲマインデ (Stadtgemeinde) においては5グルデン以下の罰金刑 (1号)、国の行政機関 (Staatsverwaltungsbehörde) は、25グルデン以下の罰金刑 (2号) を宣告することによって、その履行を強制することができる旨を定めていた。

立法資料によれば、上記規定は、公益上やむを得ない場合に限って認められる「直接の強制 (direkte Zwang)」および「間接の強制 (indirekte Zwang)」に先立ち、まずは罰金刑をもって威嚇すべきであるという考え方に基づいて設けられたものである。すなわち、後述するように、同法典30条は、一定の要件のもと、ポリツァイ機関に直接・間接の強制処分を行う権限を付与しており、そのこととの均衡から、同法典31条は、ポリツァイ機関が、それらの強制処分に先立ち、義務の履行を促すために少額の罰金刑を宣告する権限を認めることとした。なお、立法時の審議において、罰金刑に加え、48時間以下の拘禁刑を科す権限をポリツァイ機関に付与すべきとする意見が示されたが、当該規定は、個々の構成要件が明文で定められていない行為につき、法令に違反する状態を回復させる目的からポリツァイ機関が刑罰を宣告するものである以上、拘禁刑を科す権限まで認めるのは相当ではなく、罰金刑のみを認めれば足りるという理由から、採用されなかった。[60)]

59) BadPolStGB, § 31 Abs. 1, "Ebenso bleibt den mit Polizeigewalt betrauten Verwaltungsbehörden die Befugniß aufrecht erhalten, die Erfüllung solcher Verbindlichkeiten des öffentlichen Rechts, für deren zwangsweisen Vollzug ein besonderes Verfahren nicht vorgeschrieben ist, auch durch Androhung und Ausspruch von Geldstrafen gegen bestimmte Personen zu erzwingen, und zwar"

このように、バーデン大公国ポリツァイ刑法典は、ポリツァイ機関は、公法上の義務を履行させるため、後述する「直接の強制」や「間接の強制」のほか、「一般的ポリツァイ罰権（allgemeinen polizeilichen Strafkompetenz）[61]」の範囲内で刑を宣告することを認め、罪刑法定主義の例外として許容することとした。このように、同法典31条による罰金刑は、権利侵害やポリツァイ法規違反に対する反作用として科せられるものではなく、今日でいう行政上の強制執行の一類型である執行罰としての性質を有するものであったといえよう[62]。

(2) 秩序罰（Ordnungsstrafe）

第36条第2項　前項の場合において、その管轄権限は同一機関に留保される[63]。

既に述べたように、バーデン大公国ポリツァイ刑法典34条ないし36条は、同法典の施行後も例外的にポリツァイ罰が失効しないポリツァイ条令を列挙している。そして、そのうち、同法典36条1項に挙げられたものについては、同条2項により、従前の法令に定められたポリツァイ機関の権限が引き続き効力を有するとされたため、ポリツァイ機関による科刑処分が認められていた一部のポリツァイ罰については、当該ポリツァイ機関の権限が存続されることとなった。

ところで、「秩序罰（Ordnungsstrafe）」とは、ナチス時代に多用された、刑事裁判手続によらず、行政機関によって科せられる刑罰をいう[64]。バーデン大公国ポリツァイ刑法典36条2項は、“Ordnungsstrafe”という単語を用いていないものの[65]、一部のポリツァイ罰につき、ポリツァイ機関による科刑処分を認めてお

60）Stempf,（Anm. 7）, S. 87.
61）Stempf,（Anm. 7）, S. 80.
62）近世以降のドイツにおける執行罰の歴史的展開につき、廣岡隆『行政上の強制執行の研究』（法律文化社、1961）19頁以下参照。
63）BadPolStGB, §36 Abs. 2, “In den vorstehenden Fällen bleibt die Zuständigkeit der für dieselben Behörden vorbehalten.”
64）Karl Siegert, Deutsches Wirtschaftsstrafrecht, 1939, S. 32.
65）実定法上の“Ordnungsstrafe”の起源につき、次章第2節第3款参照。

り、実質的に秩序罰を許容した規定であるということができよう。ちなみに、「秩序罰」は、公法上の義務の強制手段ではなく、過去の権利侵害または法律違反に対する反作用として科せられる点において、執行罰と異なる性格を有しているが、同時に、刑事裁判手続によらず、行政処分によって科せられる点において、狭義の刑罰とも異なるものであると考えられている[66)]。

なお、同法典34条1項は、ポリツァイ条令上のポリツァイ罰につき、同法典の施行後は原則として廃止することとしたが、財務機関（Finanzbehörde）による租税免脱犯に対する刑罰のように、ポリツァイ罰の規定（polizeilichen Strafbestimmungen）でないものについては（上記Ⅱ1参照）、廃止の対象とならず、同法典の施行後も刑事裁判手続によらない科刑処分が存続した[67)]。

Ⅵ　行政上の強制執行

バーデン大公国ポリツァイ刑法典には、上記の執行罰としての性質を有するポリツァイ罰規定のほか、刑罰と異なる、今日でいう行政上の強制執行としての性質を有するポリツァイ機関の処分権限を認める規定が設けられていた。

1．強制的手段（Zwangsmittel）

第30条第1項　ポリツァイ機関は、現行法に加え、刑事訴追と独立して、その所掌事務の範囲内で、法律若しくは条令に違反する状態を除去し、またはその状態を発生若しくは継続を防止する権限を有する[68)]*。*

66）Siegert, (Anm. 64), S. 27.　これに対し、秩序罰を「真の刑罰であるが、刑事上の性質を有しない（echte Strafe, jedoch nicht krimineller Natur）」ものとする見解として、Helmut Meeske, Die Ordnungsstrafe in der Wirtschaft, 1937, S. 11.　なお、司法資料279号『独逸経済刑法―経済に於ける秩序罰』（司法省調査部、1942）99頁参照。

67）Stempf, (Anm. 7), S. 99.　なお、租税犯に対する科刑処分は、秩序違反法の制定後も廃止されず、1967年6月6日の連邦憲法裁判所による違憲判決を受けて廃止されるまで存続した（第3章第3節第1款5(2)参照）。

68）BadPolStGB, §30 Abs. 1, "Neben den Bestimmungen des gegenwärtigen Gesetzbuchs bleibt den Polizeibehörden die Befugniß vorbehalten, auch unabhängig von der strafgerichtlichen Verfolgung rechts- und ordnungswidrige Zustände innerhalb ihrer Zuständigkeit zu beseitigen und deren Entstehung oder Fortsetzung zu hindern."

第2項　前項の処分は、公益上やむを得ない場合に限るものとする。[69]

第3項　人身に対する強制は、他の方法によることが不可能である場合にのみ用いることができる。ただし、48時間を超えてはならない。[70]

第4項　上記の処分によって生じた費用の償還は、公金徴収規則に基づいてポリツァイ官庁が宣告する。ただし、行政裁判所に不服を申し立てることができる。[71]

上記のように、バーデン大公国ポリツァイ刑法典30条は、ポリツァイ法規によって定められた法的秩序を維持するための手段として、ポリツァイ罰とは異なる強制的手段（Zwangsmittel）[72]について規定していた。

ポリツァイ機関は、現在でいう直接強制ないし代執行によって、ポリツァイ法規違反の状態を除去または防止する権限を有するが（1項）、その行使は、公益上やむを得ない場合に限られる（2項）。また、人身に対する強制は、他の方法によることが不可能である場合にのみ用いることができることとされ、かつ、48時間を越えてはならないとされた（3項）。さらに、これらの処分によって生じた費用の徴収については、第一次的にポリツァイ機関の管轄とされるが、相手方に不服がある場合、行政裁判所に不服の申立てができることとされた（4項）。

立法資料によれば、ポリツァイ上の義務を履行させるための強制的手段には、①「直接の強制（direkte Zwang）」、すなわち、義務を履行させるため、人身に対し直接強制力を行使する方法[73]、②「間接の強制（indirekte Zwang）」、すなわち、当該義務の内容につき、懈怠者の費用負担によって行政機関が執行する方法[74]、およ

69) BadPolStGB, §30 Abs. 2, "Anordnungen dieser Art sind nur in soweit zu treffen, als sie im öffentlichen Interesse geboten erscheinen."

70) BadPolStGB, §30 Abs. 3, "Persönlicher Zwang kann nur angewendet werden, wenn die zu treffenden Maßregeln ohne solchen undurchführbar sind; ein Gewahrsam darf in solchem Falle die Dauer von 48 Stunden nicht übersteigen."

71) BadPolStGB, §30 Abs. 4, "Über den Ersatz der durch solche Maßregeln entstandenen Kosten hat in allen Fällen vorbehaltlich der Berufung an ein Verwaltungsgericht die Polizeibehörde zu erkennen und das Erkenntniß nach den Bestimmungen über die Betreibung der auf dem öffentlichen Recht beruhenden Forderungen der Amtskassen vollziehen zu lassen."

72) Stempf, (Anm. 7), S. 80.

73) Stempf, (Anm. 7), S. 80, "die Nöthigung der betreffenden Person selbst zur Erfüllung der obliegenden Verbindlichkeit"

び③「一般的ポリツァイ罰権」の範囲内でポリツァイ罰を科すこと[75]の３つの類型が存在し、バーデン大公国ポリツァイ刑法典第30条は、このうち、「直接の強制」および「間接の強制」について定めるものとされる。ただし、立法資料のいう「間接の強制」は、今日における行政上の間接強制ではなく、むしろ今日のわが国における行政代執行[76]を意味することに留意が必要である[77]。

2．ポリツァイ刑法と行政上の強制執行

上記のように、バーデン大公国ポリツァイ刑法典は、行政上の義務履行確保のための強制的手段につき、30条において「直接の強制」と「間接の強制」とについて規定し、31条において、「一般的ポリツァイ罰権」に基づく罰金刑について定めていた。これらは、今日における直接強制、代執行、執行罰としての性質をそれぞれ有していると考えられる。したがって、バーデン大公国ポリツァイ刑法典は、ポリツァイ罰について定める法典であるとともに、ポリツァイ上の強制執行についても定める法典であるといえ、当時のポリツァイ刑法は、ポリツァイを実現するための強制執行法としての意味をも有する広い概念であったということができよう[78]。

Ⅶ　その他の特徴

1．法の不知の例外

第11条　ポリツァイ法規の不知を理由に罪を阻却されまたは軽減されることはない。ただし、真にやむをえない場合には、罪が阻却される[79]。

74）Stempf,（Anm. 7）, S. 80, “die Nöthigung der Behörde, die fragliche Verbindlichkeit auf Kosten des Ungehorsamen vollziehen zu lassen”

75）Stempf,（Anm. 7）, S. 80, “Strafen innerhalb der allgemeinen polizeilichen Strafkompetenz”

76）わが国における行政代執行は、「私人の側の代替的作為義務が履行されないときに、行政庁が自ら義務者のなすべき行為をし又は第三者としてこれをなさしめ、これに要した費用を義務者から徴収する制度をいう」と定義される（塩野宏『行政法Ⅰ〔第６版〕』（有斐閣、2015）256頁）。

77）わが国の代執行概念と19世紀ドイツの代執行概念とが異なることにつき、廣岡・前掲注62）29頁以下、須藤陽子「直接強制に関する一考察」立命館法學312号（2007）252頁参照。

78）同時期のプロイセンにおいて、ポリツァイ上の強制執行が行政法規に規定されていたことにつき、廣岡・前掲注62）29頁以下参照。

法の不知（Rechtsunwissenheit）をもって責任を免れないこと（ignorantia juris non excusat）は、19世紀当時のドイツ法学においても原則と考えられており[80]、バーデン大公国刑法典73条も、「刑法の不知をもって法律に定められた刑を免れることはない。刑の種類や重さについての不知または錯誤も同様である[81]」と規定して、法の不知を理由に罪が阻却されない旨を明文で定めていた。これに対し、バーデン大公国ポリツァイ刑法典11条は、原則としてポリツァイ法規の不知を理由に罪が減免されないとした上で、例外的に、ポリツァイ法規の不知が真にやむをえない場合は、罪が阻却される旨定めている。

立法資料によれば、草案段階においては、国民は、公布された法令を認知しているべきであり、法の不知による弁解を認めるべきではないとして、ポリツァイ法規の不知が刑の減免の理由とはならない旨が定められていた。しかしながら、ポリツァイ違反は、必ずしもそのすべてが自然法や道徳観念と結びつくものではない。また、ポリツァイ法規の中は、一部の地域にのみ発出されるものや、短期間にのみ適用されるもの、十分に周知されないものが存在することから、当該法規を知らないことを違反者の責に帰すことができない場合がありうる。そのため、立法時の審議において、ポリツァイ違反について上記の一般原則を厳格に適用することは相当ではないという見解が示され、ただし書きにおいて、裁判所がポリツァイ法規を知らないことについてやむを得ないと認める場合には、例外的に罪が阻却される旨が明文で規定されることとなった[82]。

このことは、同法典の制定当時、ポリツァイ違反が必ずしも普遍的な道徳観念や自然法に反するものではなく、狭義の犯罪とは本質が異なるものであり、それゆえに、ポリツァイ刑法は、固有の刑法とは異なる原理に服するものと考えられていたことを示唆するものといえよう。

79）BadPolStGB, §11, "Unkunde der Polizeivorschriften begründet im Allgemeinen weder Ausschließung noch Minderung der Strafbarkeit. Ist Dieselbe jedoch völlig entschuldbar, so tritt Straflosigkeit ein."

80）Vgl. Stempf,（Anm. 7）, S. 39.　18世紀及び19世紀のドイツ法学における錯誤論につき、村上淳一『ドイツの近代法学』（東京大学出版会、1964）6頁以下参照。

81）BadStGB, §73, "Nichtwissen des Strafgesetzes schließt die gesetzliche Strafe nicht aus; eben so wenig Unwissenheit oder Irrthum in Ansehung der Art oder Größe der Strafe."

82）Stempf,（Anm. 7）, S. 40f.

2．過失犯処罰の原則

第12条　ポリツァイ法規の文言または趣旨から、故意の違反のみを処罰する旨が明らかである場合でない限り、過失によってポリツァイ違反を犯した場合であっても処罰される。[83)]

バーデン大公国刑法典は、過失犯（Fahrlässigkeitsdelikt）につき、法律上、特にそれを処罰する旨の定めがない限り処罰されない旨を定めていた（同法典102条）。これに対し、バーデン大公国ポリツァイ刑法典12条は、ポリツァイ違反につき、法規の文言または趣旨から故意犯のみを処罰する旨が明らかでない限り過失犯も処罰されると定め、原則と例外を逆転させている。

この理由につき、立法資料は、ポリツァイ違反を処罰する理由は、法令に違反する意思に求められるのではなく、国家の発した命令を現実に遵守させることにあるから、過失による違反であっても、故意による違反と同じく処罰することとし、両者の区別は量刑に影響するにとどめたと説明する。また、ポリツァイ違反は、刑法典上の犯罪とは異なり、必ずしも実質的な権利侵害（materielle Rechtsverletzung）を伴うものではなく、公共の秩序および安全（öffentliche Ordnung und Sicherheit）または人および財産を危険にさらす行為（rechtsgefährdenden Handlung）であるため、故意によるか過失によるかを問わず刑罰の対象とすることにより、そのような危険を防止する必要があることも理由として挙げられている。[84)] このように、同法典の立法者は、狭義の刑罰がすでに発生した実質的な権利侵害に対して科せられるものであるのに対し、ポリツァイ罰は、必ずしも実質的な権利侵害を伴うものではなく、公共の秩序や安全、人の生命、身体および財産への危険を防止するため、国家の発した命令を遵守させる目的で科せられるものと考えていた。

ところで、バーデン大公国ポリツァイ刑法典において、同法典12条にいう「故

83）BadPolStGB, §12, "Polizeiübertretungen sind strafbar, auch wenn sie nur aus Fahrlässigkeit verübt wurden, insofern nicht nach Wortlaut oder Sinn der Polizeivorschrift nur die vorsätzliche Uebertretung für strafbar erklärt ist."

84）Stempf,（Anm. 7）, S. 41f.

意の違反のみを処罰する旨が明らかである場合」に該当するものとして、前述の刑法典補充型の構成要件を有するポリツァイ違反が挙げられる。例えば、同法典160条は、「故意の毀損（muthwillige Beschädigungen）」を構成要件とし、故意の場合のみを処罰する旨を明示している。また、同法典161条も、偽造または変造された通貨を、それと認識して使用することを構成要件とし、故意犯のみを処罰の対象とすることを文言上明らかにしている。これに対し、同法典159条は、「故意」や「認識」といった文言は用いていないものの、「窃取（Entwendung）」、「横領（Unterschlagung）」および「詐欺（Betrug）」といった、故意がなければ成立しない行為を構成要件としており、上記の2罪と同様、故意犯のみを対象としている。このように、刑法典補充型の構成要件の多くは、同法典12条が定める過失犯処罰の原則とは異なり、バーデン大公国刑法典と同様、故意犯のみを処罰の対象としているということができる。このことからも、刑法典補充型の構成要件を有するポリツァイ違反は、本質的なポリツァイ違反ではなく、政策的にポリツァイ違反として扱われているにすぎないということができよう。

3．未遂犯不処罰の原則

第13条　ポリツァイ違反の未遂は、刑を科す旨の法律上特別の定めがない限り処罰されない。[85)]

19世紀半ばのドイツにおいては、犯罪を行おうとする意思を処罰の根拠とする主観主義的な未遂犯概念により、未遂犯は、既遂犯と同様に、原則として処罰されることとされ、バーデン大公国刑法典も、包括的な未遂犯処罰規定を設けていた（同法典112条）。これに対し、バーデン大公国ポリツァイ刑法典13条は、ポリツァイ違反の未遂（Versuch）につき、法律上特別の定めがある場合除き、処罰されない旨を定めていた。

立法資料によると、同条が未遂を原則として不処罰とする理由は、ポリツァイ違反の性質から導かれる。すなわち、ポリツァイ違反は、実質的な権利侵害

85）BadPolStGB, §13, “Der Versuch einer Polizeiübertretung ist straflos, wenn derselbe nicht im Gesetz besonders mit Strafe bedroht ist.”

を伴わず、公共の秩序および安全または人身や財産を危険にさらす行為にとどまり、ポリツァイ罰は、権利侵害ではなくその危険を罰するものである。そして、ポリツァイ罰によって権利侵害の危険の防止は十分に図られている。また、ポリツァイ法規の目的は、権利の保全（Wahrung des Rechts）ではなく、利益の促進（Förderung von Interessen）にあるところ、ポリツァイ違反の未遂は、権利侵害の意思の発露ではなく、単に利益の促進に向けられたポリツァイ法規を尊重しない意思の発露にとどまるから、賞賛はできないものの、これを処罰する根拠は乏しい。なお、同法典第10章には、例外的に権利侵害を伴う行為がポリツァイ違反として定められているものの、同章は、権利侵害の極めて小さいものについてポリツァイ違反として扱うものであるから、同法典13条において、包括的に未遂犯不処罰の原則の例外を設ける必要はない[86)]。

このように、バーデン大公国ポリツァイ刑法典の立法者は、同法典上のポリツァイ違反につき、①権利侵害を伴わない、公共の秩序および安全または人身や財産を危険にさらす行為と、②権利侵害の程度が極めて小さい行為の2類型があることを前提に、上記①の類型に対するポリツァイ罰は、権利の保全ではなく利益の促進という目的を達成するためのものと考えていた。したがって、当時のポリツァイ刑法概念は、利益の促進という目的を達成するための手段として位置付けられ、応報思想に基づく固有の刑法とは、概念上区別されていたということができよう。

第2款　ポリツァイ刑法と違警罪

I　ポリツァイ刑法上の刑罰（ポリツァイ罰）概念

前述のように、19世紀の領邦国家において制定されたポリツァイ刑法典は、ポリツァイ違反に対して科せられる刑罰（ポリツァイ罰）について定める一般法であった。前款において取り上げたバーデン大公国ポリツァイ刑法典は、ポリ

86）Vgl. Stempf, (Anm. 7), S. 43f.　ちなみに、バーデン大公国ポリツァイ刑法典第10章の規定のうち、窃盗、横領および詐欺に関する159条は、2条において未遂を罰する旨定めているが、毀損に関する160条および偽造通貨の使用に関する161条には、未遂を罰する旨の定めは設けられていない。

ツァイ違反につき、原則として刑法典の総則規定が適用されるとしつつ、その特徴に鑑み、いくつかの特別規定を設けている。これらの規定は、便宜上のポリツァイ違反を除き、ポリツァイ違反は権利侵害を伴う狭義の犯罪とは本質が異なることを前提とするものであり、狭義のポリツァイ違反に対して科せられるポリツァイ罰は、狭義の犯罪に対して科せられる刑罰とは、本質的に異なるものと考えられていたということができる。そこで、以下、ポリツァイ刑法上のポリツァイ違反概念およびポリツァイ罰概念について分析する。

1．ポリツァイ違反概念

バーデン大公国ポリツァイ刑法典の立法資料によれば、ポリツァイ違反は、「ポリツァイ行政の観点から発せられた命令または禁止に対する違反であって、刑罰によって威嚇されているもの」、狭義の犯罪は、「市民社会の法制度、法規命令または風俗上の基盤に対する侵害を含む作為または不作為であって、刑法典上、実刑または市民刑を科すべき行為として定められているもの」と定義される。上記の各定義の前段部分は、行為の性質によって両者を区別するが、ポリツァイ違反がポリツァイ行政の観点という前提となる義務の目的によって定義されるのに対し、後者は、「市民社会の法制度、法規命令または風俗上の基盤に対する侵害を含む作為または不作為」という、行為の結果によって定義されているため、両者は、必ずしも相互に独立した概念ではない。そのため、「ポリツァイ行政の観点から発せられた命令または禁止に対する違反」であり、かつ、「市民社会の法制度、法規命令または風俗上の基盤に対する侵害を含む作為または不作為」である行為も存在しうる。

例えば、同法典54条1項は、「みだりに他人の住居若しくは囲繞地に侵入し、または所有者の要求を受けたにもかかわらずこれらの場所から退去しなかった者は、所有者の告訴を待って、8日以下の拘禁刑または25グルデン以下の罰金刑に処す」[87]と規定し、住居侵入（Hausfriedensbruch）をポリツァイ違反として規定

87）BadPolStGB, §54 Abs. 1, “Wer ungebührlicherweise in fremde Wohnungen oder in eingefriedigte liegende Gründe eindringt, oder auf die Aufforderung des Besißers dieselben nicht verläßt, wird auf Anzeige des Letzteren mit Gefängniß bis zu 8 Lagen oder an Geld bis zu 25 Gulden bestraft.”

していた。これについて、立法資料は、次のとおり説明する。すなわち、同条は、罰則の威嚇力により住居権（Hausrecht）の保護を図るものであるが、住居侵入に対する処罰規定は、同法典制定前の商業法（Gewerbegesetz）において、行商人の他人の住居への侵入を規制し、それに違反した場合に罰則が用いられていたことに由来するものであり、営業規制の一類型としての側面を有していたことから、バーデン大公国ポリツァイ刑法典は、住居侵入をポリツァイ違反として扱うこととした[88]。

このように、ポリツァイ上の義務違反と権利侵害の有無は両立しうるものであるため、同法典の立法者は、ポリツァイ違反と狭義の犯罪とは、概念上、一部重なり合っており、行為の性質のみからは、両者を完全に分離することはできないものと考えていたということができよう。そうすると、両者の定義が、いずれも、後段において、行為に対し刑罰（広義の刑罰）を科すことが実定法上定められていることをその要素としているのは、単に罪刑法定主義を宣明するにとどまらず、実定上、広義の刑罰が定められていることを、各々の不可欠な要素としているという積極的な意義を有するものと考えるべきであろう。ちなみに、行為の性質からは義務違反と狭義の犯罪とを完全に分離することはできず、重なりあう部分については実定法によって分類されるという考え方は、1968年秩序違反法によって、秩序違反（Ordnungswidrigkeit）と狭義の犯罪（Kriminalstraftat）との区別について採用されている。

2．ポリツァイ罰概念

前述のように、バーデン大公国ポリツァイ刑法典の立法資料は、ポリツァイ罰につき、必ずしも実質的な権利侵害を伴うものではなく、公共の秩序や安全、人の生命、身体および財産への危険を防止するため、国家の発した命令を遵守させる目的で科せられるものとする。すなわち、当時のポリツァイ罰は、①公共の秩序や安全を維持するためのポリツァイ法規違反に加え、②人の生命、身体および財産という法益への危険を及ぼすポリツァイ法規違反についても科せられるものとされていた。②については、後述するように、危険犯が狭義の犯

88）Vgl. Stempf,（Anm. 7）, S. 134f.

罪として認識されることに伴って刑法典上の犯罪として位置付けられるようになるものの、ポリツァイ刑法の成立当時は、ポリツァイ罰との対象と考えられていたということができよう。

また、バーデン大公国ポリツァイ刑法典は、31条において、ポリツァイ機関に対し、「一般的ポリツァイ罰権」を付与しており、当該規定は今日でいう執行罰としての性格を有している。したがって、19世紀半ばのポリツァイ罰は、③今日でいう執行罰としての性格を有するものをも含む概念であったということができる。ちなみに、ドイツにおいては執行罰としての性格を有する刑罰（広義の刑罰）が20世紀に入っても存続しており、このことは、後述するように、ゴルトシュミットの行政刑法論の背景となっているということができる。

さらに、同法典第10章は、概念的には狭義の犯罪と考えられる行為につき、罪が軽微であることを理由として、便宜上ポリツァイ違反として扱うものをポリツァイ罰の対象としている。このことから、当時のポリツァイ罰は、広義において、④軽微な犯罪的行為に対し便宜上ポリツァイ罰を科すものをも含む概念であったということができよう。

Ⅱ　ライヒ刑法典の制定とポリツァイ罰概念の変化

1．ライヒ刑法典（Reichsstrafgesetzbuch）の制定

1871年にドイツ帝国（Deutschen Reich）が成立すると、立法権の中心は各ラントから帝国へと移され、帝国立法は、重要な法領域において、次々と法の統一を実現していくこととなった。1871年5月15日には、早くもライヒ刑法典[89]が制定され、1872年1月1日から施行された。これにより、各ラント法の刑罰規定のうち、ライヒ刑法典に定めのある事項と同一の事項に関するものについては、その効力を失うこととされた（導入法2条）。もっとも、ライヒ刑法典に定めのない事項に関しては、ラント法において、2年以下の軽懲役（Gefängniß）[90]、拘留（Haft）、罰金刑（Geldstrafe）、没収（Einziehung）または公職の剥奪（Entziehung öffentlicher Ämter）という刑罰を科すことができるとされた（導入法5条）。

ライヒ刑法典は、違警罪（Übertretung）を刑法典上の犯罪として規定すること

89）Strafgesetzbuch für das Deutsche Reich vom 15. Mai 1871（RStGB 1871）.

とし、従来のポリツァイ違反の一部を刑法典上の犯罪として編入した。そのため、これらのポリツァイ違反については、ライヒ刑法典の施行により、刑法典上の犯罪として扱われることとなった。ただし、違警罪として編入されなかったものについては、ライヒ刑法典制定後もポリツァイ違反として存続した。[91)]

2．違警罪（Übertretung）の創設

1871年ライヒ刑法典は、犯罪を刑の重さによって3つに分類し、死刑（Tode）、重懲役（Zuchthaus）または5年を超える城塞禁錮（Festungshaft）[92)]をもって罰すべき行為を重罪（Verbrechen）、5年以下の城塞禁錮、軽懲役（Gefängniß）または50ターレルを超える罰金刑をもって罰すべき行為を軽罪（Vergehen）、拘留（Haft）または50ターレル以下の罰金刑をもって罰すべき行為を違警罪（Übertretung）と定義する（1条）。そして、従来のラント刑法典と異なり、各論（Besonderer Teil）に違警罪（Übertretung）の章を設け、ナポレオン刑法典と同様、違警罪を刑法典中の犯罪として規定した。これにより、違警罪は、ポリツァイ違反のように狭義の犯罪と異なる類型の行為ではなく、重罪や軽罪と比べて非行の程度が小さいにとどまる、軽微な犯罪行為（geringfügigen strafbaren Handlungen）として位置付けられた。[93)]

ライヒ刑法典において違警罪とされた行為は、同法典第29章（360条ないし

90）前款においては、"Gefängnißstrafe"を「拘禁刑」と訳したが（前注28参照）、ライヒ刑法典は、"Gefängniß"を1日以上5年以下の自由刑（16条1項）、"Haft"を1日以上6週間以下の自由刑（18条1項）と定めた上で、前者は、受刑者の求めがある場合に限り、能力および状況に応じた役務を伴うことができるとする（16条2項）のに対し、後者は単なる自由の剥奪としており（18条2項）、両者を概念的に区別することが可能であるため、前者を「軽懲役」、後者を「拘留」と訳すこととした。

91）例えば、本稿で取り上げたバーデン大公国ポリツァイ刑法典は、幾度かの改正を経てドイツ帝国消滅後も州法として存続し、最終的に1974年まで存続した（Stefan Zeitler/Christoph Trurnit, Polizeirecht für Baden-Württemberg, 2. Aufl., 2011, S. 8; Vgl. Ulrich Stephan/Johannes Deger, Polizeigesetz für Baden-Württemberg: Kommentar, 7. Aufl., 2014, S. 30f）。

92）城塞禁錮とは、城塞その他特定の場所において行われる監視付の自由剥奪刑である（RStGB, §17 Abs. 3）。

93）Ernst Traugott Rubo, Kommentar über das Strafgesetzbuch für das Deutsche Reich und das Einführungsgesetz vom 31. Mai 1870 sowie die Ergänzungsgesetze vom 10. Dezember 1871 und 26. Februar 1876., 1879, S. 1016f.

370条）に規定される各行為である。例えば、バーデン大公国ポリツァイ刑法典においてポリツァイ違反とされていた、密かにまたは商用以外の目的で武器または弾薬を多量に貯蔵する行為（同法典41条1号）や軽微な窃盗（同法典159条1項）は、それぞれ、ライヒ刑法典360条2号、370条5号において違警罪として規定された。

3．違警罪と犯罪概念

ライヒ刑法典は、従来は、法益の侵害（Verletzung des Rechtsgutes）が必要とされていた狭義の犯罪につき、法益の危険（Gefährdung des Rechtsgutes）で足りるとする考え方を採用した。同法典制定前においても、例えばバーデン大公国刑法典594条が、同法典586条および587条に定める大逆罪（Hochverrath）の準備行為（Vorbereitungshandlungen）を処罰する旨を定めていたように、侵害に至らない行為を刑法典上の犯罪として処罰する旨の規定は存在していた。これらは、権利侵害を前提とする従来の犯罪概念では説明できない規定であり、この点において刑法学上の犯罪概念と実定法上の犯罪概念に乖離が生じていた。

ライヒ刑法典は、法益の危険を伴う行為も刑法典上の犯罪概念に含まれることを正面から認めることで上記の理論と実定法の乖離を解消するとともに、従来は法益の侵害を伴わないとしてポリツァイ違反として扱われていた第29章各条に定める行為につき、大逆罪等と同じく「悪行の亜種（eine Unterart der Missethaten）」であるとして、刑法典上の犯罪として扱うこととした。[94)]

このように、ライヒ刑法典は、法益の侵害を伴う行為のみならず、従来はポリツァイ違反とされていた法益侵害の危険を伴う行為についても刑法典上の犯罪概念に含め、違警罪として刑法典に編入した。

4．違警罪の性質

ライヒ刑法典における違警罪は、重罪や軽罪に比べ軽微であるものの、刑法

94）ライヒ刑法典のコンメンタールは、大逆行為を公然と表明する罪（RStGB, §85）を「悪行の亜種」として例示し、違警罪につき、刑法体系上、違警罪は、「刑罰を科せられる行為の特別な種類（eine besondere Gattung strafbarer Handlungen）」ではなく、悪行の亜種であるとする（Rubo, (Anm. 93), S. 1016）。

典に規定された犯罪であった。そのため、違警罪についても、バーデン大公国ポリツァイ刑法典においてみられたような刑の回避（Umgehung）[95]の規定は設けられなかった。事理弁識能力を有する12歳以上18歳未満の者につき、特に軽微な事例においては、譴責（Verweis）に処すことができるとされたが（57条1項4号）、当該規定は、軽罪においても適用されることに示されるように、違警罪の性質からではなく、行為者が18歳未満であることを理由に設けられたものであった。むしろ、バーデン大公国ポリツァイ刑法典制定時において、名誉侵害の懸念から譴責が刑種から削除されたことに鑑みれば、当該規定は、かえって、違警罪が真正の犯罪とみなされていたことを示すものといえよう。

なお、違警罪に関する裁判は、比較的軽微な軽罪と同様に、区裁判所（Amtsgericht）内に設けられる参審裁判所（Schöffengericht）において行われることとされた[96]。

5．違警罪と刑法理論

ポリツァイ刑法典の制定に大きな影響を与えたフォイエルバッハは、真正の犯罪を「統治活動の執行および国家の宣言とは無関係に存在する権利」の侵害であるとする。しかし、権利侵害説とよばれるフォイエルバッハの見解に対しては、前述した大逆罪の準備行為が刑法典上の犯罪とされることを説明できないなど、論理的整合性を欠くという批判が寄せられた[97]。バーデン大公国ポリツァイ刑法典の立法資料は、権利侵害説を背景としていると考えられるものの[98]、狭義の犯罪を「市民社会の法制度、法規命令または風俗上の基盤に対する侵害を含む作為または不作為であって、刑法典上、刑事罰または市民罰を科すべき行為として定められているもの」、ポリツァイ違反を「ポリツァイ行政の観点から

95）BadPolStGB 1863, §4 Abs. 3.

96）Gerichtsverfassungsgesetz vom 27. Januar 1877, §27.　なお、参審裁判所のほか、刑事裁判所（Strafkammer）、陪審裁判所（Schwurgericht）、ライヒ裁判所（Reichsgericht）が刑事事件を管轄することとされ、一般の軽罪と重罪は、原則として刑事裁判所、一部の重大な重罪は陪審裁判所、大逆罪（Hochverrat）等の国家に対する一部の罪についてはライヒ裁判所が、それぞれ管轄権を有することとされた。

97）権利侵害説に対する批判とその後の議論につき、伊東研祐『法益概念史研究』（成文堂、1984）15頁以下参照。

98）Vgl. Stempf, (Anm. 7), S. 41f.

発せられた命令または禁止に対する違反であって、刑罰を科せられることが定められているもの」と定義するなど、フォイエルバッハの主張をそのまま採用することはしていない[99]。

フォイエルバッハの権利侵害説に対する批判と犯罪の本質に対する論争を経て、法益（Rechtsgut）概念は、ドイツ刑法学における中核概念としての地位を得た[100]。法益概念に関する初期の重要な論者であるビンディング[101]は、ライヒ刑法典の施行と同年に刊行された『規範とその違反〔第1版〕』において、法益を「実定法が、その視点からして、変更されず、乱されることもないことに関心を有し、それゆえに、規範によって、望まれない侵害または侵害の危険から保護しようと務めなければならないすべてのもの」と定義する[102]。すなわち、ビンディングによれば、法益とは、立法者の価値判断によって決定されるものであるとされる[103]。また、ビンディングは、犯罪の本質は行為規範への反抗であるとした上で、その行為規範を、①望まれない結果を惹起することを禁止する「侵害禁止（Verletzungsverbote）」、②侵害から保護された財を危険にさらすことを禁止する「危険惹起禁止（Gefährdungsverbote）」、および③禁止に対する不服従それ自体の禁止（単なる禁止）に類型化した[104]。そして、①侵害禁止違反および②危険惹起禁止違反は、法益侵害を伴う不服従であるため犯罪であるが、③単なる禁止違反は、法益侵害やその危険を伴わない単なる不服従（reine Ungehorsam）であるにすぎず、ポリツァイ違反であるとしている[105]。

ビンディングの法益論については、現代においても論争がされており[106]、その

99）Vgl. Stempf, (Anm. 7), S. 21f.

100）伊東・前掲注97）79頁。

101）ビンディングの初期の危険犯理論とその後の展開につき、山口厚『危険犯の研究』（東京大学出版会、1982）189頁以下参照。

102）Karl Binding, Die Normen und ihre Übertretung, Bd. 1, 1. Aufl., 1872, S. 193.

103）Vgl. Karl Binding, Die Normen und ihre Übertretung, Bd. 1, 2. Aufl., 1890, S. 353ff.　ちなみに、第2版においては、法益の定義につき、価値判断の主体が第1版の「実定法（positive Recht）」から「立法者（Gesetzgebers）」へと改められたほか、より詳細なものに変更されている。

104）ビンディングは、命令（Gebot）について、禁止（Verbot）と同様3類型に区分して論じているが（Binding, (Anm. 102), S. 48f）、便宜上、ここでは作為犯に対する行為規範である禁止についてのみ論じる。なお、山口・前掲注101）195頁参照。

105）Binding, (Anm. 102), S. 187ff.

106）伊東・前掲注97）79頁以下参照。

是非について論じることは筆者の能力を大きく超えるため、ここでは、次の点を指摘するにとどめる。すなわち、ビンディングの主張は、ポリツァイ違反を含む当時の広義の犯罪概念を前提に、犯罪を法益侵害やその危険のある行為と純粋な不服従とに分類するものである。そして、そのことを前提とすれば、上記のビンディングの主張は、行政犯を法益侵害を伴わない行政意思に対する違反行為、司法犯を法益侵害を伴う行為として、両者を区別すべきとしたゴルトシュミットの行政刑法論や、単なる不服従を秩序違反として狭義の犯罪から分離した秩序違反法に繋がる考え方であるということも可能であるように思われる。

6．ライヒ刑法典制定後のポリツァイ違反概念

ライヒ刑法典は、刑法典上の犯罪に危険犯概念を導入し、法益の侵害を伴う行為だけでなく、法益侵害の危険を伴う行為にまで狭義の犯罪概念を拡張した。前述のように、バーデン大公国ポリツァイ刑法典の立法資料は、人の生命・身体・財産といった法益を危険にさらす行為を狭義の犯罪ではなくポリツァイ違反と位置付けていたところ、ライヒ刑法典がそれを刑法典上の犯罪（狭義の犯罪）として位置付けたことにより、ポリツァイ違反概念と狭義の犯罪概念とは、より広い範囲で重なり合うこととなったということができよう。他方、違警罪は、「悪行の亜種」という、重罪や軽罪の対象行為とは異なる性格を有する新たな類型として位置付けられることとなった。ちなみに、後述するように、秩序違反法制定後、違警罪の大部分は秩序違反へ転換されて非犯罪化されている。

第3款　小　　括

法的な制約が存在せず、公的生活と私的生活のあらゆる分野が刑罰の対象とされていたポリツァイ条令上の刑罰規定と異なり、ポリツァイ刑法においては、罪刑法定主義が採用され、その対象についても、一定の制約が設けられた。これにより、ポリツァイ罰の対象範囲は、概念的にも実定法上もポリツァイ条令上のそれと比べて縮小した。

バーデン大公国ポリツァイ刑法において、ポリツァイ違反と狭義の犯罪とは、

相互に独立した概念とは考えられていない。すなわち、立法資料によれば、ポリツァイ違反は、公の秩序を形成・維持するという行為の前提となる義務の目的に着目して定義されるのに対し、狭義の犯罪は、権利の侵害という結果に着目して定義される。そのため、住居侵入のように、ポリツァイ違反にも狭義の犯罪にも該当しうるものが存在し、両者は、その限度で重なり合う概念であるということができる。そして、両者の概念が重なり合う領域においては、概念自体から両者を分離することはできず、立法者がポリツァイ違反と狭義の犯罪のいずれに該当するかを判断し、実定法の規定によって区別されていた。また、同法典は、第10章において、本質的には狭義の犯罪である行為につき、ポリツァイ違反として処罰する旨を定めている。この背景には、立法資料が、「便宜上（Zweckmäßigkeit）」のポリツァイ違反と説明するように、軽微な犯罪につき、比較的簡易な手続による処罰を可能とするという機能性の理念が存在していたと考えられる。

このように、ポリツァイ刑法のポリツァイ罰は、①公共の秩序や安全に危険を及ぼす行為に対して科せられる刑罰、②人の生命、身体および財産という法益への危険を及ぼす行為に対して科せられる刑罰、③今日でいう執行罰としての性格を有する刑罰、④軽微な犯罪的行為を便宜上ポリツァイ罰として科せられる刑罰を含む概念であったということができよう。そして、1871年に制定されたライヒ刑法典が、上記②の類型のポリツァイ違反を違警罪として刑法典に編入したことより、ポリツァイ違反と刑法典上の犯罪（狭義の犯罪）とは、よりいっそう重なり合う概念となった。

以上のように、19世紀のドイツにおいては、近世領邦国家のポリツァイ条令によって誕生したポリツァイ罰概念が、応報思想に基づく狭義の刑罰概念とは異なるものとして展開し、狭義の刑罰とポリツァイ罰とを含む広義の刑罰概念を形成しており、このことが、20世紀初頭においてゴルトシュミットが行政刑法論を提唱し、ナチス期を経て、第二次世界大戦後に秩序違反法の制定に繋がったことの背景となっていると考えられる。

第3章　20世紀における行政罰の変遷

第1節　はじめに

前章において、ドイツにおけるポリツァイ罰概念につき、ポリツァイ条令およびポリツァイ刑法を中心に歴史的考察を行った。

近世領邦国家におけるポリツァイ条令は、「公的生活および私的生活のほとんどすべての分野」をその対象とし、実効性担保のためにポリツァイ違反に対して死刑を含む重大な刑罰を定めていた。その後、啓蒙思想の影響を受けて19世紀にラント法として制定されたポリツァイ刑法は、ポリツァイ条令上の刑罰規定を原則として廃止し、ポリツァイ罰の対象範囲に一定の制限を設けるとともに、ポリツァイ違反に対して科せられる刑罰を比較的軽微なものに限定した。ポリツァイ刑法が制定された当時の“Polizei”は、秩序の形成・維持を広く包含する後見主義的な概念から、現在する危険の回避のための配慮に限定された自由主義的な概念へと変容していく過程にあった[1]。とはいえ、当時のドイツは、未だポリツァイ国家（Polizeistaat）から法治国家（Rechtstaat）への移行期にあり、近代刑法学や行政法学も発展途上であったことから、必ずしも、従来の刑罰の濫用状態が解消された状態にはなかった。

現代ドイツにおいて、刑罰の対象を縮小し、従来は犯罪して扱われてきた行為を刑罰の対象から外すことを非犯罪化（Entkriminalisierung）とよび、逆に、刑罰の対象を拡張し、従来は犯罪とされていなかった行為を刑罰の対象とすることを犯罪化（Kriminalisierung）とよぶ[2]。近世領邦国家におけるポリツァイ罰概念

1）木村周市朗『ドイツ福祉国家思想史』（未来社、2000）16頁。

2）Vgl. Gunther Arzt, Probleme der Kriminalisierung und Entkriminalisierung sozialschädlichen Verhaltens, Kriminalistik 1981, S. 118f.

の誕生による犯罪化と19世紀ドイツにおけるポリツァイ刑法の制定による非犯罪化の動きは、20世紀ドイツの行政法規においても観察され、20世紀における行政罰は、犯罪化と非犯罪化の間で揺れ動きながらその概念を変容させていったということができる。

本章においては、ナチス期の経済刑法（Wirtschaftsstrafrecht）および第二次世界大戦後の秩序違反法（Ordnungswidrigkeitengesetz）を取り上げ、20世紀のドイツにおける行政罰の変遷について、犯罪化と非犯罪化の観点から分析する。

第2節　ナチス政権下における行政罰

20世紀初頭においては、自由主義的夜警国家から福祉国家への転換に伴い、秩序維持のための刑罰が再び多用されるようになるとともに、実証主義的な形式的法治国家観のもと、機能性の観点が強調されることとなった。1933年にナチス政権が発足すると、国家社会主義（Nationalsozialismus）のもと、国民の権利よりも国家の秩序が重視され、行政罰についても、かつてのポリツァイ条令のように、死刑をはじめとする重大な刑罰が秩序維持の観点から用いられることとなった。また、行政機関が刑事裁判手続によらず刑を科すことを認める「秩序罰（Ordnungsstrafe）」が多用されるなど、刑事法の分野においても、行政権の肥大がみられるようになる。

ナチス期の法体系は、公益は私益に優先するというナチス特有の思想を前提とするものであり[1]、現代において、これを直接に参考とすることができないことは当然である。しかしながら、第二次世界大戦後に導入されたドイツの「過料（Geldbuße）」制度はナチス期の「秩序罰」をその原型とする[2]一方、経済統制違反に対し「秩序罰」を多用したナチス期の経済刑法に対する問題意識を背景として1949年経済刑法によって導入され[3]、秩序違反法によってすべての法分野に拡張されたものである[4]。そのため、ドイツ秩序違反法を参考にわが国の行政

1）Stefan Werner, Das Wirtschaftsstrafrecht im Nationalsozialismus: Ein historisches Beispiel für die machtpolitische Bedeutung des Strafrechts, KritV 1991, S. 139ff.

2）Vgl. BT-Drs., V/1269, S. 22.

罰を再検討するにあたっては、ナチス経済刑法について分析を行い、ドイツにおける「過料」制度がいかなる問題意識から制定されたのかを明らかにする作業が有益であろう[5]。そこで、本節においては、「秩序罰」を中心に、ナチス経済刑法について批判的に考察することとしたい[6]。

なお、ドイツにおける経済刑法（Wirtschaftsstrafrecht）は、歴史的にその内容を変化させながら発展した法分野であり、特に、ナチス期における経済刑法と、1970年代以降の「新たな犯罪化（Neukriminalisierung）[7]」における経済刑法とは、その内容や性格が大きく異なっている。そこで、本書においては、ナチス期における経済刑法概念と現在の概念[8]との混同を避けるため、前者を「ナチス経済刑法（Wirtschaftsstrafrecht im Nationalsozialismus）」とよぶ。また、ドイツにおける「過料」や「秩序罰」について取り上げる際は、わが国における概念と区別するため、鍵括弧付きで表記することとする。

第1款　前史――ヴァイマル期における行政罰

I　ゴルトシュミットの行政刑法論と行政罰概念

ナチス政権下における行政罰を論じる前提として、まず、20世紀初頭における行政罰概念について確認しておきたい。

3）Kurt Haertel/Günther Joël/Eberhard Schmidt, Gesetz zur Vereinfachung des Wirtschaftsstrafrechts: Textausgabe mit erläuternder Einführung, Verweisungen und amtlicher Begründung, 1949, S. 141f.

4）BT-Drs., I/2100, S. 14.

5）Werner, (Anm. 1), S. 139は、ドイツにおいてもナチス経済刑法の体系的研究が不十分であることを指摘する。

6）本節は、田中良弘「行政刑法と秩序罰 ―ナチス経済刑法の歴史的考察―」一橋法学14巻3号（2015）69頁に修正を加えて再構成したものである。

7）次節第3款参照。

8）現在のドイツ学説上、経済刑法（Wirtschaftsstrafrecht）とは、一般に、超個人的・社会的法益の保護に向けられた刑罰規定や「過料」規定の総称を意味し（Vgl. Klaus Tiedemann, Wirtschaftsstrafrecht, Einführung und Allgemeiner Teil mit wichtigen Rechtstexten, 4. Aufl., 2014, S. 27ff; Vgl. Werner, (Anm. 1), S. 141）、①経済統制違反に限られない点、②刑罰のみならず「過料」を含む点において、ナチス経済刑法とは異なる概念である。

ゴルトシュミットが1902年の『行政刑法』において提唱した行政刑法論を契機として、1908年に開催された第29回法曹大会（Deutscher Juristentag）において、刑法典からポリツァイ不法（Polizeiunrecht）を分離することが決議されるなど、20世紀初頭のドイツにおいて、刑事犯と行政犯の分離が強く主張された。留意すべきは、当時の行政罰概念は、広義において、今日における執行罰をも含むものであったことである。すなわち、ゴルトシュミットのいう行政刑罰（Verwaltungsstrafe）は、わが国における一般的な行政刑罰概念と異なり[9]、必ずしも過去の行為に対する贖罪としての刑罰のみを意味するものではなく、将来の義務違反に対して科せられる刑罰をも含むものであった。

このように、ゴルトシュミットの行政刑法論とその後の学説の展開によって、20世紀初頭のドイツにおいて、従来は明確に区別されることなく用いられてきた実定法上の刑罰につき、①過去の行為に対する贖罪として刑事裁判手続によって科せられる刑事罰（kriminelle Strafe）と、②過去の行為に対する贖罪として非刑事手続によって科せられる非刑事的刑罰（nichtkriminelle Strafe）、③将来の一定の状態を実現ないし確保するために用いられる執行罰（Exekutivstrafe）という3つの類型が存在することが意識されるようになった[10]。

Ⅱ　実定法への影響

上記のように、当時の行政刑法論は、刑事罰（狭義の刑罰）と非刑事的刑罰とを分離することを主張するのみならず、刑事罰と執行罰とを分離することをも主張するものであった。これを受け、ヴァイマル期のドイツにおいて、まず、刑事罰と執行罰の分離が図られた。例えば、1930年の刑法典導入法草案の立法理由書[11]は、刑事罰以外の不利益（Nachteile）として、過去の法律違反に対する贖罪として科せられるがゆえに刑罰性（Strafcharakter）を有する「固有の意味の非刑事罰（nichtkriminellen Strafen im eigentlichen Sinne）」と、過去の行為に対する贖罪ではなく、対象者に一定の行為をなすことを心理的に強制するために用いられる

9）わが国においては、一般に、行政刑罰は過去の行政法上の義務違反に対する制裁であると理解されている（田中二郎『新版行政法上巻〔全訂第2版〕』（弘文堂、1974）185頁参照）。

10）Helmut Meeske, Die Ordnungsstrafe in der Wirtschaft, 1937, S. 85f.

11）Entwurf eines Einführungsgesetzes zum Strafgesetzbuch von 1930.

執行罰とが存在する、と指摘していた。上記草案は成立しなかったものの、1931年のプロイセン警察行政法[12]は、執行罰として科せられる金銭上の不利益につき、刑罰（Strafe）の語を用いず、「強制金（Zwangsgeld）」の語を用い、実定法上、刑事罰と執行罰とを概念的に分離した。

しかしながら、これらの取組みにもかかわらず、刑事罰、非刑事的刑罰、執行罰の完全な分離は実現せず、ヴァイマル期の刑事概念は、これらを包含する広義の概念のままであり、ナチス期における行政罰も、このような広義の刑罰概念を前提とするものであった[13]。

第2款　ナチス経済刑法の特徴

I　ナチス経済刑法の歴史的展開

1．経済刑法前史

ローマ時代において、すでに穀物の買占めや食糧品等の品質に関する粉飾・偽造に対する刑罰が既に存在していたように、不当な経済活動に対する刑罰は古くから存在していた。また、ローマ帝国において、鉄や武器の輸出が死刑等の刑罰をもって規制されていたように、国家的利益の観点から、特定の商取引や食品表示について規制を行い、違反行為に対し刑罰を用いることで当該規制の実効性確保を図ることも、古くから行われてきた。これらは、経済関係を規律する法領域という広い意味における経済法規であり、経済活動に対する刑罰規定の総体という意味の経済刑法と観念することができよう[14]。しかしながら、これらは刑罰をもって経済関係を規律する法規ではあるものの、他の行政法規ないしポリツァイ法規と区別されて認識されることはなく、経済刑法が固有の法分野として認識されるのは、国家が経済の分野に広く介入し、経済分野において行政法上の規律が広く設定されるようになった20世紀初頭に至ってからであった[15]。

12）Preußisches Polizeiverwaltungsgesetz vom 1. Juni 1931.

13）Meeske,（Anm. 10）, S. 87.

14）Vgl. Tiedemann,（Anm. 8）, S. 32f.

2．ナチス経済刑法概念の誕生

ナチス経済刑法は、主として、ナチス政権下において、経済統制を担保する手段として用いられた刑罰の総称を意味し、第一次世界大戦中の困窮した社会情勢下において、統制経済を担保するために刑罰を用いたことがその端緒であるとされる[16]。第一次世界大戦終結後、経済分野における国家介入主義はいったん放棄されたが、その後、ナチスが政権を掌握して国家社会主義が推進されたことから、再び経済分野における国家の介入が広く行われるようになり、それを担保するための手段としての経済刑法（ナチス経済刑法）が重視され、後述の「秩序罰」の発展と相俟って、固有の法分野として認識されることとなった[17]。ここにナチス経済刑法概念の誕生をみることができる[18]。

ちなみに、上記のような経済分野における国家の介入を前提とする刑罰規定は、第二次世界大戦中のわが国においても、経済統制に関する諸法律において用いられ[19]、学説上も、経済刑法という新たな法分野として[20]、それを否定する見解を含め、広く認識されるに至っていた[21]。

15) Vgl. Karl-Ernst Gruhl, Grundfragen des nationalsozialistischen Wirtschaftsstrafrechts, 1939, S. 5f.

16) Vgl. Werner, (Anm. 1), S. 142ff; Tiedemann, (Anm. 8), S. 34f.

17) Gruhl, (Anm. 15), S. 6.

18) ナチス経済刑法概念の成立における「秩序罰」の意義を強調するものとして、Karl Siegert, Deutsches Wirtschaftsstrafrecht, 1939, S. 25; Meeske, (Anm. 10), S. 10.

19) 例えば、国家総動員法第31条ノ2以下、輸出入品等ニ関スル臨時措置ニ関スル法律第4条以下。この二法は、経済統制に関し幅広い権限を勅令ないし命令に委任しており、「戦時における経済刑法の最も重要な基本的法源」と位置付けられていた（美濃部達吉『經濟刑法の基礎理論』（有斐閣、1944）4頁）。

20) 美濃部・前掲注19）1頁は、経済刑法を「國民經濟の健全性を保持するが爲めに國家が人民の經濟上の生活行動に付き或る事を爲し又は爲さざることを命じ、其の違反に對し刑罰の制裁を定めて居る場合に、其の人民に對する行為又は不行為の命令及び之に對する刑事制裁を定むる國法の全體を指す觀念」と定義し、行政刑法の一部と位置付ける。

21) この時期におけるわが国の経済刑法に関する総合的研究として、美濃部・前掲注19)、八木胖『經濟刑法の基本問題』（日本評論社、1944）、經濟刑法研究會編『經濟刑法研究』（みたみ出版、1944）、定塚道雄『日本經濟刑法概論』（日本評論社、1943）、同時期にナチス経済刑法を取り上げたものとして、市川秀雄『ドイツ戦時刑法研究第1巻』（栗田書店、1943）、司法資料279号『独逸経済刑法―経済に於ける秩序罰』（司法省調査部、1942）がある。

3．ナチス経済刑法の展開

ナチス政権は、政権掌握後、直ちに第一次大戦後の弱体化していた経済の強化に取り組み、自由経済から統制経済（gebundene Wirtschaft）への移行を図った。しかしながら、ヴァイマル共和政下のライヒ刑法典には、経済そのものを保護するための規定が設けられていなかったため、1936年に発表された『今後のドイツ刑法各論〔第2版〕』[22]に「経済に対する侵害（Angriffe auf die Wirtschaft）」という章が設けられ、経済秩序違反を刑法典上の犯罪として扱うことが提言された[23]。この「経済に対する侵害」の各規定は、経済活動を行う個人ないし法人の権利を保護法益とする従来の財産犯に関する規定と異なり、国民経済それ自体を保護するものであると説明された[24]。結果として、「経済に対する侵害」の罪が刑法典に導入されることはなかったものの、ナチス政権は、特別法や、授権法（Ermächtigungsgesetz）[25]に基づく命令を次々と制定することで、ナチス経済刑法を実現していった。そのため、ナチス経済刑法は、ポリツァイ刑法のように特定の法典を中心に構成されたものではなく、多くの経済法規に刑罰規定が設けられる形で構成された。

ナチス経済刑法を構成する法令として、次のようなものがある。例えば、ナチスが政権を掌握した約6ヶ月後の1933年7月12日には、早くも「ドイツ国民経済への背信行為に関する法律」[26]が制定された。同法8条は、同法1条から5条に定める義務につき、ドイツ国民が故意に違反した場合は3年以上の重懲役に処し（1項）、過失により違反した場合は1年以上の軽懲役に処す（2項）旨を定めていた[27]。その後も、1936年12月1日に制定された「経済サボタージュ防止法」[28]に死刑が定められたように、経済法規違反に対して厳罰を定める法律が

22）Franz Gürtner（Hrsg.）, Das kommende deutsche Strafrecht-Besonderer Teil. Bericht über die Arbeit der amtlichen Strafrechtskommission, 2. Aufl., 1936.

23）Gürtner,（Anm. 22）, S. 228ff.

24）Vgl. Gürtner,（Anm. 22）, S. 229.

25）「民族および国家の危難を除去するための法律（Gesetz zur Behebung der Not von Volk und Reich vom 24. März 1933（Ermächtigungsgesetz））」。同法1条により、政府は、法律の効力を有する命令（Verordnung mit Gesetzeskraft）を定めることができた。

26）Gesetz gegen Verrat der Deutschen Volkswirtschaft vom 12. Juni 1933.

27）ドイツ国民でない者については、故意過失を問わず下限を定めない軽懲役が定められていた（ドイツ国民経済への背信行為に関する法律8条3項）。

次々と制定された[29]。また、前述のように、ナチス期においては、政府は、授権法に基づいて法律の効力を有する命令を定めることができ、ナチス経済刑法の分野においてもこの法形式が多く用いられた。例えば、1939年6月3日には、「価格統制令違反に対する処罰および刑事手続に関する命令[30]」が、同年9月1日には、戦時の国民経済を統制する一般法である「戦時経済令[31]」が、1940年4月6日には、「消費規制刑罰令[32]」がそれぞれ公布された。

Ⅱ　ナチス経済刑法と罪刑法定主義の廃止

既に述べたように、ナチス経済刑法は、ナチス政権下の国家社会主義を前提として誕生・発展した概念である。ナチス政権下においては、国家社会主義思想を背景に、経済法の分野のみならず、刑法の分野においても、ナチス期特有の展開が見受けられた。ナチス経済刑法も刑法の一分野である以上、当時のいわゆるナチス刑法（Nationalsozialistisches Strafrecht）の影響を受けている。そこで、以下、ナチス刑法の特徴とそれがナチス経済刑法に与えた影響について分析する。

1．ナチス刑法2条

ナチス刑法の特徴を最も的確に示す規定が、1935年にライヒ刑法典の改正[33]によって導入された、ナチス刑法2条である。

第2条第1項　法律が可罰的であると宣言した行為または刑罰法規の基本思想ならびに健全な国民感情に従い処罰に値する行為を行った者は処罰される[34]。
第2項　行為に対し直接適用すべき特定の刑罰法規がない場合、行為は、そ

28）Gesetzes gegen Wirtschaftssabotage vom 1. Dezember 1936.
29）Werner, (Anm. 1), S. 151; Vgl. Tiedemann, (Anm. 8), S. 35.
30）Verordnung über Strafen und Strafverfahren bei Zuwiderhandlungen gegen Preisvorschriften vom 3. Juni 1939 (PStrVO 1939).
31）Kriegswirtschaftsverordnung vom 4. September 1939 (KWVO 1939).
32）Verordnung über Strafen und Strafverfahren bei Zuwiderhandlungen gegen Vorschriften auf dem Gebiet der Bewirtschaftung bezugsbeschränkter Erzeugnisse vom 6. April 1940 (Verbrauchsregelungs-Strafverordnung).
33）Gesetz zur Änderung des Strafgesetzbuchs vom 28. Juni 1935 (RStGB 1935).

れにもっとも適合する基本思想を有する法律に基づいて処罰される。[35)]

1935年改正前のライヒ刑法典2条1項は、「行為は、それがなされる以前に刑罰が法律により定められている場合に限り処罰することができる[36)]」と規定して、罪刑法定主義を宣言していた。[37)]これに対し、ナチス政権は、同条を全面的に改正し、刑罰法規の類推解釈を正面から肯定した。[38)]この改正につき、立法理由書は、「刑事司法の柔軟化、実質的正義の実現及び国家共同体のより効果的な保護」を目的とするものであると説明する。[39)]このうち、「実質的正義（materielle Gerechtigkeit）」は、後述のように、ナチス期における諸法令に強く影響を及ぼした思想であり、ナチス刑法2条は、これを明確に体現するものと考えられている。[40)]ちなみに、第二次世界大戦中のわが国においても、国体主義ないし全体主義の思想に基づき、個人主義的自由主義を背景とする概念法学を廃し、伝統的な罪刑法定主義を超えた刑法解釈の方法を模索すべきであるという主張が提唱されていた。[41)]

34） RStGB 1935, §2 Abs. 1, "Bestraft wird, wer eine Tat begeht, die das Gesetz für strafbar erklärt oder die nach dem Grundgedanken eines Strafgesetzes und nach gesundem Volksempfinden Bestrafung verdient."

35） RStGB 1935, §2 Abs. 2, "Findet auf die Tat kein bestimmtes Strafgesetz unmittelbar Anwendung, so wird die Tat nach dem Gesetz bestraft, dessen Grundgedanke auf sie am besten zutrifft."

36） RStGB 1871, §2 Abs. 1, "Eine Handlung kann nur dann mit einer Strafe belegt werden, wenn diese Strafgesetzlich bestimmt war, bevor die Handlung begangen wurde."

37） 1919年に制定されたヴァイマル憲法（Weimarer Verfassung）116条も、1871年ライヒ刑法典2条1項と同様に規定し、罪刑法定主義が憲法上の原則であることを宣言していた。なお、ナチス刑法2条は、1946年の刑法典改正により削除された。

38） 南利明『ナチス・ドイツの社会と国家—民族共同体の形成と展開』（勁草書房、1998）208頁は、ナチス刑法2条は、「刑罰法規の基本思想」と「健全な国民感情」に由来する不文法とを制定法と同等の地位を有する法源として位置付けており、同条は単なる罪刑法定主義の例外規定にとどまるものではない、と指摘する。

39） Die Strafrechtsnovellen v.28. Juni 1935: Gesetz zur Änderung des Strafgesetzbuchs, Gesetz zur Änderung von Vorschriften des Strafverfahrens und des Gerichtsverfassungsgesetzes und die amtlichen Begründungen zu diesen Gesetzen, Amtliche Sonderveröffentlichungen der Deutschen Justiz, Nr. 10, 1935, S. 27.

40） Vgl. Ernst Schäfer, Die Auflockerung des Verfahrens im künftigen Strafprozeß und der Gedanke der materiellen Gerechtigkeit, DStR, 1935, S. 247ff.

2．罪刑法定主義の廃止と「実質的正義」

上述のように、ナチス刑法の立法理由書は、ライヒ刑法典2条の改正につき、「実質的正義」の実現をその目的の一つとして掲げている。すなわち、国家社会主義の実現のためには、社会的正義に基づく実質的不法概念をもって、従来の自由主義的思想に基づく形式的不法概念に代える必要があり、自由主義的思想に基づく伝統的な罪刑法定主義も克服すべき対象である。そのため、従来のライヒ刑法典2条が採用していた「法律なければ刑罰なし（nulla poena sine lege）」という標語は、「刑罰が科せられない犯罪はない（nullum crimen sine poena）」と置き換えられるべきである[42]。

この「実質的正義」は、1935年の「ナチス刑法綱領」において公に導入された観念である[43]。同綱領においては、国家社会主義が新しい刑法の根拠とされなければならないこと（2項）、ナチス刑法は国民の誠実義務の上に建設されなければならず、誠実義務は最も重要な国民の義務であり、道徳的義務であること（3項）などが提唱された。そして、同綱領9項は、「ナチス刑法においては、形式的な法または不法は存在せず、実質的正義という思想が存在するのみである[44]」として、ある行為が犯罪に該当するか否かは、形式的に判断されるべきではなく、実質的に判断されなければならないと主張した。より具体的には、国民の義務に対する重大な違反については、すべて刑法上の贖罪をなすべきこと（10項）、時間的場所的適用範囲についても、「実質的正義」の観点から定められるべきこと（11項、12項）、法規上の用語は、国民の生活上の有機的概念と一致すべきであること（13項）などが提唱されている。

3．ナチス経済刑法と「実質的正義」

罪刑法定主義を否定するナチス刑法2条が「秩序罰」の対象である「秩序犯（Ordnungsstraftat）」に適用されるか否かについては、当時の学説上、論争がなされていた。ナチス経済刑法における「秩序罰」については、次款で詳述するこ

41）八木・前掲注21）163頁以下。

42）Schäfer,（Anm. 40）, S. 247.

43）Hans Frank（Hrsg.）, Nationalsozialistische Leitsätze für ein neues deutsches Strafrecht, 1. Teil, vom Reichsrechtsamt der NSDAP, 3. Aufl., 1935.

44）Frank（Anm. 43）, Pkt. 9.

ととし、ここでは、次のことを確認するにとどめる。すなわち、ナチス刑法2条につき、刑事罰（kriminelle Strafe）の対象である刑事的経済犯（kriminellen Wirtschaftsvergehen）と非刑事的刑罰（nichtkriminelle Strafe）の対象である[45]「秩序犯」との間の本質上の区別に関し、これを肯定する見解と否定する見解のいずれの立場をとるかにより、同条の「秩序犯」への適否についても見解が分かれていた。より具体的には、両者の本質上の区別を肯定する見解は、「秩序犯」を単なる秩序規定（Ordnungsvorschriften）に対する違反であり、「健全なる国民感情」とは無関係であるとして、ナチス刑法2条の適用を否定する[46]。これに対し、両者の本質上の区別を否定する見解は、経済法規は単なる合目的性から定められたものではなく、「健全なる国民感情」と結びついており、経済法規に違反する「秩序犯」は、直接または間接にドイツ国民の生育中の経済秩序に対して反逆するものであるとして、同条の適用を肯定する[47]。

以上のように、刑罰規定の類推解釈を許容したナチス刑法2条が「秩序犯」に適用されるか否かについては、当時においても統一的な見解は存在しなかった。しかしながら、いずれの見解も、「実質的正義」の実現を目的とするナチス刑法2条が明文で掲げた「健全な国民感情」を前提として、同条の「秩序犯」への適否を検討している。そして、同条が刑事的経済犯に適用されることについて争いはなく[48]、また、「秩序犯」についても、個々の法令により、罰則規定の文言に形式的には違反しない場合であっても脱法と認められる行為については違反行為とみなす旨が明文で定められているものについては、当然に類推解釈が認められた[49]。したがって、ナチス経済刑法もまた、ナチス刑法と同様に、当時の「実質的正義」を前提とするものであったということができよう[50]。

45)「秩序罰」が非刑事的刑罰であることについては、当時においても争いはない（Meeske,（Anm. 10）, S. 89; Siegert,（Anm. 18）, S. 31）。

46) Meeske,（Anm. 10）, S. 93.

47) Siegert,（Anm. 18）, S. 33f.

48) Vgl. Siegert,（Anm. 18）, S. 33.

49) 一例として、Verordnung über die Bildung von Preisen und Entgelten auf dem Gebiete der Lederwirtschaft vom 29. April 1937, §11 Abs. 2.

50) Vgl. Siegert,（Anm. 18）, S. 40f.

Ⅲ　ナチス経済刑法における刑事罰概念

国家社会主義は、「公益は私益に優先する（Gemeinnutz geht vor Eigennutz）」[51]ことを前提とする思想であり、ナチス政権は、経済法の分野においても、個人の経済活動の自由より国家の経済秩序を重視した諸立法を行った。その一例として、前述の戦時経済令を挙げることができる。同令は、その前文において、「その能力及び財産を国民及び国家に提供し、統制経済の継続を確保することは、祖国におけるすべての国民の当然の義務である」[52]として、統制経済の継続のために個人の権利が制限されることは国民の当然の義務である旨を宣言していた。このような国民の義務を前提に[53]、経済統制に違反することは、それ自体が経済秩序という法益を侵害する行為であり、刑罰の対象となりうると考えられ、実定法上も、多くの経済法規に死刑を含む重大な刑罰が用いられた[54]。

この点につき、当時の刑法学説は、ナチス経済刑法の諸規定は、必ずしも威嚇主義に基づく合目的的な思想に基づくものではないとして、経済犯に重罰を用いることを正当化する。すなわち、経済犯は、国家社会主義に基づく国民の義務に違反する行為であり、国家の経済秩序という保護法益に対する重大な侵害であるから、当然に重大な刑罰をもって対処すべき行為である[55]。このように、ナチス経済刑法は、国家の経済秩序という新たな観念を用い、それを保護法益とすることにより、近代刑法学説が導入した法益概念による刑罰の制限を事実上形骸化した。これにより、個人の権利侵害やその危険を伴わない行為であっても、国家の経済秩序を侵害するという理由から、立法者は、経済法規違反を

51）「ナチス党綱領（Das 25-Punkte-Programm der Nationalsozialistischen Deutschen Arbeiterpartei, 24. Februar 1920）」24条2項参照。

52）KWVO Präambel, "...ist es selbstverständliche Pflicht jedes Volksgenossen in der Heimat, alle seine Kräfte und Mittel Volk und Reich zur Verfügung zu stellen und dadurch die Fortführung eines geregelten Wirtschaftslebens zu gewährleisten."

53）Vgl. Werner, (Anm. 1), S. 159f.

54）Vgl. Siegert, (Anm. 18), S. 21; Vgl. Werner, (Anm. 1), S. 159.

55）Vgl. Gürtner, (Anm. 22), S. 228ff.　Siegert, (Anm. 18), S. 21は、刑罰は自由に対する重大な侵害であるから、自由経済のもとでは従属的役割しか果たしえなかったが、国家社会主義経済のもとでは、経済犯は、社会秩序に対する重大な侵害であり、それゆえに、経済犯に対して幅広く刑罰を用いることが正当化される、とする。

単なる義務違反ではなく、狭義の犯罪に準じたものとして扱うことが可能となり、実定法上、死刑をはじめとする重罰を用いることが正当化された。そのため、ナチス経済刑法においては、刑事的経済犯は、その法的効果および処罰手続に関し、刑法典上の犯罪と同じ類型のものとして位置付けられた。[56)]

以上のように、ナチス経済刑法は、国家社会主義思想に基づき、従来の近代刑法学に基づく刑罰（狭義の刑罰）概念を大幅に修正し、従来はポリツァイ罰の対象と考えられていた単なる義務違反についても、国家の経済秩序をいう保護法益を侵害するものとして刑事罰の対象とし、死刑をはじめとする重罰を用いることを正当化した。このことは、ナチス経済刑法において、刑事的経済犯に対する処罰が、義務履行確保の手段ではなく、狭義の犯罪と同様、法益侵害に対する応報的性質を有するものと位置付けられていたことを意味している。これにより、ナチス経済刑法においては、ポリツァイ刑法においてはポリツァイ罰（狭義のポリツァイ罰）の対象とされていた行為についても、国家の経済秩序という法益を侵害するものとして、狭義の刑罰を科すことが可能となった。

第3款　ナチス経済刑法と「秩序罰」

前述のように、ナチス経済刑法は、国民社会主義に基づく経済秩序の維持という目的を達成するための手段として発展したものであり、国民の権利保障に比して経済秩序の維持が重視され、その実効性確保のため、手続面に関しても、国民の権利保護より経済秩序維持のための機能性が重視された。その最たるものが、行政機関自らが、刑事裁判によらず刑罰を科すことを認めた「秩序罰」であり、ナチス経済刑法は、この「秩序罰」が多用された点に大きな特徴がある。[57)] そこで、以下、ナチス経済刑法上の「秩序罰」について検討する。

Ⅰ　前史——ライヒ租税通則法

1．ライヒ租税通則法上の「秩序罰」

ドイツにおいては、行政上の処罰に関し、伝統的に、刑事裁判手続によらず

56）Vgl. Siegert, (Anm. 18), S. 31f.
57）Siegert, (Anm. 18), S. 25; Meeske, (Anm. 10), S. 10ff.

に科せられる刑罰（非刑事的刑罰）が認められていた。前述のように、ポリツァイ条令においては、手続が法定されていない刑罰が広く用いられており、ポリツァイ刑法においても、バーデン大公国ポリツァイ刑法典が、一部のポリツァイ違反についてポリツァイ機関による科刑手続を認めていたように、行政機関による科刑処分が一部認められていた。このような非刑事的刑罰を用いる法令の中には、ナチス期以前においても、例えば、1877年に制定された海難審判法[58]12条のように“Ordnungsstrafe”の語を用いるものも存在した。ただし、同条は、ポリツァイ刑法における狭義のポリツァイ罰と同様、構成要件に該当する行為について非刑事的刑罰のみを定めるものであった。これに対し、ナチス経済刑法における「秩序罰」は、構成要件を満たす行為につき、刑事罰を定めた上で、一定の場合には非刑事的刑罰である「秩序罰」を科すことを認めるという形式を採用していた点に特徴がある。そして、ナチス期以前にこのような形式の「秩序罰」を法定していたものとして、1919年に制定されたライヒ租税通則法（以下、単に「ライヒ租税通則法」という）を挙げることができる。

ライヒ租税通則法[59]377条1項1文は、税務調査のための税法上の規定ないし行政規則（Verwaltungsbestimmungen）において違反行為に対し刑事罰が定められている場合、それに代えて5マルク以上500マルク以下の「秩序罰」を科すことを認めていた[60]。また、同法は、罰金が支払われない場合、それが「秩序罰」として科せられたものであっても、3月以下の自由刑（Freiheitstrafe）による代替刑を科すことができると定めていた（同法378条）。

同法は、租税犯（Steuerzuwiderhandlungen）に関する科刑手続につき、事実関係の調査権限は原則として財務官庁（Finanzämter）が有するとし（386条1項）、また、罰金刑（Geldstrafe）もしくは没収（Einziehung）またはその両方を科す場合、財務官庁は、刑事裁判手続によることなく、自ら刑を宣告することができた（同条2項）。この財務官庁による科刑処分に対し、違反者は、違反行為を争わない場合、即時承諾（Unterwerfung）により、刑の通告処分（Strafbescheid）を経ずに直ちに刑を確定させることができるが、決定に不服のある場合には、ラント財務官庁

58）Gesetz, betreffend die Untersuchung von Seeunfällen vom 27. Juli 1877.
59）Reichsabgabenordnung vom 13. Dezember 1919（RAO 1919）.
60）Vgl. RAO 1919, §377 Abs. 1 S. 1.

(Landesfinanzamt) に抗告 (Beschwerde) するか、裁判所の裁判 (gerichtliche Entscheidung) を求めることができる (415条)。そして、抗告については、ラント財務官庁の決定に不服がある場合、さらに上級官庁に再抗告をすることができ、当該上級官庁の決定が終局的な決定となるとされた (418条)。

2．ライヒ租税通則法上の「秩序罰」概念

以上のように、ライヒ租税通則法は、罰金や没収といった比較的軽い刑を科す場合に限り、刑事裁判手続によらず、財務官庁が自ら刑を宣告することができるとした上で、処分を受けた者に、裁判所による裁判を求める権利ないし上級行政庁に不服を申し立てる権利を付与していた。すなわち、同法における「秩序罰」は、前章で取り上げたバーデン大公国ポリツァイ刑法典第10章に定めるポリツァイ罰と同様、本質的には狭義の犯罪と考えられる行為につき、事案が軽微であることを理由として、便宜上、刑事罰ではなく非刑事的刑罰を科すことを認めたものと解される。他方、バーデン大公国ポリツァイ刑法典第10章の各規定は、構成要件において刑事罰の対象とポリツァイ罰の対象とを区別していたのに対し、ライヒ租税通則法は、刑事罰の対象と「秩序罰」の対象を構成要件上区別せず、軽微な違反行為に対し、刑事裁判手続によって刑事罰を科すか、簡易な手続によって「秩序罰」を科すかの選択を、財務官庁の裁量に委ねていた。

このように、ライヒ租税通則法上の「秩序罰」は、刑事罰の対象である違反行為に対し、事案が比較的軽微である事を要件として、行政機関の裁量により行政処分によって刑罰を科すことを認めた点に特徴があり、同法は、機能性の観点と権利保護の観点とを両立させるべく、比較的軽い刑罰を科す場合に限り、財務官庁の裁量によって「秩序罰」を科すことを認めた上で、処分を受けた者に裁判手続を求める権利や上級行政庁に不服を申し立てる権利を付与したものということができよう。なお、ライヒ租税通則法上の即時承諾手続は、1952年秩序違反法にも引き継がれた (同法67条)。

Ⅱ　ナチス経済刑法における「秩序罰」

ナチス経済刑法においては、多くの経済法規に「秩序罰」が用いられた結果、

実定法上、「秩序罰」を定める規定が刑事罰のみを定める規定を数的に凌駕することとなった[61]。ただし、ナチス期において、実定法上“Ordnungsstrafe”という用語は必ずしも統一的に用いられておらず、ポリツァイ刑法と同様、過去の義務違反に対する反作用として科せられる刑罰のみならず、「特定の目的を達成するために用いられる行政処分（Verwaltungsmaßregeln）」[62]である強制罰（Zwangsstrafe）についても、“Ordnungsstrafe”が用いられていた[63]。したがって、ナチス経済刑法における「秩序罰」概念には、「固有の秩序罰（echte Ordnungsstrafe）」[64]のみを意味する狭義の「秩序罰」と、強制罰を含む広義の「秩序罰」とが存することに留意が必要である[65]。

そこで、以下、本書の問題関心との関係において、ナチス経済刑法上の「固有の秩序罰」（以下、単に「秩序罰」という）に焦点を絞り、第二次世界大戦後に導入されたドイツの「過料」制度の原型となった「秩序罰」の特徴について検討することとしたい。

1．「秩序罰」と行政機関の裁量

ナチス経済刑法における「秩序罰」は、ライヒ租税通則法上の「秩序罰」と同様、刑事罰が定められている行為につき、行政機関の裁量により、刑事裁判手続によらず行政処分によって刑罰を科すことを認めるものであった[66]。そのため、「秩序罰」の定めのある経済法規違反につき、刑事罰と「秩序罰」のいずれを科すかは、個々の経済法規に基づいて行政機関によって判断されることとなった。以下、「秩序罰」を選択する基準と行政機関の裁量について分析する。

(1)　「秩序罰」を用いる基準が定められているもの　例えば、1938年の「伐採前後の木材の市場取引規制に関する命令」[67]4条は、第1項において、違反行為

61）Siegert,（Anm. 18）, S. 25.

62）Meeske,（Anm. 10）, S. 79.

63）Meeske,（Anm. 10）, S. 10は、強制罰の性質を有する「秩序罰」の例として、当時の民事訴訟法（Zivilprozessordnung）888条や商法（Handelsgesetzbuch）14条を挙げる。なお、Vgl. Siegert,（Anm. 18）, S. 27.

64）Siegert,（Anm. 18）, S. 29.　“eigentliche Ordnungsstrafe”とするものとして、Meeske,（Anm. 10）, S. 10.

65）Meeske,（Anm. 10）, S. 10f; Vgl. Siegert,（Anm. 18）, S. 26ff.

66）Eberhard Schmidt, Das neue westdeutsche Wirtschaftsstrafgesetz, 1950, S. 10.

(Zuwiderhandlung)につき、ライヒ森林官(Reichsforstmeister)の告訴を要件として軽懲役(Gefängnis)もしくは10万ライヒマルク以下の罰金またはその併科に処す旨を規定し、さらに、第2項において、違反者(Zuwiderhandelnden)の責任(Schuld)および違反行為の結果(Auswirkung)が軽微である場合、ライヒ森林官は1,000ライヒマルク以下の「秩序罰」を科すことができる旨を定めていた。また、1937年の「商品取引令[68]」15条は、ライヒから授権された者(Reichsbeauftragter)は、「裁判所の裁判を求めるべき公共の利益が存在しない場合[69]」、裁判所に起訴することなく「秩序罰」を科すことができると定めていた。

これらの規定においては、「秩序罰」を用いる基準として、事案の軽微性や刑事裁判を行う公共の利益の有無といった一応の基準が示されているということができる。ただし、これらの要件の存否は行政機関の判断に委ねられており、行政機関は、事実上、極めて広い裁量を有していた[70]。

(2)「秩序罰」を用いる基準が定められていないもの　上記のような「秩序罰」を用いる一応の基準が示されている規定と異なり、「秩序罰」を定める経済法規の中には、「秩序罰」を用いる基準が定められていないものも存在した。例えば、前述の「価格統制令違反に対する処罰及び刑事手続に関する命令」は、1条1項において、故意または過失により法規命令または個々の命令に違反した者は、軽懲役もしくは上限のない罰金刑またはその併科に処せられる旨規定し、さらに、8条1項において、同令26条に定める機関(価格形成弁務官またはその権限を付与された執行機関)は、同令1条1項に定める違反行為があった場合、「有責者(行為者および共犯者[71])」に対し、「金銭による秩序罰(Ordnungsstrafen in Geld)」を科すことができる旨を定めていた。なお、同令8条3項は、同条1項の「金銭による秩序罰」につき、「この罰金刑の最高額には制限がない[72]」と規定しており、同

67) Verordnung über den marktmäßigen Absatz von Holz vor und nach dem Einschlag vom 30. April 1938.

68) Verordnung über den Warenverkehr vom 4. September 1934 in der Fassung vom 28. Juni 1937 (VOW 1937).

69) VOW 1937, §15, “Wenn ein öffentliches Interesse an der Herbeiführung einer gerichtlichen Entscheidung nicht besteht”.

70) Vgl. Schmidt, (Anm. 66), S. 10.

71) PStrVO 1939, §8 Abs. 1 S. 1, “die schuldigen Personen (Täter und Teilnehmer)”.

72) PStrVO 1939, §8 Abs. 3, “Das Höchstmaß der Geldstrafe ist unbeschränkt”.

法上の「秩序罰」が罰金刑（Geldstrafe）である旨を明示している。

このように、同令8条1項は、「秩序罰」を用いる基準を定めておらず、また、同条3項により、行政機関は、刑事裁判による場合と同じく、上限のない罰金刑を科すことができた。したがって、同条は、事案が軽微であることを「秩序罰」を科す直接の理由とはしておらず、同令においては、義務履行確保のための機能性の観点がより強調されているということができよう。

以上のように、ナチス経済刑法上の「秩序罰」は、それを用いる基準が法令上定められているものと、そうでないものとで、若干の相違はあるものの、いずれにおいても、行政機関の幅広い裁量が認められていた。そのため、行政機関は、刑事裁判手続により刑事罰を科すか、それとも、簡便な行政手続[73]により「秩序罰」を科すかについて、自らの判断によって選択することができた。また、「秩序罰」には、刑事罰と異なり、便宜主義（Opportunitätsprinzip）が採用されており[74]、行政機関は、「秩序犯」に対し、刑を科さないという選択をすることも可能であった。これらのことから、ナチス期においては、刑事法の分野においても司法に対する行政の優位が実現していたと考えられている[75]。これに対しては、第二次世界大戦終結後に強い批判が寄せられ、後述するように、1949年経済刑法の制定に繋がることとなった[76]。他方、「秩序罰」が採用した行政機関による処罰という考え方や便宜主義は現行の秩序違反法にも採用されており、これらの点については、ナチス経済刑法における「秩序罰」の特徴が秩序違反法に引き継がれたものといえよう[77]。

2．「秩序罰」の法的効果

ナチス経済刑法は、ポリツァイ違反に関する一般法であったポリツァイ刑法

73) Meeske, (Anm. 10), S. 11.　なお、ライヒ経済裁判所（Reichswirtschaftsgericht）のような特別裁判所（Sondergericht）の手続によって科せられる「秩序罰」も存在したが、その場合であっても、刑事裁判手続に比べると遥かに簡便な手続であったとされる（Vgl. Siegert, (Anm. 18), S. 32)。

74) Vgl. Meeske, (Anm. 10), S. 80.

75) Schmidt, (Anm. 66), S. 10.

76) Haertel/Joël/Schmidt, (Anm. 3), S. 135ff.

77) Vgl. BT-Drs., V/1269, S. 22.

と異なり、個々の経済法規における刑罰規定の総称であったため、「秩序罰」についても、刑の種類や上限を定めた一般法は存在しなかった。しかしながら、「秩序罰」の法的効果については、以下の特徴を指摘することができる。

(1)　刑の種類　「秩序罰」には、もっぱら罰金刑が用いられた[78)]。すなわち、ナチス経済刑法は、刑事的経済犯に対しては、死刑を含む重大な刑罰を法定していたのに対し、「秩序犯」に対しては、死刑や自由刑は法定されず、刑の種類が罰金刑に限定されていた。

また、刑法典上の罰金刑については、罰金が支払われない場合、代替的自由刑（Ersatzfreiheitsstrafe）が科せられることが予定されていた[79)]。これに対し、「秩序罰」として科せられる罰金刑については、罰金が支払われない場合であっても、代替的自由刑は予定されていないのが通常であった[80)]。この点は、3月以下の代替的自由刑を認めていたライヒ租税通則法上の「秩序罰」と異なる、ナチス経済刑法上の「秩序罰」の特徴であるといえよう[81)]。このことは、当時の立法者が、「秩序罰」につき、手続面に関して機能性を重視しつつ、その法的効果に関しては、刑事裁判を経ない刑罰である「秩序罰」の特殊性に一定の配慮をしていたことを示唆するものといえよう。

(2)　副次効果（Nebenfolgen）　違警罪（Übertretungen）を除く刑事罰に処せられた刑事的経済犯は、検察庁（Staatsanwaltschaft）の犯罪者名簿（Strafregister）および警察（Polizei）の行状表（Führungsregister）に登録されて前科者となるのに対し、「秩序罰」に処せられた「秩序犯」については、これらに登録されず、「前科者（Vorbestrafte）」として扱われることはなかった。このことから、「秩序罰」は、名誉侵害（Ehrenminderung）を伴わないものと考えられていた[82)]。

78）Meeske,（Anm. 10）, S. 63.

79）一例として、Verordnung über Vermögensstrafen und Bußen vom 6. Februar 1924（RStGB 1924）, §27.

80）例外として、1933年カリ統制法（Kaliwirtschaftsgesetz vom 18. Dezember 1933）57条は、「金銭による秩序罰」につき、6週間以下の拘留（Haft）をもって代える旨を定めていた。Siegert,（Anm. 18）, S. 189は、同条につき、代替的自由刑を予定する「秩序罰」の唯一のケースであるとする。

81）Vgl. Meeske,（Anm. 10）, S. 63; Siegert,（Anm. 18）, S. 32.

82）Siegert,（Anm. 18）, S. 32.　Meeske,（Anm. 10）, S. 80は、「秩序罰」は、いかなる副次効果（Nebenfolgen）とも結合することはできない、とする。なお、違警罪についても犯罪者名簿には登録されなかった。

3．「秩序犯」の法的性質

以上のように、ナチス経済刑法上の「秩序罰」の法的効果は、罰金刑という刑罰であるものの、刑事裁判手続によらず行政処分によって科せられるものであり、かつ、代替的自由刑は予定されておらず、犯罪者名簿にも登録されないなど、刑事罰としての罰金刑とは異なる特徴を有していた。したがって、「秩序罰」は、刑罰（Strafe）ではあるものの、刑事罰（Kriminalstrafe）と異なる性質を有しており、むしろ、現在における秩序違反法上の「過料」に近いものであったということができる[83]。そして、そのような性質の違いから、当時のドイツの刑法学説においても、刑事的経済犯と「秩序犯」の本質的な区別を肯定する見解と否定する見解との間で論争が生じていた。

(1)　両者の区別を肯定する見解[84]

両者の区別を肯定する見解の代表的な論者であるメースケ（H. Meeske）は、刑事罰と「秩序罰」とは、いずれも過去の不法（Unrecht）に対する贖罪（Sühne）であるとした上で、前者は、国民的道徳秩序（völkischen Sittenordnung）の侵害（Verletzung）を伴う犯罪行為（Straftaten）に対する贖罪であるのに対し、後者は、国民的道徳秩序の侵害を伴わないとして、両者は本質的に異なるものであると主張した。すなわち、メースケによれば、「秩序罰」によって威嚇されている違反行為（Zuwiderhandlungen）は、国民的道徳秩序の侵害を伴わない単なる秩序違反（bloße Ordnungsverstöße）であり、「秩序罰」は倫理的に無色（ethisch neutral）である。それゆえに、「秩序罰」には便宜主義が採用され、行為者が犯罪者名簿に登録されることもない。そして、「秩序罰」につき、刑事裁判によらずに刑罰が科せられることは、その決定に、行為者が道徳的に非難されるべき（sittlich verwerflich）行為をしたか否かの判断が含まれないことによって正当化される[85]。

次に、メースケは、「秩序罰」は、違警罪に対して科せられる「違警罰（Übertretungsstrafe）」や、将来の一定の状態を実現ないし確保するために用いられる執行罰とも、本質的に異なるものであるとした。すなわち、「秩序罰」の対

83）Schmidt,（Anm. 66), S. 44f.

84）Meeske,（Anm. 10), S. 10; Richard Kunisch, Die strafrechtliche Sicherung der deutschen Eiermarktordnung, 1936, S. 84.

85）Meeske,（Anm. 10), S. 78ff.

象である「秩序犯」は、倫理的に無色である点において違警罪と共通の性格を有するものの、違警罪は、刑事犯としての形式的構成（formelle Ausgestaltung als Kriminalstrafe）がなされる点において、「秩序犯」と本質的に異なっている。また、「秩序罰」は、過去の不法に対する贖罪である点において、将来の一定の状態を実現ないし確保するためにのみ用いられる強制罰とも異なるものである[86]。したがって、「秩序罰」は、真の刑罰（echte Strafe）であるが、違警罰と異なり、刑事的性質（krimineller Natur）を有しない[87]。

(2)　両者の区別を否定する見解[88]　上記のメースケの見解に対し、ジーゲルト（K. Siegert）は、刑事的経済犯と「秩序犯」とは、いずれも経済秩序（Wirtschaftsordnung）に対する侵害を伴う行為であり、「秩序罰」には行為者に対する倫理的非難が含まれるとして、刑事的経済犯と「秩序犯」との本質的な区別は否定すべきであると主張した。すなわち、「秩序罰」が保護する共同生活上の個々の秩序の背景には、国民経済の全秩序（Gesamtordnung der Volkswirtschaft）および倫理的に強調された共同社会の価値（ethisch betonter Gemeinschaftswert）が存在する。そのため、「秩序犯」といえども、その行為自体を行為者に対する重大な倫理的非難（erheblichen ethischen Vorwurf）と結びつけることが可能である。したがって、刑事的経済犯と「秩序犯」とは、いずれも経済秩序を侵害するものであり、行為者に対しては、贖罪と秩序教育（Erziehung zur Ordnung）が必要とされる。このことから、刑事的経済犯と「秩序犯」との本質的な区別は否定すべきであり、両者の区別は、その倫理的無価値内容の程度（Stärke des ethischen Unwertgehaltes）によって区別されるにすぎない。そして、両者がその科刑手続や法的効果において異なるものとして扱われることは、倫理的無価値内容の程度が異なることによって正当化されるにとどまる[89]。

86）Meeske,（Anm. 10）, S. 79f.　なお、メースケは、違警罪および軽微な軽罪（niederen Vergehensstrafen）も、倫理的に無色であり、倫理的に結合される狭義の刑事罰（ethisch gebundenen Kriminalstrafen im engeren Sinne）とは本質的に区別されるとして、経済法上の「秩序罰」と違警罪および軽微な軽罪は、刑罰手段として実体法的（materiell-rechtlich）に同一であり、両者は正規の刑事裁判権（ordentliche Strafgerichtsbarkeit）の対象か否かという点において異なるにすぎないとする（Ibid., S. 90）。

87）Vgl. Meeske,（Anm. 10）, S. 11.

88）Siegert,（Anm. 18）, S. 29ff.

次に、ジーゲルトは、「秩序罰」と違警罰についても、両者の本質的な区別は否定すべきと主張した。すなわち、違警罰は、刑事手続において科せられるものであるが、その対象となる行為は、必ずしも「秩序犯」より大きな倫理的無価値内容を有しているとはいえず、「秩序犯」に比べて小さな倫理的無価値内容を有するにとどまるものも多い。これらが刑事犯とされているのは、本質的な差異によるものではなく、単に歴史的経緯によるものにすぎない。したがって、「秩序犯」と違警罪についても、両者の本質的な区別は否定すべきである[90)]。また、ジーゲルトは、「秩序罰」は不服従（Unbotmäßigkeit）に対する反作用として科せられる刑罰であるから、執行罰とは本質的に異なるものであると主張した[91)]。

以上のように、ナチス経済刑法上の「秩序罰」の対象である「秩序犯」については、当時においても、その本質を倫理的に無色な行為とする見解と、国民の経済倫理に反する行為であるとする見解とが対立していた。とはいえ、これらの見解は、「秩序犯」の倫理的無価値の有無という点において異なるものの、「秩序罰」は過去の行為に対する贖罪であるとする点では一致している。したがって、「秩序罰」は、その科刑手続や法的効果において現在のドイツにおける「過料」と類似点を有しているものの、その法的性質につき、過去の行為に対する贖罪であると考えられていた点において、贖罪としての性質を有していないとされる「過料」とは、本質的に異なるものであったということができよう[92)]。

Ⅲ　ナチス経済刑法における「秩序罰」概念

1．狭義の「秩序罰」概念

ナチス経済刑法における「秩序罰」は、ライヒ租税通則法上の「秩序罰」と同様、刑事罰の対象と「秩序罰」の対象を構成要件上区別せず、刑事裁判によっ

89）Siegert,（Anm. 18）, S. 30f.　なお、当時、田中二郎は、わが国おいてジーゲルトの見解を紹介した上で、「秩序犯」が国民の経済倫理に対する違反であるとしつつ、その法的効果は名誉侵害を伴わないとするのは一貫性を欠くのではないか、と指摘していた（田中二郎「新刊紹介：ジーゲルト『ドイツ經濟刑法』」法学協会雑誌58巻7号（1940）94頁）。

90）Siegert,（Anm. 18）, S. 31.

91）Siegert,（Anm. 18）, S. 27.

92）Vgl. Schmidt,（Anm. 66）, S. 44f.

て刑事罰を科すか、行政処分によって「秩序罰」を科すかの選択につき、行政機関の幅広い裁量に委ねていた。したがって、ナチス経済刑法においては、刑事罰のみが定められている行為を除き、刑事罰の対象である刑事的経済犯と、「秩序罰」の対象である「秩序犯」とは、実定法上は重なり合っており、そのいずれに該当するかは、個々の事案ごとに、行政機関によって判断されるものであった。

ちなみに、このような考え方は、真正混合構成要件として1949年経済刑法や1952年秩序違反法に引き継がれたが、現行法である1968年秩序違反法は、真正混合構成要件を採用せず、現在においては、狭義の犯罪と秩序違反とは、実定法によって区別されるという考え方が採用されている。

2．広義の「秩序罰」概念

ナチス経済刑法上の「秩序罰」の性質に関するいずれの見解においても、狭義の「秩序罰」が、過去の経済法規違反に対する贖罪として位置付けられていた。他方、前述のように、ナチス期の「秩序罰」には、将来の一定の状態を実現ないし確保するために用いられる執行罰（強制罰）としての性質を有するものが存在しており、ナチス期における広義の「秩序罰」は、狭義の「秩序罰」に加え、今日における執行罰としての性質を有するものを含む概念であったということができる。

Ⅳ　ナチス経済刑法と行政刑法論

前述のように、ナチス経済刑法は、広義の「秩序罰」に執行罰を含めており、プロイセン行政警察法と異なり、執行罰と広義の刑罰とを文言上区別していない。したがって、この限りにおいて、行政刑法論のナチス経済刑法への影響は定かではない。他方、ナチス経済刑法は、従来の考え方からすればポリツァイ違反に分類されるべき刑事的経済犯に対し、国民経済秩序という法益を侵害するという考え方に基づき、死刑を含む重大な刑罰を用いることを正当化した。このことは、行政犯であっても社会的法益を侵害すると主張したエリック・ヴォルフ（Erik Wolf）の行政刑法論[93]の影響を受けたものと考えられている[94]。ただし、ヴォルフの行政刑法論は、行政犯には法益侵害がないと主張したゴルトシュミットの行政刑法論とは必ずしも一致しない。[95]

また、ナチス経済刑法が、「秩序罰」につき、行政手続による科刑を認めたこと、便宜主義を採用したこと、代替的自由刑を認めず、犯罪者名簿にも登録されないとしたことは、「秩序犯」につき、刑事的経済犯と異なる独自の科刑手続や法的効果を採用したものといえる。この点については、刑事犯（刑事的経済犯）と行政犯（「秩序犯」）とを実定法上区別したものと評価することも可能であり、これらの点において、ナチス経済刑法は、当時の行政刑法論の影響を受けていたということができよう。[96]

第4款　小　　括

ナチス経済刑法とは、ナチス政権下のドイツにおいて、統制経済を担保するために用いられた刑罰規定をいう。ナチス経済刑法は、第一次世界大戦中の経済規制に関する法令に刑罰規定が用いられたことに淵源があるが、それがひとつの法分野として認識されるのは、ナチス政権下において、国家社会主義に基づく経済統制が広く行われるようになってからであった。ナチス経済刑法の特徴は、第一に、刑事的経済犯に対しても死刑を含む重大な刑罰が用いられたこと、第二に、行政処分によって科せられる刑罰である「秩序罰」が多用されたことである。

刑事的経済犯とは、経済法規違反のうち、刑事罰が定められているものをいう。従来は、個人の権利侵害を伴う行為（ライヒ刑法典制定後はその危険を含む行為）については重罰が科せられたものの、それらを伴わない単なる法令違反については、短期の自由刑や罰金刑などの比較的軽い刑罰が用いられるにすぎなかった。これに対し、ナチス経済刑法においては、公益は私益に優先することを前提とするナチス期の刑法観に基づき、統制経済法令に違反することは、それ自

93）Erik Wolf, Die Stellung der Verwaltungsdelikte im Strafrechtssystem, Festgabe für Reinhard von Frank, Bd. 2, 1930, S. 516ff.

94）Schmidt,（Anm. 66）, S. 44.

95）Vgl. James Goldschmidt, Das Verwaltungsstrafrecht, 1902, S. 544f; Vgl. Schmidt,（Anm. 66）, S. 44.

96）Vgl. Werner,（Anm. 1）, S. 160; Vgl. Meeske,（Anm. 10）, S. 85ff.

体が社会秩序を侵害するとして、必ずしも個人の権利侵害を伴わない行為についても、死刑をはじめとする重大な刑罰が用いられた。

「秩序罰」とは、行政機関が、刑事裁判によらず行政処分によって刑罰を科すことを認める非刑事的刑罰である。ナチス経済刑法における「秩序罰」は、刑事罰が定められた行為につき、行政機関の裁量によって、刑事裁判によらずに行政処分によって刑罰を科すことを認めるものであった。また、ナチス経済刑法には、上記のような狭義の「秩序罰」のほか、執行罰としての性質を有する「秩序罰」も存在し、これを含めて広義の「秩序罰」概念を形成していたということができる。そのうち、狭義の「秩序罰」は、構成要件上、刑事罰と重なり合う概念であった。

なお、「秩序罰」には、もっぱら罰金刑が用いられ、かつ、代替的自由刑への転換は、極一部の例外を除き認められなかった。また、「秩序罰」が科せられた場合、犯罪者名簿には登録されなかった。このように、「秩序罰」の法的効果は、現在のドイツにおける「過料」に近いものであったが、その一方で、「秩序罰」は、過去の行為に対する贖罪であると考えられており、贖罪としての性質を有しない「過料」とは、本質的に異なるものであった。

第3節　第二次世界大戦後の行政罰

非犯罪化とは、一般に、従来犯罪とされてきた行為を刑罰の対象から除外することを意味し、現在のドイツにおいては、①秩序違反への転換、②民事法による不法行為への格下げ、③法的評価の撤廃の3つの類型が非犯罪化の典型として挙げられる[1)]。19世紀に制定されたポリツァイ刑法が従来のポリツァイ条令上の刑罰を原則として廃止したことは、ポリツァイの責務外の行為について上記②ないし③の方法による非犯罪化を行い、個人の嗜好や道徳の分野に属する行為を刑罰（ポリツァイ罰）の対象から除外したものと評価することができよう。このように、国家が関与すべきでない分野に属する行為を刑罰の対象から外し非犯罪化することは、第二次世界大戦後においても、例えば男性間の性交渉に懲役刑を定めていたドイツ刑法典175条の廃止という形で行われている[2)]。

これに対し、第二次世界大戦終結から1960年代にかけてドイツで実施された大規模な非犯罪化は、上記①の秩序違反への転換により実現した点に特徴がある。その一方、1970年代初頭以降のドイツにおいては、義務履行確保の観点から、従来は刑罰の対象とされていなかった行為を犯罪化し、刑罰の対象とする「新たな犯罪化（Neukriminalisierung）」の動きが生じた。これにより、経済法や環境法の分野において、コンピュータを不正に利用した経済行為や環境に悪影響を及ぼす行為に対して、新たに刑罰を定める立法措置がなされている。

本節においては、秩序違反法を中心に、経済刑法および環境刑法をも参照しつつ、第二次世界大戦後のドイツにおける行政罰につき、非犯罪化と「新たな犯罪化」の観点から分析を行うこととする。なお、秩序違反法の内容について詳細な先行研究が存在することは既に述べた。これに加え、経済刑法および環

1）Gunther Arzt, Probleme der Kriminalisierung und Entkriminalisierung sozialschädlichen Verhaltens, Kriminalistik 1981, S. 119.　わが国における非犯罪化の定義につき、法令用語研究会編『有斐閣法律用語辞典〔第4版〕』（有斐閣、2012）968頁「非犯罪化」、平凡社編『世界大百科事典〔2007年改訂新版〕』（平凡社、2007）19巻34頁「ディクリミナリゼーション」［長沼範良］参照。

2）Vgl. Kristian Kühl, Strafrecht und Moral—Trennendes und Verbindendes, in: Festschrift für Hans-Ludwig Schreiber zum 80. Geburtstag, 2003, S. 969f.

境刑法についても既に多くの先行研究が存在するため、これらの概要については先行研究に委ねることとし[3]、必要な範囲でのみ取り上げることとしたい。

第1款　刑罰から「過料（Geldbuße）」へ

I　経済統制緊急法

第二次世界大戦終結により、ドイツは連合国軍によって分割統治されることとなった。ナチス期に制定された法律のうち、国家社会主義を強く反映していた諸法律は速やかに廃止され、ナチス刑法2条を含む主要な刑事法についても、1946年1月30日に公布された連合国管理委員会法11号[4]により廃止された。しかしながら、分割統治下においても、国民生活の困窮により経済統制が引き続き必要とされたことから、1947年10月30日、英米両国占領地区の統合経済地域（Vereinigten Wirtschaftsgebietes）において、経済統制緊急法（Bewirtschaftungsnotgesetz）が制定された。

同法は、物資確保の目的から、十分な量を確保できない物資を経済評議会（Wirtschaftsrat）の統制下に置くことを宣言し（1条1項）、違反行為に対する懲役刑を含む刑罰を定めていた（8条、9条）。また、同法は、刑罰の対象となる行為につき、裁判を求めるべき公共の利益が存在しない場合には、行政機関が10万ライヒマルク以下の「秩序罰」を科すことができるとして、ナチス経済刑法における「秩序罰」と同様の規定を設けていた（17条）。他方、同法は、刑事罰を科すか、「秩序罰」を科すか、それとも便宜主義に基づいて処罰をしないかの判断につき、ナチス経済刑法のように行政機関の裁量に委ねることをせず、検察庁（Staatsanwaltschaft）が決定することとした（18条2項）。

3）経済刑法につき、クラウス・ティーデマン＝西原春夫・宮澤浩一監訳『ドイツおよびECにおける経済犯罪と経済刑法』（成文堂、1990）1頁以下を、環境刑法につき、伊東研祐『環境刑法研究序説』（成文堂、2003）107頁以下、中山研一＝神山敏雄＝斉藤豊治＝浅田和茂編著『環境刑法概説』（成文堂、2003）61頁以下［浅田］をそれぞれ参照されたい。

4）Gesetz Nr. 11. Aufhebung einzelner Bestimmungen des deutschen Strafrechts（Kontrollratsgesetz Nr. 11）vom 30. Januar 1946.

Ⅱ　1949年経済刑法

1949年5月8日、フランス占領地区も参加した統合経済地域において、ドイツ連邦共和国基本法（ボン基本法）[5)]が制定され、ドイツ連邦共和国が成立した。ボン基本法は、司法権を裁判官に委ね（92条）、裁判を受ける権利を保障したため（101条1項）、刑事裁判手続によらない科刑処分を認める「秩序罰」の見直しが必要となり、1949年7月26日、「経済刑法の簡略化に関する法律（1949年経済刑法）」が制定された。

1．経済犯と秩序違反

1949年経済刑法は、経済法規違反を、①経済犯（Wirtschaftsstraftaten）、②秩序違反（Ordnungswidrigkeiten）および③「違反行為（Zuwiderhandlung）」という3つの類型に分類し、犯罪とは異なる秩序違反概念を実定法上に導入した。このうち、①経済犯については、同法1条ないし5条において、軽懲役もしくは罰金またはその両方に処す旨が定められ、また、②秩序違反については、同法23条および24条において、「過料」に処す旨が定められた。立法理由書は、経済犯罪と秩序違反とを実定法上区別した理由につき、ナチス期の経済規制に関する複数の法令を挙げ、刑事裁判を行う公共の利益（öffentliches Interesse）がないと認められるときは、行政機関が刑事裁判によらず「秩序罰」を科すことができると定められていたことや、上述の経済統制緊急法も、裁判所への訴追の要否に関する決定権限を行政機関から検察庁に移したものの、依然として行政と司法の権限配分が裁量に委ねられていたことを指摘し、恣意的な運用による弊害を解消するため、実定法によって経済犯と秩序違反とを概念的に区別することが必要である、と説明する[6)]。

他方、同法は、7条ないし21条に定める行為を「違反行為」と規定し、それらの行為については、経済犯と秩序違反とを実定法において明確に区別するこ

5）Grundgesetz für die Bundesrepublik Deutschland（GG）vom 23. Mai 1949.

6）Kurt Haertel/Günther Joël/Eberhard Schmidt, Gesetz zur Vereinfachung des Wirtschaftsstrafrechts: Textausgabe mit erläuternder Einführung, Verweisungen und amtlicher Begründung, 1949, S. 141f.

とをせず、法の適用段階において、「シュミットの混合公式（Schmidt'sche Mischformel）[7]」と呼ばれる同法6条の規定に従い、いずれに該当するかが判断されることとなった（22条）。

2．シュミットの混合公式

第6条　本章の規定による違反行為は、経済犯罪か秩序違反のいずれかとする。[8]

第2項　違反行為は、それが次のいずれかの方法により、経済秩序全体または個々の経済秩序の領域において、その存立および維持に関する国家的利益を侵害するときは、経済犯罪とする。[9]

1号　当該違反行為が、その規模と影響において、国家によって保護された経済秩序の給付能力を侵害する性質を有していること。[10]

2号　行為者が、特に業として、非難されるべき私利私欲から行動し、または無責任に行動し、もしくは執拗に違反行為を繰り返すことにより、国家によって保護された経済秩序全体または個々の経済秩序を軽視する態度を明らかにすること。[11]

第3項　その他のすべての場合においては、違反行為は秩序違反とする。[12]

7）BT-Drs., V/1269, S. 23.

8）WiStG 1949, §6 Abs. 1, “Zuwiderhandlungen nach den Bestimmungen dieses Abschnitts sind entweder Wirtschaftsstraftaten oder Ordnungswidrigkeiten”

9）WiStG 1949, §6 Abs. 2, “Eine Zuwiderhandlung ist Wirtschaftsstraftat, wenn sie das Staatsinteresse an Bestand und Erhaltung der Wirtschaftsordnung im Ganzen oder in einzelnen Bereichen verletzt, indem entweder”

10）WiStG 1949, §6 Abs. 2 Nr. 1, “die Zuwiderhandlung ihrem Umfange oder ihrer Auswirkung nach geeignet ist, die Leistungsfähigkeit der staatlich geschützten Wirtschaftsordnung zu beeinträchtigen”

11）WiStG 1949, §6 Abs. 2 Nr. 2, “der Täter mit der Zuwiderhandlung eine Einstellung bekundet, die die staatlich geschützte Wirtschaftsordnung im Ganzen oder in einzelnen Bereichen missachtet, insbesondere dadurch, dass er gewerbsmäßig, aus verwerflichem Eigennutz oder sonst verantwortungslos gehandelt oder Zuwiderhandlungen hartnäckig wiederholt hat”

12）WiStG 1949, §6 Abs. 3, “In allen anderen Fällen ist die Zuwiderhandlung eine Ordnungswidrigkeit”

シュミットの混合公式につき、Eb. シュミットは、次のように説明する[13]。まず、経済刑法が保護する益は、法益（Rechtsgüter）と行政益（Verwaltungsgüter）とに区別される。個々の法規違反は、いずれの益を害するかによって質的に異なり、法益侵害（Rechtsgüterverletzung）に対しては刑事罰（Kriminalstrafen）が、行政益侵害（Verwaltungsgüterverletzung）に対しては行政罰（Verwaltungsstrafen）が科せられる。しかしながら、経済規制すべてを法律によって具体的に規定することは困難であるから、立法者は、個々の経済的状況に応じた経済規制を行政機関に委ねる必要がある。そのため、経済刑法の分野においては、立法技術としていわゆる白地刑罰規定（Blankettstrafvorschrift）が必要となり、かつ、それを補うための補充規範（Ausfüllungsnormen）も包括的なものとなる場合がある。そのため、経済法規違反には、法益侵害と行政益侵害のいずれにも該当するものが存在し、このような行為については、立法者は経済犯と秩序違反との区分原則（Differenzierungsleitsatz）を示すことができるにすぎない。したがって、1949年経済刑法6条が定める公式は、構成要件を補完するものではなく、法律の適用を担当する行政機関や裁判所に向けられた法的ガイドライン（Richtlinie）である。

次に、1949年経済刑法6条1項1号は、個々の「違反行為」の客観的規模および客観的影響から、それが経済犯と評価しうるものであるか否かを判断する。ここでは不法の量が問題とされるが、経済の分野においては、富裕や貧困を財産価値の量によって判断するように、本質的に量が質を決定する。したがって、同号の基準においても、経済犯と秩序違反とは、単なる量的差異ではなく質的差異によって区別されている。また、経済刑法が保護する法益は、経済秩序の存立および維持という個人を超越した国家の利益であり、かかる利益は、国家の経済的給付能力そのものに直接影響を与える行為のみならず、個人が経済秩序を軽視する態度を他者に対して明示することによっても侵害される。そのため、個人が国家によって保護された経済秩序全体または個々の経済秩序を軽視する態度を明らかにした場合は、「違反行為」が現実に国家の給付能力に影響を及ぼさなかったとしても、上記の法益を侵害し、経済犯となる。

---

13) Eberhard Schmidt, Das neue westdeutsche Wirtschaftsstrafgesetz, 1950, S. 20ff.

3．「過料」の導入

1949年経済刑法は、経済犯と秩序違反とを質的に区別し、後者に対しては、罰金（Geldstrafe）ではなく、「過料（Geldbuße）」を科すこととした[14]。同法の立法理由書は、秩序違反に対する制裁として「過料」を導入した理由につき、犯罪と秩序違反とを概念的に区別したことを明示的に表すため、と説明しており[15]、犯罪に対して科せられる刑罰と秩序違反に対して科せられる「過料」とが、概念的に異なることを示唆している。この点につき、Eb. シュミットは、①「過料」の賦課は純粋な行政事項（reine Verwaltungsangelegenheit）であること、②便宜主義（Opportunitätsprinzip）が採用されていること[16]、③法人に対して科すことができること、④徴収ができない場合であっても、代替的自由刑に転換されないことを理由に、両者は、単に名称が異なるだけでなく、本質的に異なるものであり、刑罰が過去の行為に対する贖罪を意味するのに対し、「過料」は、過去の行為に対する贖罪ではなく、将来における行政上の義務の履行を強く促すものにすぎない、とする[17]。このように、1949年経済刑法が導入した「過料」は、刑罰とは概念的に異なり、義務履行確保のための合目的的な行政措置（Zweckmäßigkeitsmaßnahme der Verwaltung）であると位置付けられていた。

なお、上記のとおり、「過料」については、刑事裁判手続ではなく行政手続によって科せられることとされたが、行政機関による「過料」の賦課決定に不服がある場合、処分を受けた者は、通常裁判所の裁判を求める申立てをすることができ（81条）、また、混合構成要件に該当する行為については、検察庁と行政機関との間の調整に関する規定が設けられている（80条、85条等）。

4．1949年経済刑法と非犯罪化

1949年経済刑法の制定により、経済刑法の分野において、従来は刑罰の対象とされていた行為が犯罪から秩序違反に転換され、その範囲で非犯罪化が実現した。ただし、同法による非犯罪化は、対象となる行為を処罰の対象から除外

14）「過料」の額は、3ドイツマルク以上10万マルク以下と定められた（1949年経済刑法29条1項）。
15）Haertel/Joël/Schmidt,（Anm. 6), S. 141f.
16）1949年経済刑法22条は、秩序違反行為につき「過料」を科すことができると規定する。
17）Schmidt,（Anm. 13), S. 44ff.

する非処罰化（Entpönalisierung）ではなく、「過料」という制裁の対象とするものであるため、「過料」制度は、従来は処罰の対象とされてなかった行為を処罰化（Pönalisierung）し、行政上の義務履行確保を図るための手段としても機能することとなった[18]。

また、ナチス経済刑法における「秩序罰」は、対象となる行為につき、刑事裁判所によって科せられる刑事罰を定めた上で、行政機関による科刑処分を認め、両者の選択については、行政機関の広範な裁量を認めていた。1949年経済刑法による「過料」制度の導入は、前述のように、行政と司法の権限配分が裁量に委ねられていたことを解消することに主眼があり[19]、したがって、同法による非犯罪化は、権力分立の観点から司法と行政の権限の競合を解消した結果として実現したものであったといえよう[20]。

Ⅲ　1952年秩序違反法

1949年経済刑法の制定直後から、同法が導入した秩序違反概念および「過料」制度をすべての法分野へと拡張し、刑罰の濫用状態を立法的に解消することが提唱された[21]。「過料」制度の拡張は、当時の立法者に当然の流れとして受け入れられ、1950年に制定された「裁判所の構成、民事司法、刑事手続および費用法の分野における法の統一の回復のための法律[22]」は、ポリツァイ罰が近い将来「過料」へ転換されることを前提に、ポリツァイによる科刑処分（polizeiliche Strafverfügung）について規定していた刑事訴訟法413条を改正し[23]、これをもって、伝統的に認められてきたポリツァイによる科刑手続は廃止された[24]。また、1949

18） Vgl. Wolfgang Hoffmann-Riem, Administrativ induzierte Pönalisierung: Strafrecht als Auffangordnung für Verwaltungsrecht, in: Guido Britz/Heinz Koriath/Karl-Ludwig Kunz/Carsten Momsen/Egon Müller/Heinz Müller-Dietz/Henning Radtke（Hrsg.）Festschrift für Heike Jung zum 65. Geburtstag am 23. April 2007, 2007, S. 299.

19） Haertel/Joël/Schmidt,（Anm. 6）, S. 141f.

20） BT-Drs., V/1269, S. 30; Vgl. Schmidt,（Anm. 13）, S. 9.

21） Schmidt,（Anm. 13）, S. 83ff.

22） Gesetz zur Wiederherstellung der Rechtseinheit auf dem Gebiete der Gerichtsverfassung, der bürgerlichen Rechtspflege, des Strafverfahrens und des Kostenrechts（Rechtsvereinheitlichungsgesetz）vom 12. September 1950.

23） Rechtsvereinheitlichungsgesetz, Art. 3 Nr. 179.

24） BT-Drs., I/2100, S. 14.

年経済刑法は一年間限りの時限立法であり、二度にわたり延長されたものの[25)]、1952年3月31日に失効することとなったため、同法に代わる行政罰法の制定が求められた[26)]。これらを背景として、1952年3月25日、あらゆる法分野に「過料」制度を導入する1952年秩序違反法が制定された。

1．1952年秩序違反法の特徴

1952年秩序違反法は、行政法規違反を、①もっぱら「過料」が定められているものを秩序違反（Ordnungswidrigkeit、1項1項）、②もっぱら刑罰が定められているものを狭義の犯罪（Straftat、同条2項）と定義する。また、③「過料」と刑罰のいずれも定められているものについては、個別の事案において、刑罰が科せられる場合は犯罪であり、「過料」が科せられる場合は秩序違反であるとした上で（同条3項）、法律上「過料」が定められている行為（上記①および③）を総称して、「違反行為（Zuwiderhandlung）」と定義した（1条4項）。そして、同一の行為が秩序違反であると同時に犯罪である場合には原則として刑法典が適用され、秩序違反に対する副次効果に限り、刑罰と併科することができることとした（4条）。なお、同法は、同一の構成要件が犯罪にも秩序違反にもなりうる真正混合構成要件（echte Mischtatbestände）を廃止しなかったため（1条3項）、行政機関と裁判所・検察庁との管轄の競合は残された。

以上のように、1952年秩序違反法は、犯罪と秩序違反の区分について、1949年経済刑法の区分を踏襲し、真正混合構成要件については、犯罪と秩序違反のいずれに該当するか、法の適用段階で判断されることとなった[27)]。

2．1952年秩序違反法と非犯罪化

1952年秩序違反法により、「過料」制度はすべての法領域に導入されることとなった。同法が制定後、個別法に規定された違警罪の多くが法改正によって秩序違反へと転換され、新規立法の際も、軽微な義務違反については、自由刑や罰金刑の代わりに「過料」が用いられた。1968年秩序違反法の立法理由書は、

25）BGBl Ⅰ 1950, Nr. 14, S. 78; BGBl Ⅰ 1951, Nr. 15, S. 223.
26）BT-Drs., Ⅰ/2100, S. 14.
27）BT-Drs., Ⅰ/2100, S. 14.

この時期において、不法の質および量の両面から秩序違反への転換による非犯罪化が行われたことを指摘する。

不法の質による非犯罪化の典型例として、純粋な行政不服従（echten Verwaltungsungehorsams）の秩序違反への転換が挙げられる。すなわち、1952年秩序違反法の制定前は、単なる届出義務違反や情報提供義務違反についても違警罪の対象とされる場合があったが、同法制定後、このような純粋な行政不服従は刑罰の対象から外すべきと考えられ、秩序違反へと転換された。これに対し、不法の量による非犯罪化の例として、薬局法違反や少年労働法違反が挙げられる。立法理由書は、これらの違反は、生命および健康の保護を目的とする命令に対する違反であるものの、1952年秩序違反法は、秩序違反を純粋な行政不服従に限定していないため、同法制定後、本質的には法益侵害の危険を伴うものについても、その危険が小さいと考えられる場合には、立法者の判断によって「過料」の対象とされて非犯罪化されたことを指摘する[28)]。

この点に関し、1952年秩序違反法の立法理由書は、1949年経済刑法の制定により、経済法の分野で行政不法の刑事不法（kriminellen Unrecht）からの分離が実現したが、他の法分野においては、1949年経済刑法上の秩序違反に比べ、より不法の程度が軽いと考えられるものが刑罰の対象とされているため、それらの行為も秩序違反へと転換すべきであるとの考えを示している[29)]。このように、1952年秩序違反法は、当初から軽微な行政不法（Verwaltungsunrecht）を「過料」の対象として非犯罪化することを目的として制定されたものであり、このことは、1949年経済刑法の立法理由書が、司法と行政の管轄の競合を解消することを重視していたことと比べ、1952年秩序違反法の特徴であるといえよう。

Ⅳ　行政上の処罰手続と憲法判例

1952年秩序違反法制定後、行政上の処罰手続に関する2件の連邦憲法裁判所の違憲判決が出された。これらは、いずれも、処罰のための手続における裁判所の関与が不十分であることを理由に、当該手続を違憲と判断したものである。

28）BT-Drs., V/1269, S. 22ff.
29）BT-Drs., I/2100, S. 15.

1．1963年2月5日連邦憲法裁判所判決[30)]

1952年秩序違反法は、秩序違反に対する「過料」が確定した後に違反者に有利な事実が判明したときは、確定から5年以内に限り、その変更または取消しができることとし（同法66条1項）、対象となる「過料」が当事者の申立てによる裁判所の判断を経て確定している場合には当該裁判所の管轄、そうでない場合には所轄の最上級行政機関またはその指定する行政機関の管轄と規定し（同法66条2項）、さらに、この裁判所ないし行政機関による決定に対しては、同法56条に規定する法律違反を理由とする抗告（Rechtsbeschwerde）のみが認められる旨を定めていた（同法66条3項）。

事案の概要は次のとおりである。銀行を営んでいる合名会社である原告は、外国為替法違反について、秩序違反を認めて直ちに処分を確定させる「即時承諾（Unterwerfung）」（同法67条）を行い、1万ドイツマルクの「過料」を支払った。その後原告は、自らに有利な事実が判明したとして、同法66条2項に基づき、行政機関に対して確定した「過料」の取消しを求める申立てをしたが、原告の主張する有利な事実は存在しないとして却下されたため、原告は、事実認定について裁判所の判断を仰ぐことを認めない同法66条の規定は違憲であると主張して出訴した。

連邦憲法裁判所は、裁判所の判断を経ずに確定した「過料」の変更または取消しの申立てが行政機関により却下された場合において、同法66条3項が法律違反を理由とする抗告のみを認めていることは、事実認定に関する裁判所の判断を排除することになり、何人も公権力によってその権利を侵害されたときは出訴することができると定めるボン基本法19条4項に違反するとして、上記規定はその限度で無効であると判示した。

2．1967年6月6日連邦憲法裁判所判決[31)]

本判決は、1952年秩序違反法の規定について違憲としたものではなく、ナチス経済刑法の「秩序罰」が廃止された後も存続していた租税刑法上の行政機関による科刑処分につき、ボン基本法101条1項および同法92条に反し違憲無

30）BVerfGE 15, 275.
31）BVerfGE 22, 49.

効であると判断したものである。

事案の概要は次のとおりである。原告は、必要な許可を得ずに税務会計を営んだとして、租税通則法[32]に基づき、税務機関（Finanzbehörden）によって100ドイツマルクの罰金を科せられた。これに対し、原告は、不服申立てを行ったものの、却下されたため、税務機関が刑事裁判手続によらずに刑罰を科すことを認める租税通則法の規定は違憲であると主張して出訴した。

これに対し、連邦憲法裁判所は、次のとおり判示した。第一に、ボン基本法104条2条は自由の剥奪（Freiheitsentziehung）を裁判官の専属管轄としており、罰金刑であっても、代替的自由刑が予定されている以上は、裁判官以外が刑を科すことは許されない。そして、行政機関が刑事裁判によらずに罰金刑を科すことは、たとえそれが司法手続の前段階として行われ、かつ被処分者自身の権利放棄に基づくものであったとしても、裁判を受ける権利を定めたボン基本法101条1項第2文に違反する。第二に、刑罰は、その効果として、犯罪者名簿に登録され前科になるという名誉侵害を伴うものであり、そのような効果を伴う刑罰の決定を行政機関の権限とすることは、刑事罰（Kriminalstrafen）は唯一裁判所のみが科すことができると定めるボン基本法92条に反する。したがって、税務機関に刑事裁判によらずに刑罰を科す権限を付与する租税通則法421条2項、445条および447条第1項は、違憲無効である。

上記判決は、税務機関による罰金刑の科刑処分を違憲無効と判断したものであるが、裁判を受ける権利を重視する判決の趣旨は「過料」手続についても妥当すると考えられたことから、被処分者が秩序違反を認めて「過料」を確定させる「即時承諾」（1952年秩序違反法67条）についても、ボン基本法に抵触する可能性が指摘された[33]。ちなみに、1968年秩序違反法は、即時承諾に関する条文を設けなかったため、1952年秩序違反法67条が規定していた即時承諾手続は、同法の失効をもって廃止されている。

32）Abgabenordnung vom 13. Dezember 1919 in der Fassung der Bekanntmachung vom 22. Mai 1931.

33）長野實『調査資料・西ドイツ秩序違反法』（国立国会図書館、1980）79頁参照。なお、長野は、本判決が「過料」裁定の法的性質（次款Ⅰ3参照）を転換せしめる原因となった可能性を指摘する。

第2款　1968年秩序違反法の制定

前述のように、1952年秩序違反法は、すべての法分野に「過料」制度を拡張した。これにより、行政機関は、「過料」の対象とされた行政法上の非行について監視と処罰の両方を管轄することとなり、刑事裁判手続を経る必要がある刑罰と比べ、迅速かつ低コストに行政上の非行を処罰することが可能となった。そのため、同法制定後、多くの個別法に「過料」が定められたが、他方、秩序違反の構成要件の増加により、同法の制度的欠陥が指摘され、早急な立法上の手当が求められるようになり、1968年秩序違反法が制定された[34]。

I　1968秩序違反法の特徴

1．真正混合構成要件の否定

1968年秩序違反法1条1項は、「秩序違反とは、違法かつ非難可能性のある行為のうち、法律上、過料による処罰が認められている構成要件を満たすものをいう[35]」と規定し、1949年経済刑法および1952年秩序違反法（以下「前二法」という）が採用した、狭義の犯罪と秩序違反とを実定法によって区別するという考え方をより鮮明に表している。また、1968年秩序違反法は、前二法が用いていた「違反行為（Zuwiderhandlung）」概念を採用せず、狭義の犯罪と秩序違反のいずれにも該当しうる真正混合構成要件に関する規定を設けなかった。

この点につき、立法理由書は次のとおり説明する。第一に、狭義の犯罪と秩序違反との本質的な差異から、両者の処罰手続は原則として分離されるべきであるにもかかわらず、1952年秩序違反法においては真正混合構成要件が許容されているため、裁判所の管轄と行政機関の管轄が一部競合している。第二に、法的安定性（Rechtssicherheit）および法の明確性（Rechtsbestimmtheit）の原則から、犯罪と秩序違反とは、立法者自身が抽象的構成要件のレベルにおいて区別する必要があり、両者の区別を執行機関の裁量に委ねるべきではない。そのため、

34）Vgl. BT-Drs., V/1269, S. 22ff.

35）OWiG 1968, §1 Abs. 1, “Eine Ordnungswidrigkeit ist eine rechtswidrige und vorwerfbare Handlung, die den Tatbestand eines Gesetzes verwirklicht, das die Ahndung mit einer Geldbuße zuläßt”

1968年秩序違反法においては、個々の事案に応じて法の適用段階で具体的行為につき犯罪と秩序違反のいずれに該当するかを判断する真正混合構成要件に関する規定は設けないこととした。なお、従来から存在した真正混合構成要件については、同法制定後に予定されている刑法典改正の際に、刑法典導入法による特別刑法の整理という形で廃止されることとされた[36]。

2．処罰に関する行政機関の排他的管轄の廃止

1968年秩序違反法は、「過料」の賦課につき、1952年秩序違反法と同様、原則として行政機関の管轄とした（同法65条）。その一方、1968年秩序違反法は、秩序違反に対する処罰に関する行政機関の排他的管轄（ausschließliche Zuständigkeit）を認めず、一定の場合において裁判所による処罰を認めている。すなわち、検察官は、秩序違反と関連する犯罪を起訴する場合において、当該秩序違反を犯罪とともに刑事裁判所において審理することが適当であると認められる場合には、行政機関による「過料」裁定（Bußgeldbescheid）がなされる前に限り、当該秩序違反を刑事裁裁判所へ訴追することができる（同法42条1項2項、40条）。また、刑事裁判所は、検察官により訴追された秩序違反の処罰について管轄を有する（同法45条）のみならず、犯罪として起訴された行為につき、一定の場合に秩序違反として「過料」を宣告することができることとされた（同法82条）。なお、行政機関による「過料」裁定に対する異議の申立て（同法77条）によって過料手続が裁判所に係属した場合、当該裁判所は、対象となる行為が秩序違反ではなく犯罪に該当すると認めるときは、過料手続を刑事手続に移行させることができるとされた（同法81条）。

上記のように、秩序違反に対する処罰を原則として行政機関の管轄としつつ、一定の場合に例外として裁判所による処罰を認めたことにつき、1968年秩序違反法の立法理由書は、次のとおり説明する[37]。

第一に、1952年秩序違反法は、真正混合構成要件を定める一方で刑事手続と「過料」手続とを厳格に分離していたため、裁判所は、同一の行為につき犯罪と秩序違反の両方の観点から同時に判断をすることができず、刑事裁判において

36）BT-Drs., V/1269, S. 27f.
37）BT-Drs., V/1269, S. 22ff.

無罪が確定した場合であっても、行政機関が同一の行為に対して「過料」を科すことが可能であった（同法4条2項）。また、行政機関による「過料」裁定に対し、当事者の申立てに基づいて裁判所の審理が行われた場合であっても、検察官は、犯罪の成立に関する新たな事実が判明したことを理由に、別途刑事手続を開始することができ（同法65条2項）、そのため、裁判所の審理を経て確定した「過料」裁定が事後的に取り消され、犯罪として刑罰が科せられる可能性も存在した。さらに、真正混合構成要件につき、犯罪と秩序違反のいずれに該当するか明らかでなく、行政機関は犯罪であると判断し、検察官は秩序違反であると判断した場合、「過料」手続も刑事手続もとられないという消極的な権限争いが起きる可能性が存在した。加えて、行政機関がなした「過料」裁定に対し、検察官が犯罪と判断して刑事手続を求めるという積極的な権限争いも生じる可能性があった。このような規定の仕方は、手続を複雑ならしめ、処罰手続の迅速化・簡素化の要請に反するおそれがあり、このような弊害を解消するため、秩序違反に対する処罰に関する行政機関の排他的管轄を廃止し、必要に応じて裁判所が一体的な判断をすることを許容すべきである。

第二に、犯罪と秩序違反との本質的の差異は、後者に対する行政機関による処罰の可能性を根拠付けるにすぎず、そこから、秩序違反に対する処罰手続が行政機関の排他的管轄に服しなければならないという原理を導くことはできない。秩序不法（Ordnungsunrecht）を刑事不法（Kriminalunrecht）から分離したことは、前者に対する処罰は刑事裁判所の権限として認められないという理由からではなく、むしろ、いかなる些細な違反についても刑事手続によって処罰されなければならないとすることは不適切であると考えられたことによる。したがって、秩序不法に対する処罰の管轄は、国家の任務を対象機関に適切に配分するという観点から決すべきであり、かつ、その際には、一般的法治国家原理の枠内において、当事者の正当な利益を保護した上で、当該任務の意義と訴訟経済の双方を考慮して決せられるべきである。

第三に、秩序違反に対する処罰の全部または一部を裁判所の専属管轄とすることは、秩序不法を刑事不法から分離したことの実質的意義を損なうことになる。なぜなら、専門知識を有する機関が秩序違反に対する処罰を迅速かつ簡易な手続で行うことは、当事者を刑事手続による不利益から解放し、また、刑事司法の負担を軽減するものであるからである。これに加え、今後、交通違反（Verkehrsübertretungen）の秩序違反への転換をはじめ、秩序違反の構成要件がさらに増大することが予定されていることからすれば、秩序違反に対する処罰を行政機関に委ねることはますます必要とされ、これを裁判所の管轄とすることは相当でない。

３．「過料」裁定の法的性質

1952年秩序違反法における「過料」裁定は、行政機関による終局的な決定（Wahrspruch）と位置付け、その後の裁判手続は、裁判所による再審査を意味するものと考えられていた。これに対し、1968年秩序違反法における「過料」裁定は、簡易な手続（summarischen Verfahren）による仮の決定（vorläufiger Spruch）と位置付けられ、当事者がそれに従うことを承諾することによって確定するものと考えられている。[38]

立法理由書によれば、1968年秩序違反法における行政機関による「過料」裁定は、当事者に対する受諾の申入れにすぎないため、その通知に際しては、対象となる行為と根拠条文、証拠等について詳細に示すことで足り、それ以上の理由を提示する必要はない（同法66条3項）。そして、このような簡易な手続による仮の決定という性質上、行政庁による「過料」裁定には限られた効力しか生じないため、「過料」裁定がなされた後に同一行為を犯罪として起訴することも許される（同法84条2項）。そのため、「過料」裁定の検察官への通知は不要である。[39] さらに、「過料」裁定は、行政機関による審決ではなく当事者に対する受諾の申入れにすぎないから、裁判に移行した場合であっても、裁判所は、対象となった行為に関する行政機関の判断になんら拘束されることなく判決をすることが可能である（同法66条2項1号b）。

なお、1968年秩序違反法は、前二法が採用した警告（Verwarnung）制度を存続させ、警告手続を「過料」手続の事前手続（Vorverfahren）と位置付けた。すなわち、行政機関は、軽微な秩序違反に対し、単なる警告では不十分と認められる

38）BT-Drs., V/1269, S. 32.

39）1968年秩序違反法は、1952年秩序違反法における「過料」裁定に関する検察官への通知制度に関する規定を採用しなかった。

場合には、2ドイツマルク以上20ドイツマルク以下の警告金（Verwarnungsgeld）を徴収することができ（1968年秩序違反法56条1条。なお、現行法では5ユーロ以上55ユーロ以下）、違反者が任意に警告金を支払った場合、もはやこれを訴追することはできないこととした（同条4項）[40]。そして、この警告金を伴う警告の法的性質は、些細な秩序違反に対して本人の承諾の上で比較的小さい財産上の負担をさせる行政行為（Verwaltungsakt）であると考えられている[41]。

Ⅱ　便宜主義（Opportunitätsprinzip）と強制拘留（Erzwingungshaft）

1968年秩序違反法においても、「過料」は義務履行確保のための合目的的な行政措置であると位置付けられた。同法における「過料」概念を的確に示す特徴として、①便宜主義（Opportunitätsprinzip）の採用と、②強制拘留（Erzwingungshaft）を挙げることができる。

1．便宜主義（Opportunitätsprinzip）

周知のように、ドイツ刑事訴訟法は、起訴法定主義（Legalitätsprinzip）を採用している[42]。これに対し、1968年秩序違反法は、前二法と同様、訴追便宜主義を採用し[43]、秩序違反の訴追を訴追機関（Verfolgungsbehörde）の義務裁量（pflichtgemäßen Ermessen）に委ねている（47条1項第1文）。この便宜主義は、訴追後においても適用され、裁判所は、処罰を要しないと認めるときは、検察官の同意を得て、係属している手続をいつでも中止することができ（同条2項）、また、検察官も、行政機関の意見を聞いた上で、手続をいつでも中止できることとされた（63

40）ただし、同一事実につき検察官が刑事訴追を行うことは妨げられず、刑事裁判により有罪判決を受けた場合には、秩序違反法86条2項が適用される（Lothar Senge（Hrsg.）, Karlsruher Kommentar zum Gesetz über Ordnungswidrigkeiten, 4. Aufl., 2014, S. 874）。なお、現行秩序違反法56条4項参照。

41）BVerfGE 22, 125; Senge,（Anm. 40）, S. 864f.

42）ドイツ刑事訴訟法152条2項。ただし、同法は、153条ないし154条eに起訴法定主義の例外を規定しており、秩序違反法における訴追便宜主義との差異は観念的な意味合いが強いといえよう（Vgl. Senge,（Anm. 40）, S. 732ff; Vgl. Joachim Bohnert/Benjamin Krenberger/Carsten Krumm, Ordnungswidrigkeitengesetz Kommentar, 4. Aufl., 2016, S. 208ff）。

43）Senge,（Anm. 40）, S. 719.

条3項)。これらは、秩序違反に対して科せられる「過料」が、狭義の犯罪に対して科せられる刑罰とは本質的に異なり、行政上の義務履行確保のための措置であることを示すものと考えられている[44]。

2．強制拘留（Erzwingungshaft）

上記のように、秩序違反法における「過料」は、本質的には、過去の行為に対する贖罪ではなく、将来における行政上の義務の履行を促すための手段であると考えられている。他方、秩序違反に対し「過料」を科したとしても、それが現実に徴収されない場合は、義務履行確保手段としての実効性に欠けることから、1968年秩序違反法は、前二法と同様、「過料」が支払われない場合の強制拘留命令（Anordnung von Erzwingungshaft）を定めている。

第96条第1項　第95条に定める期間が経過した後、次のすべてに該当する場合には、裁判所は、執行機関の申立てにより又はその裁判所自身が執行の責務を負っている場合には職権で、強制拘留を命ずることができる[45]。

1号　「過料」または「過料」の定められた分割額が支払われていないこと[46]

2号　当事者が自らの支払無能力を明らかにしなかったこと（66条2項2号b）[47]

3号　66条2項3号の教示[48]が行われたこと[49]

4号　支払能力がないことを明らかにする事情が知られていないこと[50]

44）Vgl. Schmidt,（Anm. 13）, S. 44.

45）OWiG 1968, §96 Abs. 1, "Nach Ablauf der in §95 bestimmten Frist kann das Gericht auf Antrag der Vollstreckungsbehörde oder, wenn ihm selbst die Vollstreckung obliegt, von Amts wegen Erzwingungshaft anordnen, wenn"

46）"die Geldbuße oder der bestimmte Teilbetrag einer Geldbuße nicht gezahlt ist,"

47）"der Betroffene seine Zahlungsunfähigkeit nicht dargetan hat（§66 Abs. 2 Nr. 2 Buchstabe b),"

48）当事者が、定められた期間内に、「過料」または定められた分割額を支払わず、かつ、支払無能力であることを明らかにすることもしない場合は、強制拘留が命ぜられる可能性があることの教示（1968年秩序違反法66条2項3号）。

49）"er nach §66 Abs. 2 Nr. 3 belehrt ist und"

50）"keine Umstände bekannt sind, welche seine Zahlungsunfähigkeit ergeben."

第2項　当事者の経済状況から、「過料」の支払を期待できないことが判明した場合には、裁判所は、支払の容易化を承認するか、またはその承認を執行機関に委ねることとする。既に発せられた強制拘留命令は取り消される。[51]

第3項　強制拘留の期間は、一の「過料」を理由としては6週間を、一の「過料」審判において確定した複数の「過料」を理由としては3か月を超えてはならない。この期間は、支払われるべき「過料」の額を考慮した上で定められ、その後に延長することはできないが、短縮することはできる。同一の行為に基づき再度の強制拘留をすることはできない。[52]

この強制拘留は、前二法が導入した強制拘留と同様、秩序違反に対して科せられる刑罰ではなく、「過料」の支払を促すための措置であるとされる。もっとも、1952年秩序違反法は、強制拘留に先立ち「過料」の強制執行が行われることを前提に、強制執行により目的を達成することができず、かつ、当事者が「過料」の支払を免れようとしていると認められる相当の理由があることを、強制拘留の要件としていた（1952年秩序違反法69条）。これに対し、1968年秩序違反法は、「過料」の全額または定められた分割額が支払われないことを要件の一つとして掲げるにとどまり、強制執行により目的を達成することができないことを要件としていない。この点につき、立法理由書は、「過料」は、債権者によって取り立てられるべき通常の金銭債権と異なり、それを科すことにより本人の協力を必要とする人身上の義務の履行（persönliche Leistung）を促すものであるから、強制拘留に「過料」の強制執行を先行させる必要はないと説明する。また、強制拘留は、秩序違反の法的効果として科せられるものではないことから、裁

51）OWiG 1968, §96 Abs. 2, "Ergibt sich, daß dem Betroffenen nach seinen wirtschaftlichen Verhältnissen nicht zuzumuten ist, den zu zahlenden Betrag der Geldbuße sofort zu entrichten, so bewilligt das Gericht eine Zahlungserleichterung oder überläßt die Entscheidung darüber der Vollstreckungsbehörde. Eine bereits ergangene Anordnung der Erzwingungshaft wird aufgehoben."

52）OWiG 1968, §96 Abs. 3, "Die Dauer der Erzwingungshaft wegen einer Geldbuße darf sechs Wochen, wegen mehrerer in einer Bußgeldentscheidung festgesetzter Geldbußen drei Monate nicht übersteigen. Sie wird, auch unter Berücksichtigung des zu zahlenden Betrages der Geldbuße, nach Tagen bemessen und kann nachträglich nicht verlängert, jedoch abgekürzt werden. Wegen desselben Betrages darf die Erzwingungshaft nicht wiederholt werden."

判所は、「過料」裁定の全面的な事後審査を行う必要はなく、当該「過料」裁定が確定力を有することに加え、「過料」が支払われていないことという形式要件の審査をすれば足りることとされた[53]。

このように、1968年秩序違反法は、強制拘留を「過料」の徴収のための一手段と位置付け、それゆえに、同法95条所定の「過料」の強制執行の要件と強制拘留の要件の両方を満たす場合、いずれの方法を用いるかは、もっぱら個々の事案における執行上の合目的性によることとされた。他方、「過料」は過去の行為に対する贖罪ではないことから、本人に支払能力がない場合にまで強制拘留を用いることは許されないと考えられ、本人に支払能力がないことが判明した場合には強制拘留は認められず（96条1項2号、4号）、「過料」の支払が期待できないことが事後的に判明した場合には、既に発せられた命令は取り消される（同条2項）。また、強制拘留命令が発せられた場合であっても、当事者は、その前提である「過料」を支払うことにより、いつでも強制拘留の執行を回避することができる（97条2項）。そして、強制拘留が執行された場合であっても、強制拘留は「過料」を代替するものではないことから、当事者は「過料」の支払義務を免れることはできないこととされた[54]。

このように、秩序違反法は、強制拘留を代替的自由刑と概念的に区別しただけでなく、法的効果においても、強制拘留が「過料」の特別な執行方法ではないことを明確に示している。このことは、強制拘留が代替的自由刑と異なる性格を有していることを表すにとどまらず、代替的自由刑の前提となる罰金刑と強制拘留の前提となる「過料」とが、本質的に異なるものであることを表すものということができよう。

Ⅲ　1968年秩序違反と非犯罪化

1968年秩序違反法の制定により、1952年秩序違反法制定後に行われてきた秩序違反への転換による非犯罪化はさらに加速されることとなった。1968年秩序違反法制定後の非犯罪化として特に重要なものとして、1968年秩序違反法導入法[55]による道路交通法違反の秩序違反への転換と、1974年刑法典導入法[56]による

53）BT-Drs., Ⅴ/1269, S. 38f.
54）BT-Drs., Ⅴ/1269, S. 117ff.

違警罪の秩序違反への転換が挙げられる。

1968年秩序違反法導入法は、道路交通法を改正し、それまで刑罰が定められていた道路交通法違反の大部分を秩序違反に転換した（1968年秩序違反法導入法3条）。これにより、年間約170万件にのぼる交通事犯が「過料」手続によって処理されることとなったとされる[57]。また、1974年刑法典導入法は、罰金もしくは6月未満の自由刑またはその併科が定められている規定について、当該行為を1,000ドイツマルク以下の「過料」を伴う秩序違反に、1,000ドイツマルクを超える罰金が定められている行為を1万ドイツマルク以下の「過料」を伴う秩序違反に読み替えることとした（同法13条）。さらに、同法は、1968年秩序違反法第1部第8章に規定されていた[58]「個別の秩序違反（Einzelne Ordnungswidrigkeiten）」を第3部として独立させ、刑法典中の違警罪の大部分ならびに軽罪および個別法上の刑罰規定の一部を非犯罪化して同部に編入した（1974年刑法典導入法29条）。

前述のように、1968年秩序違反法の立法理由書は、前二法において重視された権力分立の観点や軽微な行政不法の非犯罪化に加え、訴訟経済という観点を指摘しており、同法制定後に実現された非犯罪化は、刑事司法の負担軽減の要請をもその理由として行われた点に特徴があるといえよう。

第3款　新たな犯罪化（Neukriminalisierung）と刑事立法の限界

1968年秩序違反法の制定により、刑事犯と行政犯の両属的性質を有する軽微な行政不法については、実定法によって狭義の犯罪と秩序違反のいずれに属するかが決せられることとなった。同法は、当初から道路交通法違反や違警罪を非犯罪化することを想定して制定されており、その理由として刑事司法の負担軽減が挙げられている。このことは、同法の制定により、狭義の犯罪と秩序違

55）Einführungsgesetz zum Gesetz über Ordnungswidrigkeiten vom 24. Mai 1968（EGOWiG 1968）.

56）Einführungsgesetz zum Strafgesetzbuch vom 2. März 1974（EGStGB 1974）.

57）長野・前掲注33）90頁。

58）1968年秩序違反法は、当初、個別の秩序違反として、泥酔（31条）、児童・少年に対する監督義務違反（32条）ならびに事業者および企業における監督義務違反（33条）のみを規定していた。

反との振り分けに関する議論の中心が、従来の本質的・概念的な区別から立法政策による振り分けの問題へと移行したことを示しているものといえよう。しかしながら、同法制定後も、いかなる場合に立法政策の観点から刑罰を科すことができるかという刑罰固有の制約の問題は依然として残されており、このことは、1970年代以降のドイツにおける「新たな犯罪化（Neukriminalisierung）」の動きの中で表面化した。

新たな犯罪化とは、1970年以降のドイツにおける、新たな社会問題に対応するために刑罰を活用しようとした一連の立法政策をいう[59]。当時のドイツにおいては、経済活動の複雑化や環境問題の深刻化といった従来と異なる社会問題に対応することが立法政策上の重要な課題とされ、不正な行為の抑止や行政規制の実効性確保の観点から、刑罰を積極的に用いるべきであるとの主張を受け、経済刑法（Wirtschaftsstrafrecht）や環境刑法（Umweltstrafrecht）の分野を中心に、それまでの非犯罪化の動きと逆行する[60]犯罪化（Kriminalisierung）が行われた。

I　経済刑法（Wirtschaftsstrafrecht）

1．新たな犯罪化の経緯と内容

1970年代のドイツでは、経済活動の複雑化に伴い、従来の犯罪構成要件では捕捉することができない不正な経済活動を規制する必要が生じていた。このことから、1972年の第49回ドイツ法曹大会において、経済犯罪（Wirtschafts-kriminalität）対策のための有用性の観点から経済刑法を包括的に見直すべきであるとの提言がなされた[61]。同年、連邦司法大臣は、経済犯罪対策専門化委員会（Sachverständigenkommission zur Bekämpfung der Wirtschaftskriminalität）を設置し、同委員会の勧告に基づき、1976年7月29日に第一次経済犯罪対策法[62]が制定され、さらに、1986年5月15日には、第二次経済犯罪対策法[63]が制定された。

59）ティーデマン・前掲注3）8頁以下参照。
60）Vgl. Theo Vogler, Möglichkeiten und Wege einer Entkriminalisierung, ZStW 90, 1978, S. 145ff.
61）Klaus Tiedemann, Welche strafrechtlichen Mittel empfehlen sich für eine wirksamere Bekämpfung der Wirtschaftskriminalität? Gutachten C zum 49. Deutschen Juristentag, Verhandlungen des neunundvierzigsten Deutschen Juristentages, Bd. 1, 1972, Teil C.
62）Erstes Gesetz zur Bekämpfung der Wirtschaftskriminalität vom 29. Juli 1976.
63）Zweites Gesetz zur Bekämpfung der Wirtschaftskriminalität vom 15. Mai 1986.

第一次経済犯罪対策法は、民法、商法および破産法を改正するとともに、刑法典を改正し、給付補助金の不正取得を構成要件とする補助金詐欺（Subventionsbetrug、刑法典264条）や、利子の軽減という信用援助の不正取得を構成要件とする信用詐欺（Kreditbetrug、同265条b）の規定を設け、これらを刑法典上の犯罪に位置付けた。また、第二次経済犯罪対策法により、電子計算機詐欺（Computerbetrug、刑法典263条a）、投資詐欺（Kapitalanlagebetrug、同264条a）、社会保険の不払い（Vorenthalten und Veruntreuen von Arbeitsentgelt、同266条a）、小切手カードとクレジットカードの濫用（Mißbrauch von Scheck- und Kreditkarten、同266条b）、証拠となるデータの偽造（Fälschung beweiserheblicher Daten、同269条）、データ改変（Datenveränderung、同303条a）およびコンピュータ妨害（Computersabotage、同303条b）に関する規定が刑法典に追加された。

2．経済刑法の保護法益

第一次および第二次経済犯罪対策法によって創出された新たな犯罪構成要件（以下、総称して単に「経済刑法」という）は、経済統制違反を対象としていたナチス経済刑法の構成要件とは異なるものであった。その一方、経済刑法は、必ずしも個人の財産の侵害を直接の処罰対象とせず、経済に関する制度や信用に対する侵害を処罰の対象とする点において、伝統的な財産犯規定とも異なる性質を有している。すなわち、経済刑法は、経済分野における社会的利益を保護するものであり、その対象となる行為は、かかる社会的利益を侵害するか、または、今日における経済生活上の手段を濫用することによって、刑罰と結び付けられる。その意味において、経済刑法は、ナチス経済刑法と同様、超個人的・社会的法益（überindividuelle（soziale）Rechtsgut）である社会的法益を保護するものである。[64]

このような経済刑法の保護法益概念に対しては、刑罰の濫用に対する懸念から、超個人的法益ないし社会的法益という実体の伴わない概念を刑法による保護の対象とすべきではないという批判が寄せられた。[65] しかしながら、現代社会

64）Klaus Tiedemann, Wirtschaftsstrafrecht und Wirtschaftskriminalität, Bd. 1: Allgemeiner Teil, 1976, S. 50ff.

65）Vgl. Klaus Volk, Strafrecht und Wirtschaftskriminalität, JZ 1982, S. 87f.

における複雑化した経済活動のもとでは、国家の利益と個々の経済活動の主体の利益の間の中間的な利益を保護する必要性が高いと考えられたことから、超個人的・社会的利益を刑法による保護の対象とすべきとする見解が有力となり、立法理由書も、超個人的・社会的利益を経済刑法の保護法益とする考え方を採用した。[66] ただし、これらの見解も、ナチス経済刑法のように個人の利益から独立した法益を保護法益とするものではなく、むしろ、経済刑法は、個々の構成要件に該当する行為が個人の財産に対する侵害と間接的に結びついていることを前提に、上記の中間的利益を保護することによって、間接的に個人の財産的利益を保護するものと考えられている。[67]

Ⅱ　環境刑法（Umweltstrafrecht）

1．新たな犯罪化の経緯と内容

1960年代に深刻化した環境問題に対処するため、環境法の分野においても、環境を汚染する行為に対して刑罰を用いるべきであるとの主張がなされるようになった。1971年、連邦政府は、「環境綱領（Umweltprogramm）[68]」を公表し、連邦における統一的な環境政策の必要性を指摘するとともに、環境侵害（Schädigungen der Umwelt）を刑法典上の「公共危険犯（Gemeingefährliche Straftaten）」として規定することを検討事項として明示した。[69] また、1974年には、連邦政府の「環境報告書（Umweltbericht）[70]」において、環境に対する刑法的保護を拡大するとともに、その核心的規定（Kernbestimmungen）を刑法典中に創設することによって、環境違反（Umweltdelikten）が軽微な違反（Kavaliersdelikte）ではないことを明示することが提唱された。[71] これらの経緯を経て、1980年3月28日、「第十八次刑法一部改正法（第一次環境犯罪対策法）[72]」が制定され、その後、1994年6月27日には、

66）BT-Drs., 10/318, S. 21ff.

67）ティーデマン・前掲注3）8頁以下参照。

68）Umweltprogramm der Bundesregierung vom 29. September 1971, BT-Drs., Ⅵ/2710.

69）Umweltprogramm, (Anm. 68), S. 9f.　なお、同時期に環境犯罪を刑法典に規定することを主張していたものとして、Gunther Arzt/Otto Backes/Jürgen Baumann, Alternativ-Entwurf eines Strafgesetzbuches, Besonderer Teil, Straftaten gegen die Person, 2. Halbband, 1971. S. 49.

70）Umweltbericht '76- Fortschreibung des Umweltprogramms der Bundesregierung-vom 14. Juli 1976, BT-Drs., 7/5684.

71）Umweltbericht, (Anm. 70), S. 23.

「第三十一次刑法一部改正法（第二次環境犯罪対策法）」[73]が制定された。

第一次環境犯罪対策法は、刑法典第27章の「公共危険罪」に、電離放射線の放出（Freisetzen ionisierender Strahlen、311条d）および瑕疵ある核技術施設の建設等（Fehlerhafte Herstellung einer kerntechnischen Anlage、311条e）の罪を規定し、また、同法典第28章に「環境に対する罪（Straftaten gegen die Umwelt）」の章を設け、水域汚染（Verunreinigung eines Gewässers、324条）、大気汚染および騒音（Luftverunreinigung und Lärm、325条）、環境を危殆化する廃棄物処理（Umweltgefährdende Abfallbeseitigung、326条）、施設の不法操業（Unerlaubtes Betreiben von Anlagen、327条）、核燃料の不法取扱（Unerlaubter Umgang mit Kernbrennstoffen、328条）、保護対象地区の危殆化（Gefährdung schutzbedürftiger Gebiete、329条）、重大な環境の危殆化（Schwere Umweltgefährdung、330条）および毒物の放出による重大な危殆化（Schwere Gefährdung durch Freisetzen von Giften）の罪を規定した（名称、条文はいずれも当時のもの）。

これに対し、第二次環境犯罪対策法は、第一次環境犯罪対策法が規定した上記の各罪について整備するにとどまり、新たな罪を創設することはしなかった。なお、その後、1998年1月26日の「第六次刑法改正法」[74]において公共危険罪および環境に対する罪がそれぞれ第28章、第29章に変更されたほか、細かな改正は行われたものの、刑法典上に新たな環境犯罪が創設されることはなされていない。[75]

2．環境刑法の保護法益

環境刑法の保護法益をめぐっては、環境問題に対処するため、いかなる範囲で刑罰を用いることができるかという刑罰権の限界の問題と関連して、活発な議論が行われている。[76]当初は、環境刑法についても、人間の生命・健康・身体

72）Achtzehntes Strafrechtsänderungsgesetz-Gesetz zur Bekämpfung der Umweltkriminalität-(18. StrÄngG-1. UKG) vom 28. März 1980.

73）Einunddreißigstes Strafrechtsänderungsgesetz- Zweites Gesetz zur Bekämpfung der Umweltkriminalität-(31. StrÄndG-2. UKG) vom 27. Juni 1994.

74）Sechstes Gesetz zur Reform des Strafrechts (6. StrRG) vom 26. Januar 1998.

75）各改正法の概要については伊東・前掲注3）113頁以下、現行法の概観については中山ほか・前掲注3）62頁以下［浅田］をそれぞれ参照されたい。

の安全を保護法益とする伝統的な人間中心的法益論（anthropozentrische Rechtsgutslehre）が念頭に置かれ、前述の1971年環境綱領も、この立場をとっていたとされる[77]。

その後、1976年環境報告書において、刑法的保護の「生態系的財（ökologische Güter）」への拡大が提唱され[78]、1980年の第一次環境犯罪対策法の立法理由書も、環境刑法による保護の対象を人の生命や健康の侵害ないしその危険に限定せず、人間の生存領域の構成要素（Bestandteile menschlichen Lebensraumes）である水、大気、土壌といった基本的生存基盤（elementarer Lebensgrundlagen）をも刑法的保護の対象に含める必要があるとして、生態学的保護財（ökologischen Schutzgüter）を保護法益と認めている[79]。ここでいう生態学的保護財は、人間の基本的生存基盤である環境媒体を指しており、環境刑法は、究極的には人間の生存のため、その基盤となる環境を保護するものと考えられている[80]（生態学的・人間中心的法益論）。

これに対し、環境ないし環境媒体そのものを保護法益とする生態学的法益論（ökologische Rechtsgutslehre）も主張されており、1988年の第57回ドイツ法曹大会においては、環境対策のための有用性の観点から環境刑法を拡張すべきであるとの提言がなされた[81]。しかしながら、一般的抽象的な保護法益を認めることで刑罰の対象を拡張することに対しては刑法学説から強い抵抗が示され[82]、また、通説的見解である生態学的・人間中心的法益論も、人間の利益から独立した環

76）ドイツにおける議論につき、齋野彦弥「環境刑法の保護法益」現代刑事法4巻2号（2002）29頁以下参照。法益論そのものに関する議論については、松宮孝明＝川口浩一＝金尚均＝嘉門優『特集 法益論の意義と限界』刑法雑誌47巻1号（2007）1頁以下の各論文を参照されたい。なお、佐久間修「環境刑法の役割とその限界」新美育文＝松村弓彦＝大塚直編『環境法大系（森嶌昭夫先生喜寿記念論文集）』（商事法務、2012）341頁以下参照。

77）伊東・前掲注3）108頁。ちなみに、同年の刑法対案・前掲注69）は、環境犯罪を刑法典中の「人に対する罪（Straftaten gegen die Person）」の章に規定していた。

78）Umweltbericht,（Anm. 70）, S. 23.

79）BT-Drs., 8/2382, S. 9f.

80）齋野・前掲注76）32頁以下、町野朔編『環境刑法の総合的研究』（信山社、2003）25頁［町野］。

81）Günter Heine/Volker Meinberg, Empfehlen sich Änderungen im strafrechtlichen Umweltschutz, insbesondere in Verbindung mit dem Verwaltungsrecht?, Gutachten für den 57. Deutschen Juristentag, in: Verhandlungen des 57. DJT 1988, Bd. 1, Teil D, 1988.

82）Vgl. Winfried Hassemer, Grundlinien einer personalen Rechtsgutslehre, in: Lothar Philipps/Heinrich Scholler（Hrsg.）, Jenseits des Funktionalismus. Arthur Kaufmann zum 65. Geburtstag, 1989, S. 85ff.

境そのものを保護法益とすることに否定的であり[83)]、前述のように、第二次環境犯罪対策法およびその後の刑法典改正においては、新たな犯罪構成要件は規定されなかった[84)]。

第4款　小　　括

第二次世界大戦終結後、刑事裁判によらずに刑罰を科すことを認める「秩序罰」への反省から、1949年経済刑法は秩序違反概念と「過料」制度を導入し、秩序違反への転換による非犯罪化が実現した。当初は権力分立の観点から経済法の分野に限って導入された「過料」制度は、1952年秩序違反法によってすべての法分野に拡張され、純粋な行政不服従をはじめとする軽微な行政不法の非犯罪化が行われた。さらに、1968年秩序違反法は、真正混合構成要件を廃止して狭義の犯罪と秩序違反とを実定法において区別することとし、また、刑事犯と行政犯の両属的性質を有する行為については、訴訟経済の観点をも考慮して、立法者が狭義の犯罪と秩序違反のいずれに配分するかを決するという考え方を採用した。

1960年代における秩序違反への転換による非犯罪化の流れと逆行して、1970年代以降、新たな社会問題に対応するために刑罰を活用する「新たな犯罪化(Neukriminalisierung)」の動きが生じ、経済刑法および環境刑法の分野で犯罪化が進められ、刑法典中にも、新たな犯罪構成要件が創出された。しかしながら、いずれも究極的には人間の利益を保護することを目的として中間的な利益を保護法益とするものであり、個人的法益から独立した純粋な秩序や環境そのものを保護法益とするものではない、とするのが通説的見解である。

83）Vgl. Rudolf Rengier, Zur Bestimmung und Bedeutung der Rechtsgüter im Umweltstrafrecht, NJW 43, 1990, S. 2506ff.

84）本文中で紹介した3説のほか、環境刑法の保護法益を行政的法益（administrative Rechtsguts）とする見解も存在する（Vgl. Frank Saliger, Umweltstrafrecht, 2012, S. 15ff）。

終章　行政罰と法治国家

第1節　はじめに

前章において、応報思想に基づく刑事上の処罰概念とは異なる処罰概念に基づいて成立したポリツァイ刑法が、その後の歴史的経緯や学説の影響を受けて現在の秩序違反法へと移行した過程を確認した。

ドイツにおける行政罰（Verwaltungsstrafe）は、近世領邦国家における強大な君主の権力のもと、統治権力（Obrigkeit）の定めた秩序を維持するための手段として刑罰が用いられたことに端を発し、その後、近代刑法学や行政刑法論の影響を受けてその対象範囲を限定するとともに、法的効果や科刑手続について刑事罰（Kriminalstrafe）とは異なる規律のもとに置く非犯罪化（Entkriminalisierung）の動きと、一定の制約のもと、行政上の義務履行確保の観点から刑罰を活用すべきとする犯罪化（Kriminalisierung）の動きの間で、歴史的に揺れ動きながら展開し、現在の法制度に至ったものということができる。

そして、これらの過程においては、立法資料や文献において法治国家（Rechtsstaat）という観念が頻出することに示されるように、18世紀末に誕生した法治国家論の展開に伴い、各時代における法治国家の観念から、あるべき行政罰の姿が導かれ、それに基づいて法制度が形成されていったということができよう。

本章においては、これまでに取り上げたポリツァイ刑法、ナチス経済刑法および秩序違反法を中心に行政罰における法治国家論の影響について検証し、そこから得られた知見をもとに、わが国の行政罰法制の再検討を視野に置いたときにドイツ法から得ることのできる示唆について検討することとしたい。

第2節　行政罰における法治国家論の影響

法治国家とは、国家権力を限界付ける形態（Form der Begrenzung staatlicher Macht）である[1]。ボン基本法28条1項は、法治国家原理（Rechtsstaatprinzip）がすべての国家秩序の基礎にある原理であることを定めている。そして、刑罰権の行使も国家権力の行使にほかならないから、法治国家原理は、ドイツにおける行政罰の基礎となる原理でもある[2]。以下、ドイツ行政罰における法治国家論の影響について検証する。

第1款　法治国家論の歴史的展開

18世紀末に誕生した法治国家論は、歴史的にその内容を変遷させながら展開し、現在の実質的法治国家論に至っている。そのため、法治国家論が行政罰に与えた影響を分析するには、各時代における「法治国家」の内容について把握する必要があろう。もっとも、法治国家論の歴史的推移については、既にわが国においても膨大な先行研究が存在する[3]。この点を踏まえ、本節においては、まず、各時代における行政罰に与えた影響を検証するための前提として、法治国家論の歴史的展開についてその概略を確認することとしたい。

Ⅰ　初期（18世紀末から19世紀前半）

1．初期の法治国家論

18世紀末に、カント、フィヒテ（J.G. Fichte）、フンボルト（K.W. Humboldt）らに

1）Konrad Hesse, Grundzüge des Verfassungsrechts der Bundesrepublik Deutschland, 19. Aufl., 1993, S. 80.

2）K.H.ゲッセル＝宮澤浩一・井田良監訳『正義・法治国家・刑法―刑法・刑事訴訟法の根本問題』（成文堂、1990）181頁参照。

3）わが国における法治国家に関する総合的研究として、高田敏『法治国家観の展開―法治主義の普遍化的近代化と現代化』（有斐閣、2013）、玉井克哉「ドイツ法治国思想の歴史的構造(1)～(5・完)」國家學會雜誌103巻9・10号（1990）1頁、103巻11・12号（1990）1頁、104巻1・2号（1991）1頁、104巻5・6号（1991）1頁、104巻7・8号（1991）1頁。

よって提唱された法と国家に関する理論は、国家権力を制約して個人の自由と権利を保護しようとするものであり[4]、法治国家論の先駆的位置付けを与えられている[5]。その後、1832年代にモール（R. Mohl）がその著書[6]において自由主義的国家観に基づく法治国家論を提唱したことにより、近世におけるポリツァイ国家（Polizeistaat）を克服する概念としての「法治国家（Rechtsstaat）」が定着したと考えられている[7]。

第2章で述べたように、近世の領邦国家は「ポリツァイを実現する権利」を有するとされ、統治権力が秩序の確立や維持を引き受けることは、自由を抑圧するものではなく、むしろ人民の利益を促進するものと考えられた[8]。しかしながら、18世紀後半になると、広範な国家活動が人民に与える脅威が意識されるようになり、自由主義的国家観に基づく国家論が主張され、モールによる法治国家概念の確立につながった。この過程において、当初は、人民の利益を保護する権能を有する国家という肯定的な文脈で用いられていたポリツァイ国家概念が、19世紀後半には、法治国家によって克服すべき対象としての国家をあらわす概念として定着した[9]。

2．初期における権力分立

国家権力から個人の自由と権利を保護することを目的とする法治国家論は、必然的に、国家権力の濫用を防止するための権力分立を要求するものと考えられ[10]、現在において、権力分立は、法治国家原理から派生する重要な基本原則と位置付けられている[11]。

4）Vgl. Klaus Stern, Das Staatsrecht der Bundesrepublik Deutschland. Bd. 1: Grundbegriffe und Grundlagen des Staatsrechts, Strukturprinzipien der Verfassung, 1977, S. 605.
5）高田・前掲注3）242頁。
6）Robert von Mohl, Die Polizei-Wissenschaft nach den Grundsätzen des Rechtsstaats, Bd. 1, 1832.
7）初期における「法治国家」の用法とモールによる法治国家概念の確立につき、高田・前掲注3）237頁以下参照。
8）Vgl. Stefan Zeitler/Christoph Trurnit, Polizeirecht für Baden-Württemberg, 2. Aufl., 2011, S. 3.
9）高田・前掲注3）322頁以下参照。
10）Vgl. Hartmut Maurer, Staatsrecht I: Grundlagen, Verfassungsorgane, Staatsfunktionen, 6. Aufl., 2010, S. 359; Vgl. Hesse,（Anm. 1）, S. 80f.
11）Stern,（Anm. 4）, S. 624; ゲッセル・前掲注2）221頁。

権力分立は、1690年のジョン・ロック『統治二論』[12]や1748年のモンテスキュー『法の精神』[13]等において提唱され、1789年のフランス人権宣言に採用された。ドイツにおいても、18世紀末には国家権力の干渉から自由な独立した司法が要求され、権利の侵害に関する事項がポリツァイの管轄から裁判所の管轄へと移されるなど、実定法上も司法の独立が実現した[14]。他方、その後も、プロイセン一般ラント法が法律と一般的ポリツァイ条令の制定権を国王大権（Majestätsrecht）と定めたように[15]、立法権は君主のもとに残され、立法権が統治権力から分離されるのは、1848年の3月革命を待つ必要があった[16]。

Ⅱ　中期（19世紀後半から20世紀前半）

1．形式的法治国家論

上記のような初期の法治国家観は、その後、1871年のドイツ帝国の成立を経て、形式的法治国家（formeller Rechtsstaat）へと変容する。20世紀初頭には、当時支配的であった法治国家観を表す概念として形式的法治国家という用語が出現しており、その提唱者としてシュタール（F.J. Stahl）の名が挙げられる[17]。

シュタールは、「国家は法治国家であるべきである。それは近代の標語であり、新しい時代への発展を求めるものである。国家作用の進路と限界および国民の自由の領域は、法によって厳密に規定し、かつ不可侵に保障すべきであり、また、倫理的な理念を、国家の側から直接的に、法の領域の限界、すなわち必要な範囲を超えて、実現（強制）すべきではない。これが法治国家の概念であって、国家は、行政目的（administrative Zwecke）なしに法秩序（Rechtsordnung）を構築したり、ただ単にある個人の権利を保護したりしてはならない。法治国家は、およそ国家の目的と内容を意味するものではなく、それを実現する態様と性格の

12）John Locke, Two Treatises of Government, 1690.

13）Charles de Montesquieu, De l'esprit des lois, 1748.

14）Vgl. Wilhelm Ebel, Geschichte der Gesetzgebung in Deutschland, 2. Aufl., 1958, S. 78ff.　権力分立の理論的系譜とドイツへの影響につき、山岸喜久治「権力分立とドイツの統治システム」人文社会科学論叢21巻（2012）37頁以下参照。

15）PrALR, Ⅱ 13 §6.

16）Ebel,（Anm. 14）, S. 82f; この時期のドイツ法学における権力分立の軽視につき、安沢喜一朗「権力分立制の基本的研究」法律論叢36巻3号（1962）1頁以下参照。

17）Vgl. Stern,（Anm. 4）, S. 605.

みを意味するものである[18]」と主張する。

シュタールの主張は、第二次世界大戦後、従来の法治国家概念を形式だけの概念へと変容させたとして、強く批判された[19]。しかしながら、今日においては、シュタールの主張は、国家の作用の実質的制約を否定するものではなく、国家の作用から国民の自由を確保しようとするものであると考えられている。すなわち、シュタールは、国家の作用は既存の倫理や秩序によって制約されるべきであり、立法によって倫理や秩序を創出すべきではないと主張し、法治国家を、国家の目的や内容そのものではなく、それを実現するための手段として位置付けており、従来の法治国家概念とは異なるものの、国家の作用から個人の自由および権利を保護しようとする自由主義的国家観を全否定するものではないと再評価されている[20]。

このように、現在においては、シュタールの主張は必ずしも個人の自由および権利の保障を否定するものではないと考えられている。しかしながら、形式的法治国家概念は、シュタールの主張を離れて広く用いられるようになり、その後、勃興期にあった行政法学に承継され、法律による行政の原理（Der Grundsatz der Gesetzmäßigkeit der Verwaltung）として定式化された[21]。これにより、19世紀後半以降のドイツにおいては、法治国家を、国家権力から国民の自由と権利を保障するという実質的な要請ではなく、国家作用の手続的合法性という形式的な要請と把握する形式的法治国家論が通説的見解となり、1919年に成立したヴァイマル憲法下においても引き続きその地位を保つこととなる[22]。

18）Friedrich Julius Stahl, Die Philosophie des Rechts. Bd. 2: Rechts- und Staatslehre auf der Grundlage christlicher Weltanschauung, 2. Abt., 3. Aufl., 1856, S. 137f.　邦訳につき、高田・前掲注3）36頁を参照した。

19）Stern,（Anm. 4）, S. 606.

20）玉井(2)・前掲注3）35頁は、「シュタールの法治国家論を目して『形式的』法治国論と呼ぶのは少なくとも用語の問題として不適当であり、『形式的』という言葉が、公民の基本的権利の保障が組み込まれていないという趣旨だとすれば、誤りである」とする。

21）Otto Mayer, Deutsches Verwaltungsrecht, Bd. 1, 1. Aufl., 1895, S. 62; Vgl. Stern,（Anm. 4）, S. 606f; 松本尚子「ヴァイマール末期の法治国家論―ヘルマン・ヘラーの社会的法治国家論を中心に―」一橋研究22巻3号（1997）48頁参照。

22）Stern,（Anm. 4）, S. 605ff.

2．中期における権力分立

3月革命の後、ドイツ諸国は立憲君主制へ移行し、従来は君主の専権とされていた立法権（Gesetzgebungsrecht）の帰属は、次第に議会へと移行していった。例えば、1850年に制定されたプロイセン憲法[23]は、立法権を国王と両院が共同して行使する旨を規定するとともに（62条1項）、国王と両院にそれぞれ法案提出権と法案拒否権を付与していた（64条）。また、1867年の北ドイツ連邦（Norddeutschen Bunde）憲法[24]や1871年のドイツ帝国憲法[25]は、立法権を連邦参議院（Bundesrat）とライヒ議会（Reichstag）が共同行使する旨を定めていた（各5条）。ただし、この連邦参議院は、個々のラントの国民の代表機関ではなくラントの主権者たる諸侯の代表機関であり、19世紀のドイツにおいて、立法権が君主から国民代表（Volksvertretung）のもとへ移されたとは考えられていない[26]。

その後、1918年の11月革命および第一次世界大戦の終結により、ドイツ帝国は共和制へと移行した。1919年に成立したヴァイマル憲法[27]は、大統領制下の議院内閣制を採用し、立法権を基本的に国民の代表機関としての議会に帰属させたものの[28]、48条において「ドイツ国内において、公共の安全および秩序に著しい障害が生じ、又は障害を生ずる危険があるときは、ライヒ大統領は、公共の安全および秩序を回復させるために必要な措置をなし、必要があるときは武力を用いて介入することができる[29]」と規定し、ライヒ大統領（Reichspräsident）に緊急命令権（Notverordnungsrecht）を付与していた。この緊急命令権は、近世領邦国家の主権者たる君主が有していた命令権を存続させるものであり、実質的には、執行府が有する立法権としての性格を有していた。そして、1930年代の

23）Verfassungsurkunde für den Preußischen Staat vom 31. Januar 1850.

24）Verfassung des Norddeutschen Bundes vom 16. April 1867.

25）Gesetz betreffend die Verfassung des Deutschen Reiches vom 16. April 1871.

26）Vgl. Ebel, (Anm. 14), S. 85f.　山岸・前掲注14）43頁は、この時期のドイツの立法権の分有を、国民代表と君主との間の「二元主義」であるとする。

27）Die Verfassung des Deutschen Reichs vom 11. August 1919（WRV）.

28）Vgl. Heinrich Mitteis/Heinz Lieberich, Deutsche Rechtsgeschichte, 16. Aufl., 1981, S. 402.

29）WRV, Art. 48 Abs. 2 S. 1, “Der Reichspräsident kann, wenn im Deutschen Reiche die öffentliche Sicherheit und Ordnung erheblich gestört oder gefährdet wird, die zur Wiederherstellung der öffentlichen Sicherheit und Ordnung nötigen Maßnahmen treffen, erforderlichenfalls mit Hilfe der bewaffneten Macht einschreiten”.

世界恐慌による経済的・政治的混乱を背景に緊急命令権が多用されるようになり、やがて議会の活動が停止されて緊急命令が立法の中心となるに至り、ヴァイマル憲法における権力分立は形骸化した。[30]

Ⅲ　ナチス期（1933年から1945年）

1．ナチス政権と授権法（Ermächtigungsgesetz）

1933年1月に発足したナチス政権は、直ちにライヒ議会を解散して総選挙を実施し、投票日直前に「民族及び国家の保護のためのライヒ大統領令」[31]および「ドイツ民族への裏切り及び反逆的策動に関するライヒ大統領令」[32]の2つの緊急命令を発して人身の自由や表現の自由、集会の自由等の基本権を停止するとともに、野党支持者に対する大規模な保安拘禁を行い、これにより、ライヒ議会の総議席数の3分の2を掌握した。[33]

1933年3月23日、「民族および国家の危難を除去するための法律（授権法）[34]」案が、ライヒ議会において全体の3分の2を超える賛成票を得て可決され、ライヒ参議院（Reichsrat）においても全会一致で承認されて成立し、翌24日に公布された。授権法1条第1文は、「ライヒの法律は、憲法に定められた手続によるほか、ライヒ政府によってもされることができる」[35]と規定し、さらに、同法2条第1文は、「ライヒ政府によって制定される法律は、ライヒ議会およびライヒ参議院の制度それ自体を対象としない限り、ライヒ憲法に違反することができる」[36]として、政府にほぼ制限のない立法権を付与していた。[37]

なお、授権法によって憲法にも制約されない立法権を付与されたナチス政権

30）Ebel,（Anm. 14）, S. 97ff.

31）Verordnung des Reichspräsidenten zum Schutz von Volk und Staat vom 28. Februar 1933.

32）Verordnung des Reichspräsidenten gegen Verrat am Deutschen Volke und hochverräterische Umtriebe vom 28. Februar 1933.

33）南利明『ナチス・ドイツの社会と国家—民族共同体の形成と展開』（勁草書房、1998）7頁以下。

34）Gesetz zur Behebung der Not von Volk und Reich vom 24. März 1933（Ermächtigungsgesetz）.

35）Ermächtigungsgesetz Art. 1 S. 1, “Reichsgesetze können außer in dem in der Reichsverfassung vorgesehenen Verfahren auch durch die Reichsregierung beschlossen werden”.

36）Ermächtigungsgesetz Art. 2 S. 1, “Die von der Reichsregierung beschlossenen Reichsgesetze können von der Reichsverfassung abweichen, soweit sie nicht die Einrichtung des Reichstags und des Reichsrats als solche zum Gegenstand haben”.

は、1934年1月30日に「ライヒの再建に関する法律[38]」を制定して各ラントの主権をライヒに移すと、同年8月1日には「ドイツライヒの元首に関する法律[39]」を制定し、当時のライヒ大統領（Reichspräsident）の死去を条件として、ライヒ大統領とライヒ宰相とを統合し、ライヒ大統領の一切の権限をフューラー兼ライヒ宰相（Führer und Reichskanzler）に委譲した（2条）。翌2日、ライヒ大統領であったヒンデンブルグの死去によりヒトラーはドイツ国内の全権を掌握し、これをもってヴァイマル共和制は完全に崩壊した[40]。

2．合法革命と法治国家論

上記のように、ナチス政権は、ヴァイマル憲法下の法制度に形式的には違反することなく、共和制から独裁制への移行を実現した。例えば、授権法は実質的にヴァイマル憲法を改正するものであったが[41]、同法は、前文において、同法が「憲法改正立法（verfassungsändernder Gesetzgebung）」の要件を満たした上で可決されたことを宣言しており、形式的には、ヴァイマル憲法74条所定の憲法改正の要件を満たしていた。そのため、ナチス政権による独裁制への移行は、当時、合法革命（legale Revolution）と称された[42]。

ナチス政権による独裁制への移行とその後の諸立法は、個人の権利よりも国家の利益が優先する国家社会主義を前提とするものであり、このことは、合法革命以降、個人の自由や権利を手続的側面から保護しようとした形式的法治国家とは異なる、ナチス期特有の国家観が採用されていたことを意味している[43]。しかしながら、合法革命による独裁制への移行を許す一因となったのは、手続的合法性という形式的要請を重視し、国家作用の実質的妥当性という要請を軽

37）Stern,（Anm. 4）, S. 608f は、これをもって、法治国家は法律国家（Gesetzesstaat）と化し、不法（Unrecht）を内容とするものであっても法律（Gesetz）として受け入れられることとなった、とする。

38）Gesetz über den Neuaufbau des Reichs vom 30. Januar 1934.

39）Gesetz über das Staatsoberhaupt des Deutschen Reiches vom 1. August 1934.

40）南・前掲注33）47頁以下。

41）Ebel,（Anm. 14）, S. 101.

42）Vgl. Werner Frotscher/Bodo Pieroth, Verfassungsgeschichte, 9. Aufl., 2010, S. 285ff.

43）Vgl. Michael Stolleis, Geschichte des öffentlichen Rechts in Deutschland. Weimarer Republik und Nationalsozialismus, 2002, S. 332.

視したヴァイマル憲法にあり、その背景にあった形式的法治国家論であったことは否定できない[44]。この限りにおいて、合法革命による独裁制への移行は、ヴァイマル期の形式的法治国家論の産物であるということもできよう。

Ⅳ　後期（第二次世界大戦後）

１．実質的法治国家論

ナチス政権による独裁制への移行が合法的に行われたことは、第二次世界大戦後のドイツにおいて、深刻な反省を喚起した。ヴァイマル憲法下の法制度が合法革命を阻止する機能を果たさなかったことから、国家作用を形式的に制約するだけでは不十分であることが認識され、従来の形式的法治国家論に対し強い批判がなされ、法治国家は、国家作用の手続的合法性という形式的な要請のみならず、憲法を国家秩序および法秩序の基礎とし、権力分立や基本権の保障等を内容とする実質的な要請をもその要素とすると主張する実質的法治国家論が通説的見解となった[45]。

1949年に成立したボン基本法は、基本権が直接的に効力を有する法（Recht）として立法（Gesetzgebung）、執行権（vollziehende Gewalt）および司法（Rechtsprechung）を拘束することを明記し（1条3項）、また、立法が憲法秩序（verfassungsmäßige Ordnung）に、執行権と司法が法律および法（Gesetz und Recht）に拘束される旨を規定している（20条3項）。これらの条文は、立法権が基本権を保障する憲法秩序に直接拘束されることを明記したものであり[46]、ボン基本法が実質的法治国家論を採用し、ドイツ連邦共和国が実質的法治国家（materieller Rechtsstaat）として構成されたことを表すものと考えられている[47]。

このように、ボン基本法は、権力の作用を形式的に制約するだけでなく、基

44）高田・前掲注３）156頁。

45）Vgl. Christian-Friedrich Menger, Der Begriff des sozialen Rechtsstaats im Bonner Grundgesetz, 1953, S. 16f.

46）Vgl. BVerfGE 35, 41.

47）Menger, (Anm. 45), S. 18; Stern, (Anm. 4), S. 606f.　なお、Stern, (Anm. 4), S. 610f は、これに加え、ボン基本法19条2項が、基本権の本質的内容は不可侵であると規定し、さらに、同法79条3項が基本法の改正に制限を設けてそれを永久保障（Ewigkeitsgarantie）したことを、ボン基本法が形式的法治国家を克服したと言いうる根拠として挙げている。

本権およびそれを保障する憲法秩序が立法権を拘束することを宣明し、これにより、国家作用は、手続的に制約されるのみならず、内容的にも憲法秩序に拘束されることとなった。その一方、何が憲法秩序の本質的内容であるかは基本法上必ずしも明らかではなく、実質的法治国家の具体的要素については、実質的法治国家論の課題として残された[48]。連邦憲法裁判所も、ボン基本法が採用した実質的法治国家原理は、立法者を直接的に拘束する指導理念（Leitideen）であるとしつつ、この憲法原則（Verfassungsgrundsatz）は、詳細かつ明確に規定できる性質のものではなく、むしろ、事実関係に即して具体化されることを必要とするものであり、具体化に際しては、法治国家の本質的要素（fundamentale Elemente）および法治国家性（Rechtsstaatlichkeit）が全体として維持されなければならないと判示している[49]。

とはいえ、ボン基本法の各規定から、少なくとも、権力分立や基本権の尊重、比例原則が実質的法治国家原理の構成要素であると考えられている[50]。そのため、ボン基本法のもとでは、立法手続の合法性に加え、立法の内容が上記の諸原理に適合する必要があると考えられており、かつ、その憲法適合性は、立法者ではなく連邦憲法裁判所（Bundesverfassungsgericht）が判断することとされている（92条）。

2．実質的法治国家と刑事司法

実質的法治国家原理は、権力分立や基本権の尊重、比例原則等の原則により、形式的および実質的に国家作用を制約し、国家権力の濫用による権利侵害を防止するための原理である[51]。また、権力の濫用による権利侵害は、必ずしも積極

48）Hesse,（Anm. 1）, S. 77.

49）BVerfGE 45, 187.

50）Stern,（Anm. 4）, S. 615ff は、「法治国家性（Rechtsstaatlichkeit）は、自由、正義および法的安定性を保障する目的をもって、憲法に適合するよう制定された法律に基づいて国家権力を行使することを意味する」とした上で、実質的法治国家原理の要素として、立憲国家性（Verfassungsstaatlichkeit）、自由性および法の下の平等（Freiheitlichkeit und Rechtsgleichheit）、権力分立、法的拘束（Rechtsgebundenheit）、裁判的保護（Gerichtsschutz）、補償制度（Entschädigungssystem）ならびに過剰禁止（Übermaßverbot）を列挙する。

51）Vgl. Peter-Alexis Albrecht, Entkriminalisierung als Gebot des Rechtsstaates, KritV 79, 1996, S. 330.

的な国家作用によるものに限られるものではなく、人権侵害を放置するという消極的な国家作用によっても起こりうる[52]。そのため、国家による人権侵害を防止するには、国家がその有する権力の行使にあたり謙抑的に行動するだけでなく、国家自らが憲法秩序の実現に向けて積極的に行動することが要請されるという見解が示されている。かかる見解は、実質的法治国家における権力分立が実現するには、三権が形式的に分離していることはもちろん、分離された三権がそれぞれ適切に機能していることが求められると主張する。すなわち、憲法秩序は、形式的および実質的に適切に制定された法律によって具体化されるものであるから、行政および司法は、法律によって具体化された憲法秩序の内容が実現するよう積極的に行動しなければならない[53]。

次に、刑罰権の行使も国家権力の行使にほかならないから、刑事司法においても、上記の権力分立の要請は妥当すると考えられる。この点につき、連邦憲法裁判所は次のように述べ、刑事司法において上記の見解を採用した[54]。すなわち、実質的法治国家原理は、憲法秩序に基づく正義の理念をその本質的な要素として含んでいるから、実質的法治国家においては正義を実現するための機能的な司法（funktionstüchtig Rechtspflege）の維持が不可欠であり、そのことから、効率的な刑事訴追（wirksamen Strafverfolgung）が要請される。刑事訴訟における真実の究明には公共の利益が存し、重大犯罪の解明は、法治国家的公共体（rechtsstaatlichen Gemeinwesens）の本質的任務（wesentlichen Auftrag）である。

このように、実質的法治国家においては、刑法の謙抑性や関係者の権利保障

52）ゲッセル・前掲注2）224頁は、消極的な国家作用による人権侵害の具体例として、ナチス期においてユダヤ人に対する迫害や精神障害者の殺害が刑事訴追の対象とされなかったことを挙げ、刑事司法に関し、政治的合目的性から本来提起されるべき公訴が提起されないという危険にも注意を払うべきであると指摘する。

53）Hesse,（Anm. 1), S. 79ff.

54）BVerfGE 33, 367.　本判決の事案は、証言拒絶権について定めるドイツ刑事訴訟法53条1項3号が、限定列挙する職業にソーシャルワーカー（Sozialarbeitern）を含めていないことの憲法適合性が争われた事案である。連邦憲法裁判所は、概ね次のように判示した。すなわち、本文中にあるように、法治国家原理から機能的な司法の要請が導かれるから、いかなる職業にある者に証言拒絶権を認めるかは、立法者の自由裁量によって定められるものではなく、憲法上の特別な正当性が要求される。そのため、列挙される職業にのみ証言拒絶権を認め、ソーシャルワーカーに証言拒絶権を認めなかったとしても、平等原則には反しないし、プライバシー権や職業選択の自由を侵害することもない。

に加え、真実の究明および重大犯罪の解明を実現するための機能的な刑事司法が不可欠であると考えられている[55]。

第2款　行政罰と法治国家論

前款において、法治国家論の歴史的展開の過程を確認した。そして、その過程は、単なる学説上ないし概念上の変化にとどまらず、各時代における立法や学説に大きな影響を及ぼしている。そのため、各時代における行政罰もまた、その時々の法治国家論の影響を強く受けてきた。以下、各時代における行政罰における法治国家論の影響について検証する。

Ⅰ　近世以前（ポリツァイ条令）

1．ポリツァイ条令上の刑罰規定

近世領邦国家においては、秩序を確立することは君主の任務とされ、そのための手段としてポリツァイ条令（Polizeiordnung）が用いられた。そして、定められた秩序の遵守を刑罰の威嚇によって確保するため、多くのポリツァイ条例に、ポリツァイ違反（Polizeidelikt）に対する刑罰規定が設けられた。当時のポリツァイ概念は、19世紀の夜警国家におけるそれと異なり、「公的生活及び私的生活のあらゆる分野」における秩序の形成・維持を広く包含するものであり、ポリツァイ条令上の刑罰規定もまた、極めて広い範囲に用いられた[56]。

近世初期には法治国家論はいまだ登場しておらず、この時期におけるポリツァイ条令に法治国家論が影響しているとはいえない。そのため、ポリツァイ条令上の刑罰規定は、実質的法治国家原理を前提とする現代の行政罰はもちろん、当初の法治国家論を背景とするポリツァイ刑法典におけるポリツァイ罰とも、その性格が大きく異なっている。すなわち、ポリツァイ条令上の刑罰規定

55）真実の究明や正義の実現を刑事手続の目的とすることに否定的な見解とそれに対する反論につき、ゲッセル・前掲注2）192頁以下参照。ちなみに、わが国の刑事訴訟法も「この法律は、刑事事件につき、公共の福祉の維持と個人の基本的人権の保障とを全うしつつ、事案の真相を明らかにし、刑罰法令を適正且つ迅速に適用実現することを目的とする」として、個人の基本的人権の保障と適正かつ迅速な刑罰法令の適用実現の両方を目的として掲げている（1条）。

56）ポリツァイ条令上の刑罰規定につき、第2章第2節第2款参照。

が意図するのは秩序の維持とその妨げとなる弊害の除去であって、そこに国家の作用を制限するという観点は存在しなかった。当時の立法者の関心は、もっぱら善き秩序（gute Ordnung）の実現に向けられ、そのための手段として立法者は自由に構成要件と法的効果を定めることができた。また、同様の理由により、ポリツァイ罰に関する執行機関の裁量の余地は、刑法典上の犯罪に対するものと比べて著しく広かった[57]。

2．ポリツァイ学からの批判

18世紀後半には、国家活動が人民に与える脅威が意識されるようになったものの、未だドイツ法学に法治国家論は登場しておらず、上記のような広範なポリツァイ概念に基づく刑罰に対する批判は、当初、ポリツァイ学（Polizeiwissenschaft）における、国家の強制力を制限する理論として主張された。

当時のポリツァイ学者であるJ.H.ユング（J.H. Jung）は、ポリツァイ条例上の刑罰規定に関し、1788年に刊行した著書『国家学・ポリツァイ学[58]』において、他者の権利侵害を伴う行為に対しては刑罰（Strafen）が科せられるべきであるが、幸福の増進が問題となっている場合は、奨励や報賞（Ermunterungen und Belohnungen）が用いられなければならないと主張し[59]、フォイエルバッハに先立ち、権利侵害を伴わない行為には刑罰が科せられるべきではないとの考えを示していた。

上記のようなポリツァイ学からの批判は、当時形成されつつあった法治国家論および近代刑法学と結合し、19世紀におけるポリツァイ刑法典の制定に繋がることとなる。また、1794年に制定されたプロイセン一般ラント法は、ポリツァイの責務を「公共の静穏、安全及び秩序の維持、並びに社会又は個人に差し迫った危険を回避するために必要な措置を講じること」と定義し（10条）、従来の広範なポリツァイ概念を一定程度限定した[60]。

57）Michael Stolleis, Was bedeutet "Normdurchsetzung" bei Policeyordnungen der frühen Neuzeit?, Grundlagen des Rechts. Festschrift für Peter Landau zum 65. Geburtstag, 2000, S. 748f.

58）Johann Heinrich Jung, Lehrbuch der Staats-Polizey-Wissenschaft, 1788.

59）Jung,（Anm. 58）, S. 86.

60）プロイセン一般ラント法につき、第2章第2節第3款参照。

Ⅱ　19 世紀前半（ポリツァイ刑法）

1．ポリツァイ刑法典の制定と法治国家論

ポリツァイ刑法典は、19 世紀前半の各ラントにおいて制定された成文法典である[61]。ポリツァイ刑法典は、「公的生活および私的生活のあらゆる分野」を対象としていたポリツァイ条令上の刑罰規定を編纂し、罪刑法定主義をはじめとする近代刑法学の考え方をポリツァイ罰に採用した。これにより、従来のポリツァイ条令上の刑罰規定は原則として廃止され[62]、ポリツァイ刑法の対象は、ポリツァイ行政の観点から発せられた命令・禁止に対する違反に限定された[63]。このことは、ポリツァイ刑法典が、ポリツァイの範囲を縮減し、個人の権利・自由を保障しようとした当時の法治国家論の影響を受けて制定されたことを示すものといえよう。

ところで、18 世紀末以降、カント、フィヒテ、フンボルトらによって形成された初期の法治国家論は、その後の法治国家（Rechtsstaat）概念の確立に伴い、それと対置される、克服すべき現状としてのポリツァイ国家（Polizeistaat）概念を形成するに至った[64]。1863 年に制定されたバーデン大公国ポリツァイ刑法典の立法資料は、同法典は、国民の自由と権利を尊重する自由主義的国家観に基づいて制定されたものであり、「ポリツァイ国家から法治国家への変容」を表すものであると説明する[65]。

以上のように、19 世紀前半の各ラントにおけるポリツァイ刑法典の編纂は、当時の法治国家論の影響を受けて制定されたということができよう。

2．ポリツァイ刑法典における法治国家論の影響

上記のように、ポリツァイ刑法典は、当時の法治国家論の影響を受けて制定されており、個々の規定においても、個人の権利を保護するための法的仕組み

61）ポリツァイ刑法につき、第 2 章第 3 節参照。

62）BadPolStGB, §34 Abs. 1.

63）L. Stempf, Das Polizeistrafgesetzbuch für das Großherzogthum Baden mit den Motiven, Commissionsberichten und den landständischen Verhandlungen, 1864, S. 22.

64）高田・前掲注 3 ）326 頁以下参照。

65）Stempf,（Anm. 63）, S. 6.

が設けられている。

(1)　罪刑法定主義　バーデン大公国ポリツァイ刑法典1条は、「あらかじめポリツァイ上の刑罰をもって罰する旨の法律上の定めがない限り、いかなる作為又は不作為もポリツァイ上の刑罰を科せられない」として、ポリツァイ刑法の分野においても罪刑法定主義が採用されたことを宣明する。

罪刑法定主義は、刑罰権の行使を法定された犯罪構成要件によって拘束することにより、国家権力による恣意的な刑罰権の行使を防止し、個人の自由を保障するための原則であり、法治国家にとって不可欠な要素であると考えられている[66]。したがって、上記の規定は、バーデン大公国ポリツァイ刑法典が当時の自由主義的な法治国家観に基づいて制定されたことを示すものといえよう[67]。

(2)　科刑手続と刑罰の種類　バーデン大公国ポリツァイ刑法典は、ポリツァイ違反の科刑手続につき、原則としてポリツァイ裁判所の管轄としており、その限度で執行権と司法の分離が図られている。ただし、ポリツァイ機関による科刑手続も例外的に残されており（36条2項等）、裁判手続によらない刑罰（ポリツァイ罰）が一部に存在した。

また、同法典は、ポリツァイ違反に対して科せられる刑罰を拘禁刑や罰金刑という比較的軽い刑に限定した（4条1項）。その理由につき、立法資料は、ポリツァイ違反に対する刑罰の目的は、違反行為には刑罰が科せられるとすることによりその抑止を図ることにあるから、比較的軽度の刑で十分であると説明しており、後に法治国家における重要な原則として位置付けられる比例原則（Grundsatz der Verhältnismäßigkeit）[68]の考え方に基づくものであることが示されて

66）Franz Liszt, Die Forderungen der Kriminalpolitik und der Vorentwurf eines schweizerischen Strafgesetzbuchs, in: Strafrechtliche Aufsätze und Vorträge 1892 bis 1904, Bd. 2, 1905, S. 102. 今日においても、罪刑法定主義は、実質的法理国家を実現するための必要不可欠の条件の一つであると考えられている（Eberhard Schmidt, Kriminalpolitische und strafrechtsdogmatische Probleme in der deutschen Strafrechtsreform, ZStW 69, 1957, S. 359; ホセ・ヨンパルト「罪刑法定主義—その歴史性と哲学的根拠づけ—」上智法学論集20巻1号（1976）1頁）。

67）これに対し、ナチス期固有の法治国家観に基づいて導入されたナチス刑法2条は、罪刑法定主義を廃止して刑罰規定の類推適用を正面から認めたが、第二次世界大戦終結直後の1946年に廃止され、現在では、罪刑法定主義は、刑法典1条において宣明されるとともに、ボン基本法103条2項において憲法上の原則として掲げられている。

68）ドイツ警察法に由来する比例原則の考え方が第二次世界大戦後に実質法的法治国家の重要な原則として位置付けられたことにつき、高田・前掲注3）512頁参照。

いる。[69]

(3)「強制的手段（Zwangsmittel)」と執行罰　バーデン大公国ポリツァイ刑法典は、ポリツァイ機関に対し、今日でいう行政上の直接強制ないし代執行にあたる「強制的手段（Zwangsmittel)」を行使する権限を付与し（30条）、また、強制執行のための特別な手続が定められていない場合、罰金刑を宣告することによって、公法上の義務の履行を強制する権限を付与していた（31条1項）。後者につき、立法資料は、公法上の義務の履行を実現するには、「強制的手段」に先立ち、まず罰金刑をもって威嚇すべきであるという考えに基づいて設けられたと説明する。[70]

19世紀後半から20世紀初頭にかけてオットー・マイヤー（O. Mayer）らによって完成された近代行政法学は[71]、行政上の強制執行につき、間接強制優先の原則を採用した。すなわち、直接強制が認められる場合であっても、行政罰を含む他の手段によって目的を達成することが可能である場合は、比例原則の観点から他の手段を用いるべきであり、実力行使（einfache Gewaltanwendung）は、限られた場合に限定されるべきであるとされる。[72]かかる考え方は、間接強制を実力行使に先行させるべきとする点において、バーデン大公国ポリツァイ刑法典31条1項に関して立法資料が示した考え方と共通するものといえ、その意味において、同項の規定の背景には、今日でいう比例原則の考え方があるということができよう。[73]

69）Stempf,（Anm. 63), S. 34.

70）Stempf,（Anm. 63), S. 87.

71）ドイツ行政法学の形成と発展につき、鵜飼信成『行政法の歴史的展開』（有斐閣、1952）151頁以下、和田英夫「ドイツにおける行政科学の系譜と発展―行政法学と行政学の関連をめぐって」法律論叢29巻6号（1957）101頁参照。オットー・マイヤーの行政法学につき、塩野宏『オットー・マイヤー行政法学の構造』（有斐閣、1962）参照。

72）Otto Mayer, Deutsches Verwaltungsrecht, Bd. 1, 3. Aufl., 1924, S. 287.

73）オットー・マイヤーも、「法治国家の観点から（vom Standpunkte des Rechtsstaates)、強制執行を伴う下命（Befehls mit Zwangsvollstreckung）の形式が直接強制（unmittelbaren Zwang）に先行しなければならない」とする（Mayer,（Anm. 72), S. 289)。なお、廣岡隆『行政上の強制執行の研究』（法律文化社、1961）4頁参照。

Ⅲ　ナチス期（ナチス経済刑法）

1．ナチス経済刑法と「民族的法治国家」

統制経済違反に対する重罰化や行政機関による科刑を認める「秩序罰（Ordnungsstrafe）」の多用を特徴とするナチス経済刑法[74]は、国家社会主義を前提とするものであり、ナチス政権下における個人の権利の相対化や権力分立の形骸化という特徴を強く示すものである[75]。また、ナチス期においては、罪刑法定主義を宣言していたライヒ刑法典２条が全面的に改正され、刑罰規定の類推適用が正面から認められた。これらのことは、ナチス経済刑法が、個人の自由や権利の保護を目的とする自由主義的法治国家とも、ヴァイマル憲法下における形式的法治国家とも異なる、ナチス期特有の「民族的法治国家（Nationaler Rechtsstaat）[76]」を背景としていることを示している。

2．ナチス経済刑法に対する批判

上記のような特徴を有するナチス経済刑法に対しては、他のナチス期の立法と同様、第二次世界大戦後に強い批判が寄せられている。

第一に、ナチス経済刑法は、経済秩序そのものを保護法益とすることにより、刑事的経済犯（kriminellen Wirtschaftsvergehen）に対して死刑を含む重罰を用いることを正当化した。この点につき、戦後のドイツ学説は次のように批判する。すなわち、保護法益を社会秩序のような曖昧な概念をも含むものへと拡張すると、秩序維持の名のもと、国家はあらゆる行為に重罰を定めることが可能となり、ひいては、刑罰の濫用から個人の自由を保護しようとした近代刑法学を否定する結果につながるおそれがある[77]。そのため、実質的法治国家の観点から、「刑事不法（Kriminalunrecht）」と「行政不法（Verwaltungsunrecht）」とは区別されなければならず、前者に対しては刑罰を科すことが許されるが、後者に対しては、法益侵害を伴わないため、刑罰を科すことは許されない[78]。

74）ナチス経済刑法につき、第３章第２節参照。
75）Vgl. Karl Siegert, Deutsches Wirtschaftsstrafrecht, 1939, S. 19.
76）Vgl. Stolleis, (Anm 43), S. 332; 高田・前掲注３）483頁。
77）Schmidt, (Anm. 66), S. 361; Stefan Werner, Das Wirtschaftsstrafrecht im Nationalsozialismus, KritV 1991, S. 159.

第二に、ナチス経済刑法は、「秩序罰」を多用し、本来刑事裁判によって刑罰が科せられるべき多くの行為について行政機関が独自に刑罰を科すことを認め、刑事裁判所に公訴提起するか、それとも自ら刑罰を科すか、あるいは便宜主義に基づき処罰しないかにつき、行政機関の幅広い裁量に委ねていた。これに対し、戦後のドイツ学説は次のように批判する。すなわち、司法と行政の権限配分について行政機関の幅広い裁量を認めることは、権力分立を損ねるものである。[79] また、行政機関が刑事裁判によらず自ら刑罰を科すことは、司法に対する行政の優位を意味するものであり、実質的法治国家においては許されない。[80]

Ⅳ　第二次世界大戦後（秩序違反法等）

1．秩序違反法と法治国家論

ナチスによる独裁制への移行が合法的に行われたことは、第二次世界大戦後のドイツに深刻な反省を喚起した。従来の法制度が合法革命を阻止する機能を果たさなかったことから、国家作用の形式的制約では不十分であることが強く認識され、権力分立や基本権の保障等の実質的要請を要素とする実質的法治国家論が提唱された。そして、ボン基本法成立後のドイツを実質的法治国として把握する見解が通説的なものとなった。以下、一連の秩序違反法制[81]に対する実質的法治国家論の影響について検証する。

(1)　1949年経済刑法　第二次世界大戦後に「過料」制度を導入した1949年経済刑法は、ナチス経済刑法上の「秩序罰」に対する反省から制定された。同法の立法理由書は、経済刑法に関する科刑手続に関し、「法治国家的再編(rechtsstaatliche Neugestaltung)」が必要であるとする。そして、従来は司法と行政の権限配分が行政機関や検察庁の裁量に委ねられていたため、恣意的な運用などの弊害が生じており、それを解消するため、犯罪と秩序違反とを概念的に区別し、それを明示的に表現するため、従前用いられてきた秩序違反に対しては「過料」を用いることが適当であると説明する。[82]

78）Vgl. Schmidt, (Anm. 66), S. 364.　かかる主張に基づき、1952年秩序違反法の制定とその後の非犯罪化が行われたことにつき、第3章第3節第1款Ⅲ**2**参照。

79）Schmidt, (Anm. 66), S. 359; Vgl. Werner, (Anm. 77), S. 154.

80）Schmidt, (Anm. 66), S. 363; Vgl. BVerfGE 22, 49.

81）1949年経済刑法を含む一連の秩序違反法制につき、第3章第3節参照。

この点に関し、Eb. シュミットは、1950年の著書において、同法制定時の「法治国家的関心（rechtsstaatliche Interessen）」は、行政機関による科刑手続の解消にあったと指摘する[83]。このように、「過料」制度は、司法と行政の管轄の競合を解消することを主たる目的として導入されたものであり[84]、実質的法治国家原理のうち、権力分立の観点が重視されている[85]。

(2)　1952年秩序違反法　現行法（1968年秩序違反法）の前身である1952年秩序違反法は、「過料」制度をすべての法分野に拡大した。前述のように、1949年経済刑法は、主として権力分立の観点から「過料」制度を導入しており、同法による非犯罪化は、司法手続と行政手続の分離の結果として実現したものであった。これに対し、Eb. シュミットは、同法制定直後から「過料」制度を用いることで刑罰の濫用状態を立法的に解消することを主張し[86]、1952年秩序違反法の立法理由書も、軽微な行政不法を犯罪から秩序違反へ転換することは、一般的法治国家原理からの要請であるとして、秩序違反への転換により非犯罪化されるべき行政不法の代表例として、届出義務違反を挙げている[87]。

このように、1952年秩序違反法は、権力分立の観点から「過料」制度を導入した1949年経済刑法と異なり、当初から軽微な行政不法を非犯罪化することを企図して制定されているといえ、同法の制定には、刑罰法規の実質的妥当性の観点が強く影響しているといえる[88]。また、同法制定後、届出義務違反や情報提供義務違反のような純粋な行政不服従（echten Verwaltungsungehorsams）に加え、本質的には刑事犯に該当すると考えられる行為のうち、あえて犯罪として扱うほどの重大性がないものについても、秩序違反への転換による非犯罪化が行われた[89]。ここでいう実質的妥当性は、①不法の質、すなわち対象行為が純粋な行

82） Kurt Haertel/Günther Joël/Eberhard Schmidt, Gesetz zur Vereinfachung des Wirtschaftsstrafrechts, Verweisungen und amtlicher Begründung, 1949, S. 133ff.

83） Eberhard Schmidt, Das neue westdeutsche Wirtschaftsstrafgesetz, 1950 S. 68.

84） BT-Drs. V/1269, S. 30.

85） Eberhard Schmidt, Straftaten und Ordnungswidrigkeiten：Erinnerungen an die Arbeiten der Wirtschaftsstrafrechtskommission（1947-1949）, Festschrift für Adolf Arndt zum 65. Geburstag, 1969, S. 421f.

86） Schmidt,（Anm. 83）, S. 83ff.

87） BT-Drs., I/2100, S. 15.

88） Schmidt,（Anm. 66）, S. 352.

政不服従であるか否かという観点に加え、②不法の量、すなわち対象行為に対して刑罰を用いることが妥当か否かという観点の両面から判断されている。

ところで、1952年秩序違反法は、主として行政機関と裁判所の管轄の競合を解消する目的で導入された1949年経済刑法の「過料」制度を引き継いだため、「過料」手続における手続保障の観点が十分に考慮されておらず、一部に裁判所の関与が不十分な手続が存在していた。また、裁判所の権限と競合しない形をとって税務機関が独自に刑罰を科すことを認めていた1919年ライヒ租税通則法の規定は、行政機関と裁判所の管轄の競合の問題がなかったために存続されていた。これらの規定につき、1952年秩序違反法制定後、連邦憲法裁判所が裁判所の関与が不十分であることを理由にそれぞれ違憲判決を下したことは、既に述べたとおりである[90]。これらの判決は、国民の権利保障の観点を重視するとともに法律の内容が憲法秩序に拘束されるという実質的法治国家論を反映したものということができよう。

(3)　1968年秩序違反法　1968年秩序違反法は、1949年経済刑法から1952年秩序違反法に引き継がれていた真正混合構成要件（echte Mischtatbestände）に関する規定を採用せず、犯罪と秩序違反とを実定法によって明確に区別することとした。この点につき、立法理由書は、法的安定性（Rechtssicherheit）および法の明確性（Rechtsbestimmtheit）の原則から、両者を構成要件において区別する必要があると説明する[91]。この点につき、Eb. シュミットは、真正混合構成要件が法治国家の観点から問題であることは、1949年経済刑法の草案作成段階においても認識されていたが、犯罪と秩序違反とを実定法において完全に分離することは困難であると考えられたことから、取り急ぎ司法と行政の管轄の競合を解消することが優先され、法的安定性および法の明確性の要請については後日の課題とされたと説明する[92]。したがって、1949年経済刑法や1952年秩序違反法が採用した真正混合構成要件とシュミットの混合公式は、「過料」制度の導入に伴う立法上の工夫であり、法治国家原理の観点から1968年秩序違反法によっ

89）BT-Drs., V/1269, S. 23.
90）第3章第3節第1款Ⅳ参照。
91）BT-Drs. V/1269, S. 23.
92）Schmidt, (Anm. 85), S. 420f.

て発展的に解消されたものと考えるべきであろう。

このように、1968年秩序違反法は、1949年経済刑法や1952年秩序違反法において重視された権力分立や刑罰規定の実質的妥当性という観点に加え、法的安定性や法の明確性の観点を追求した点に特徴がある。なお、同法は、これらに加え、訴訟経済という新たな観点を指摘し、刑事司法の負担軽減の要請をも立法理由として追加した点に特徴があるが、これについては後述する（第3款Ⅳ）。

以上のように、第二次世界大戦後に制定された一連の秩序違反法は、いずれも、行政罰に実質的法治国家原理を反映しようとする意図のものに制定されたということができる。すなわち、まず、1949年経済刑法は、主として権力分立の観点から行政と司法の管轄の競合を解消する目的で「過料」制度を導入した。次に、1952年秩序違反法は、刑罰規定の実質的妥当性という観点から、不法の質と不法の量の両面に着目して行政罰の非犯罪化を実現するために制定され、さらに、1968年秩序違反法は、上記の観点に加え、法的安定性や法の明確性の観点を追加したほか、1960年代の連邦憲法裁判所による違憲判決を踏まえ、裁判を受ける権利にも配慮しつつ、訴訟経済の観点をも考慮して制定されている。

したがって、一連の秩序違反法の制定とそれによる非犯罪化は、第二次世界大戦後の実質的法理国家論の発展を踏まえ、その要請する実質的法治国家原理を行政罰法制に反映しようとしたものということができよう。

2．新たな犯罪化と法治国家論

1968年秩序違反法が道路交通法違反や違警罪の非犯罪化を目的として制定されたのに対し、1970年代以降の新たな犯罪化（Neukriminalisierung）は、実効性確保のために刑罰を活用することを目的とするものであり、経済法や環境法の分野において、コンピュータを利用した不正行為や環境汚染に関する新たな犯罪構成要件が設けられた[93]。しかしながら、新たな犯罪化の過程やその後において、有用性の観点から刑罰の活用が強く主張されたものの、刑罰の対象を拡張することに対し刑法学説を中心に強い抵抗が示され、経済刑法や環境刑法にお

93）新たな犯罪化につき、第3章第3節第3款参照。

ける保護法益は、人の生命・身体・財産といった伝統的な保護法益を間接的に保護するための中間的利益と把握する見解が通説的見解とされている。

このように、新たな犯罪化においても、いかなる場合に義務履行確保手段として刑罰を用いることができるかという刑罰固有の制約の問題が保護法益と関連する形で議論されている。したがって、新たな犯罪化の過程においても、秩序違反法の制定過程において観察された刑罰規定の実質的妥当性という観点は重要な役割を果たしているといえ、実質的法治国家原理のもとで、刑罰固有の制約と立法政策上の妥当性の両面から刑事立法のあり方が検討されていると言って差し支えないものと思われる。

第3款　行政罰と機能性の理念

第1款で確認したように、ボン基本法が採用した実質的法治国家原理は、憲法秩序を実現するための機能的な司法を要請するものと考えられている。また、行政罰は、行政上の義務の履行を確保するために設けられるものであるから、当該規定が行政上の義務履行確保手段として有効に機能することが要請される。そこで、以下、各時代における行政罰法規において、機能性の理念がどのように反映されているかについて分析する。

I　近世以前（ポリツァイ条令）

ポリツァイ条令は、衣服規制違反のように法益侵害を伴わない単なる規制違反や親子の相互扶助や子の教育などの家庭内の規律に反する行為についても刑罰規定を設けるなど、刑罰規定を多用していた。このことは、近代刑法学の大原則である刑法の謙抑性の観点から問題であることはもちろん、現実に執行されない刑罰規定が増加することにより刑罰全体の威嚇力を損なうことになりかねず[94]、機能性の理念の観点からも問題であると考えられる。

この点に関し、ポリツァイ条令は、重罰を含む刑罰規定を多用していたにもかかわらず、必ずしも実効性を有していなかったことが指摘されている[95]。

94）Schmidt, (Anm. 66), S. 362 は、単なる行政不法に刑罰を科すことは、刑罰の濫用であって、結果として刑罰の機能を磨耗させると指摘する。

Ⅱ　19世紀前半（ポリツァイ刑法）

ポリツァイ刑法は、科刑手続や構成要件につき、刑法典と異なる特徴を有しており、これらは、機能性の観点から採用されたものと考えられる。以下、前款と同じくバーデン大公国ポリツァイ刑法典について分析する。

1．ポリツァイ機関による科刑手続

バーデン大公国ポリツァイ刑法典は、ポリツァイ違反に対し拘禁刑ないし罰金刑という刑罰を用いる一方、例外的にポリツァイ機関による科刑を認めていた[96]。立法資料によると、同法典制定時において、市民の権利保護の観点から裁判手続によらず刑罰を科すことを認めるべきではないとする見解と、簡易迅速な手続の観点からポリツァイ機関による科刑手続を認めるべきとする説が激しく対立したことがうかがわれる[97]。このことから、同法典は、市民の権利保護の観点と簡易迅速な手続という機能性の観点を両立させるため、ポリツァイ違反の管轄を、原則としてポリツァイ裁判所としつつ、例外的に、伝統的に認められてきたポリツァイ機関による科刑を一部存続させたものと考えられる。

この点につき、刑罰を用いたことを捨象すれば、比較的簡易な手続によるポリツァイ違反の処罰を許容したこと自体は、機能性の観点から一定の評価を与えることも可能であると思われる。現に、ボン基本法のもとで制定された秩序違反法は、秩序違反に対し行政機関による「過料」裁定を認めており、秩序違反法は、バーデン大公国ポリツァイ刑法における機能性の理念に配慮しつつ、「過料」という刑罰でない制裁を用いることにより、刑事裁判によらない科刑という問題を解消したものということができよう。

2．便宜上のポリツァイ違反

バーデン大公国ポリツァイ刑法典第10章「他人の財産に関する違反」の各条

---

95) Stolleis, (Anm. 57), S. 741: 紫垣聡「ドイツ中近世の地域社会における秩序形成をめぐる研究状況」パブリック・ヒストリー9号（2012）38頁。

96) 第2章第3節第1款Ⅴ参照。

97) Stempf, (Anm. 63), S. 7.

は、軽微な窃盗のように、本質的には刑法典上の犯罪である行為につき、便宜上、ポリツァイ違反として処罰する旨を定めている[98]。これにより、軽微な犯罪行為についても、刑事裁判という厳格な手続によらず、比較的簡易な手続によって処罰することが可能とされた。

軽微な犯罪行為についても重大な犯罪と同様に厳格な手続を要求すると、捜査機関や刑事裁判所の負担が増大し、機能的な刑事司法の実現が困難となる。バーデン大公国ポリツァイ刑法典は、軽微な犯罪行為をポリツァイ違反として扱うことが立法政策として許容されるという前提に立ち、便宜上、刑事手続によらない科刑を認めたものといえよう。この点についても、前同様、刑罰を用いたことを捨象すれば、機能的な刑事司法の実現の観点から積極的に評価することも可能であると思われる。

Ⅲ　ナチス期（ナチス経済刑法）

1．刑事的経済犯

バーデン大公国ポリツァイ刑法典は、ポリツァイ違反は、個人の権利侵害を伴わないものであり、本質的に刑法典上の犯罪と比べて当罰性が小さいことを理由に、刑罰の種類を比較的軽い拘禁刑や罰金刑等に限定していた[99]。これに対し、ナチス経済刑法は、経済秩序違反は経済秩序という法益に対する重大な侵害であるとして、経済法規違反に対し死刑を含む重罰を用いることを正当化した[100]。

経済秩序のような曖昧な法益概念を用いて刑罰を正当化することの問題点については既に述べた。他方、行政法規違反であっても、個人の生命・身体・財産といった伝統的な保護法益の侵害またはその危険を伴う行為は存在するため、そのような行為に対し、比例原則の範囲内で刑罰を用いることは、実質的法治国家のもとでも許容されよう。したがって、義務履行確保手段としての有用性の観点から刑罰を用いること自体は、必ずしも否定されるべきではないと考え

98）第２章第３節第１款Ⅳ**3**参照。
99）Stempf,（Anm. 63）, S. 30.
100）Vgl. Siegert,（Anm. 75）, S. 21ff; Vgl. Franz Gürtner (Hrsg.), Das kommende deutsche Strafrecht-Besonderer Teil. Bericht über die Arbeit der amtlichen Strafrechtskommission, 2. Aufl., 1936, S. 228ff.

られており、第二次世界大戦後においても、経済刑法や環境刑法の分野において、新たな犯罪化が行われている。[101)]

2.「秩序罰」

近代刑法学の成立後も、ドイツにおいては行政機関による科刑が伝統的に認められており、ナチス経済刑法上の「秩序罰」もその流れを汲むものである。しかしながら、実質的法治国家を採用したボン基本法のもとでは、行政機関による科刑は許されないものと解されており、連邦憲法裁判所も、行政機関が刑事裁判によらずに刑罰を科すことは、司法手続の前段階として行われるものであったとしても、裁判を受ける権利を保障するボン基本法101条1項第2文および司法権を裁判所の専属とした同法92条に反し許されないと判示している。[102)]

他方、行政機関による処罰という考え方自体は、ボン基本法のもとでも、必ずしも否定的な評価がなされているわけではない。むしろ、軽微な行政法規違反に対し、刑事裁判という厳格な手続によらない機動的な対処を可能とすることは、行政上の義務履行確保に資するものであり、かつ、結果として、刑事司法の負担軽減を実現するものであるとして、機能性の観点から肯定的な評価がなされている。現に、秩序違反法も、行政機関が刑事裁判によらずに「過料」という制裁を科すことを認めている。[103)] なお、「過料」制度を導入した1949年経済刑法の立法理由書は、その理由について、従来は、司法と行政の権限配分が行政機関等の裁量に委ねられていたため、恣意的な運用などの弊害が生じており、それを解消するため、刑事犯と「秩序違反」を概念的に区別し、その区別を明示的にあらわすために、従前用いられてきた「秩序罰」に代えて「過料」を用いることとしたと説明しており、その問題意識が、司法と行政の権限配分が行政機関等の裁量に委ねられていた点を解消することにあったことを示唆している。[104)]

---

101) 第3章第3節第3款参照。

102) BVerfGE 22, 49.

103)「過料」制度がナチス経済刑法の「秩序罰」を原型とするものであることにつき、BT-Drs., V/1269, S. 22.

104) Haertel/Joël/Schmidt, (Anm. 82), S. 135, S. 141f.

Ⅳ　第二次世界大戦後（秩序違反法等）

1．秩序違反法と機能性の理念

1949年経済刑法や1952年秩序違反法が主として権力分立や刑罰の実質的妥当性の観点から「過料」制度を導入したのに対し、1968年秩序違反法は、急速に増大した秩序違反構成要件に対応するとともに、道路交通法や刑法典上の違警罪等を秩序違反に転換して非犯罪化することを目的として制定された。同法は、犯罪と秩序違反との構成要件レベルにおける分離を図り、真正混合構成要件を廃止する一方、機能性の観点から「過料」手続の整備を行い、1949年経済刑法および1952年秩序違反法が採用していた行政手続と刑事手続の厳格な分離を廃して裁判所における犯罪と秩序違反との一体的な処理を可能とした。同法においては、従来の権力分立や比例原則といった観点に加え、訴訟経済という機能的な観点も重視されている点に特徴がある。

(1)「過料」裁定　秩序違反への転換による非犯罪化は、非処罰化（Entpönalisierung）を意味するものではなく[105)]、従来犯罪とされていた行為を刑事罰の対象から外し「過料」という非刑事的な処罰の対象とすることを意味している。この点につき、1968年秩序違反法の立法理由書は、秩序不法に対する処罰管轄は、対象となりうる機関に国家の任務を適切に配分するという観点から決せられるべきであり、一般的法治国家原理の枠内において、当事者の正当な利益を保護した上で、任務の意義と訴訟経済とを考慮して決せられるべきであるとする。そして、秩序違反の処罰につき、専門知識を有する機関が迅速かつ簡易な手続によって行うことは、当事者を刑事手続による不利益から解放するとともに、刑事司法の負担を軽減するものであるとして、当事者の利益に加えて、機能性の理念を行政機関による「過料」裁定の正当化根拠として挙げている。

このように、1968年秩序違反法の制定と同法による非犯罪化は、国民の権利保護の観点に加え、機能性の理念をも考慮して行われたということができる[106)]。

---

105) Vgl. Gunther Arzt, Probleme der Kriminalisierung und Entkriminalisierung sozialschädlichen Verhaltens, Kriminalistik 1981, S. 119.

106) マルコ・マンスデェルファー＝岡上雅美訳「新たな刑法システムのモデルとしてのドイツ秩序違反法？」筑波法政59号（2014）84頁以下参照。

(2)　便宜上の秩序違反　1968年秩序違反法の立法理由書が指摘するように、「過料」制度の導入による非犯罪化は、届出義務違反のように行為の性質上当然に秩序違反であると考えられる純粋な行政不服従だけでなく、法益の侵害ないしその危険を伴うものの、その程度が軽微であり、犯罪として扱うことが相当でないと立法者が判断するものについても実施された[107)]。

このことは、ポリツァイ刑法が軽微な犯罪行為を便宜上のポリツァイ違反として扱ったことと同様、軽微な法益侵害またはその危険性を伴う行為につき、便宜上、秩序違反として扱うものである。この便宜上の秩序違反については、上述のように刑事司法の負担軽減が非犯罪化の理由として挙げられており、軽微な行為に対して刑罰という重大な法的効果を伴う制裁を用いることを回避する刑罰の謙抑性の観点に加え、機能的な司法の実現という観点が重視されている[108)]。

2．秩序違反法における法人処罰

法人処罰の必要性は、20世紀初頭には立法者にとって無視できない問題となり、自然人の責任に対する補完的責任（Subsidiärhaftung）という形式で出現した[109)]。第二次世界大戦後のドイツにおいても法人処罰の可否が刑法学における重要な争点となったが、多くの学説は、法人には犯罪能力がないことを理由に、法人処罰に対し否定的であった[110)]。しかしながら、1949年経済刑法が刑罰とは異なる「過料」という制裁手段を導入したことにより、法人処罰に関する問題は新たな展開を見せることとなった。

1949年経済刑法は、「過料」と刑罰との異質性を根拠に、法人に対して直接「過料」を科す旨の規定を置き（同法23条）、かかる規定は1954年経済刑法[111)]にも

107）BT-Drs., V/1269, S. 23.

108）BT-Drs., V/1269, S. 29f.

109）一例として、1919年のライヒ租税通則法393条は、直接法人に対して刑罰を科すことを可能とする規定を設けていた。なお、ナチス経済刑法が他人の所為に対する代位責任（stellvertretende Einstehen für fremde Tat）という形式で法人に対する処罰を認めていたことにつき、クラウス・ティーデマン＝西原春夫・宮澤浩一監訳『ドイツおよびECにおける経済犯罪と経済刑法』（成文堂、1990）88頁参照。

110）ティーデマン・前掲注109）86頁以下参照。

111）Gesetz zur weiteren Vereinfachung des Wirtschaftsstrafrechts vom 9. Juni 1954.

引き継がれた（同法5条）。これに対し、法人処罰に対し否定的な学説から、「過料」とは単に名称を変えた罰金刑にすぎないとの批判が寄せられたことから、1968年秩序違反法26条は、法人に対する「過料」を自然人に対する副次効果（Nebenfolge）であると位置付け（同条1項）、原則として、自然人に対する刑事手続または「過料」手続において科せられることとした[112]（同条4項）。

このように、1949年経済刑法にはじまる一連の秩序違反法は、理論上の問題を解消することで法人処罰を可能にしており、上記の規定は、実効性確保のための立法上の工夫と評価することができよう。ちなみに、1968年秩序違反法26条は、1986年の第二次経済犯罪対策法により改正され、「副次効果」という文言が削除されたほか（改正後の秩序違反法30条1項）、自然人に対する刑事手続または「過料」手続から独立した、いわゆる独立手続（selbständiges Verfahren）の要件が緩和された（同条4項）。かかる改正につき、同法の立法理由書は、独立手続を拡張する実務上の必要性を理由として挙げている[113]。

3．新たな犯罪化と機能性の理念

既に述べたように、新たな犯罪化とは、1970年以降のドイツにおける、新たな社会問題に対応するために刑罰を活用しようとした一連の立法政策をいう。すなわち、1970年代における新たな犯罪化は、有用性の観点から刑罰を活用しようと主張するものである。そして、かかる主張を受けて刑法典上に新たな犯罪構成要件が設けられたが、人間の利益から独立した抽象的な利益を保護法益とすることは意図的に避けられており、実定法上の新たな犯罪化は、従来の刑法理論との整合性を保ちつつ、機能性の理念を反映したものといえよう。このように、その本質において刑罰の対象と考えられる行為につき、行政上の義務履行確保の手段として刑罰を用いることは、刑法理論に反することはなく、実質的法治国家のもとでも許容されると考えられている[114]。

112）ティーデマン・前掲注109）91頁以下参照。法人処罰に関するその後の議論につき、樋口亮介『法人処罰と刑法理論』（東京大学出版会、2009）121頁以下参照。

113）BT-Drs., 10/318, S. 41.

114）ゲッセル・前掲注2）39頁以下。

第4款　小　　括

1．行政罰と法治国家

法治国家は、歴史的にその内容を変化させつつ発展し、ボン基本法において採用された実質的法治国家へと至った。18世紀末から19世紀前半にかけて提唱された当初の法治国家論は、自由主義的国家観に基づき、国家の作用を制限して個人の自由や権利を保護することを主張するものであり、従来のポリツァイ国家を克服しようとするものであった。19世紀前半に制定されたバーデン大公国ポリツァイ刑法典は、ポリツァイ国家から法治国家への変容を意味するものと位置付けられており、当時の法治国家論の影響を受けて制定されたことを示唆している。また、同法典は、罪刑法定主義を宣明し、同法典が明示したものを除いて従来のポリツァイ条令上の刑罰規定を廃止し、さらに、ポリツァイ違反に科せられる刑罰を、拘禁刑、罰金刑および商業権停止の3種に限定した。これらについても、ポリツァイの範囲を縮減し、個人の権利・自由を保障しようとした当時の法治国家論の影響を指摘することができる。

これに対し、ナチス政権下で用いられたナチス経済刑法は、公益は私益に優先することを前提とする国民社会主義に基づき、経済秩序違反に対し死刑を含む重罰を用いるとともに、行政機関による科刑を認める「秩序罰」を多用することを通じ、刑事分野においても、司法に対する行政の優位を実現した。このことは、罪刑法定主義を廃止したナチス刑法2条と同様、ナチス期における「民族的法治国家」という特殊な国家観に基づいて行われたものといえよう。

ナチスによる独裁制への移行が合法的に行われたことは、第二次世界大戦後のドイツに深刻な反省を喚起した。従来の法制度が合法革命を阻止する機能を果たさなかったことから、国家作用の形式的制約では不十分であることが強く認識され、権力分立や基本権の保障等の実質的要請を要素とする実質的法治国家論が提唱され、ボン基本法成立後のドイツを実質的法治国として把握する見解が通説的なものとなった。1949年経済刑法は、司法と行政の管轄の競合を解消することを主たる目的として「過料」制度を導入しており、実質的法治国家原理のうち権力分立の観点が重視されている。次に、1952年秩序違反法は、軽微な行政不法を非犯罪化することを企図して制定されており、ここでは、刑罰法規の実質的妥当性の観点が強調されている。さらに、現行法である1968年秩序違反法は、権力分立や刑罰規定の実質的妥当性に加え、法的安定性や法の明確性を追求したほか、刑事司法の負担軽減の要請をも考慮して制定されている。このように、一連の秩序違反法は、第二次世界大戦後の実質的法治国家論の発展に伴い、その影響を受けながら制定され、非犯罪化を実現していったということができよう。

秩序違反法による非犯罪化の動きと逆行して、1970年代以降、有用性の観点から刑罰を活用すべきであると主張する「新たな犯罪化」の動きが生じた。しかしながら、刑罰の対象を拡張することに対しては強い抵抗が示され、ナチス経済刑法のように個人の権利侵害と結び付かない単なる法規違反を刑罰の対象とすることは、立法によっても許されないと考えられている。したがって、新たな犯罪化においても、憲法秩序が立法者を拘束するという実質的法治国家の観点が重視されている。

2．行政罰と機能性の理念

行政罰は、行政上の義務の履行を確保するために設けられるものであるから、当該規定が行政上の義務履行確保手段として有効に機能することが要請される。この点につき、威嚇の観点から刑罰規定を多用することは、現実に執行されない刑罰規定を増加させることとなり、かえって刑罰全体の威嚇力を損なうと考えられている。この点につき、近世ドイツにおけるポリツァイ条令は、重罰を含む刑罰規定を多用していたにもかかわらず必ずしも実効性を有していなかったことが指摘されている。

次に、行政罰が適切に執行されるためには、単に行政法規違反に対し行政罰を設けるだけでなく、比較的簡便な手続による処罰を可能とすることが求められる。この点につき、19世紀前半に制定されたバーデン大公国ポリツァイ刑法典は、ポリツァイ罰を比較的軽微なものに限定した上で、その管轄を刑事裁判所ではなくポリツァイ裁判所とし、さらに、一部についてはポリツァイ機関による科刑を認めていた。このことは、市民の権利保護と手続の簡素化の両立を図るものであるといえよう。このような考え方は、ナチス期における「秩序罰」に継承されたものの、第二次世界大戦後に制定された秩序違反法は、行政機関による処罰という考え方を引き継ぎつつ、刑罰とは異なる「過料」を科すこととして、ボン基本法との抵触を回避し、簡便な手続による処罰を可能としている。

さらに、ドイツにおいては、行政および司法は、法律によって具体化された憲法秩序の内容が実現するよう積極的に行動しなければならず、そのために機能的な司法の維持が不可欠であり、そこから、非犯罪化による刑事司法の負担軽減が要請されると考えられている。この点につき、1968年秩序違反法は、当初から軽微な犯罪行為の秩序違反への転換を念頭において「過料」手続を整備しており、行政罰自体の機能性に加え、刑事司法の負担軽減による機能的な司法の実現をも考慮して制定されている。

第3節　ドイツ法からの示唆

第1款　行政罰の理論的基礎

前節において、ドイツ行政罰における法治国家論の影響について確認した。特に、第二次世界大戦後に行われた秩序違反法の制定には、実質的法治国家原理の要素である権力分立の徹底や法内容の実質的妥当性、法的安定性、法の明確性[1]が重要な役割を果たしている。そして、これらの理念は、わが国においても基本的に妥当するものと考えられることから[2]、わが国の行政罰について再検討するに際しても、上記の実質的法治国家原理から導かれる諸原則が重要な視座を与えるものと考えられる。また、同じく1968年秩序違反法の制定時に重視された刑事司法の負担軽減による機能的な司法の実現の要請についても、わが国の行政刑罰が機能不全に陥っている現状に照らし、決して看過できるものではなかろう。以上のことからすれば、ドイツ行政罰の歴史的展開に法治国家論が与えた影響、特に実質的法治国家原理から導かれる上記の諸原則が秩序違反法の制定に果たした役割は、わが国の行政罰制度を検証するにあたり、一定の示唆を与えるものと思われる。

以下、ドイツ行政罰に法治国家論が与えた影響を踏まえつつ、ドイツにおける行政刑罰（狭義の行政刑罰）と「過料（Geldbuße）」の理論的基礎についてそれぞれ考察する。

Ⅰ　行政刑罰の理論的基礎

1．刑法の任務と刑事立法の限界

一般に、刑法の任務は法益の保護にあるとされ、そこから、法益を保護しない刑罰規定は許されないという法益の刑事立法制限機能が主張されている[3]。こ

1）Vgl. Klaus Stern, Das Staatsrecht der Bundesrepublik Deutschland. Bd. 1: Grundbegriffe und Grundlagen des Staatsrechts, Strukturprinzipien der Verfassung, 1977, S. 615ff.

2）高田敏『法治国家観の展開―法治主義の普遍化的近代化と現代化』（有斐閣、2013）586頁以下参照。わが国における「法治主義」の意義につき、塩野宏『法治主義の諸相』（有斐閣、2001）141頁以下参照。

れに対し、刑法の任務を法益の保護よりも社会倫理秩序の維持や「規範の妥当」の保護のなかに求める見解や[4]、法益論から刑事立法の限界を一義的に導くことは困難であるとする見解が示されている[5]。

このように、刑法の任務や法益による刑事立法の限界の画定については論争があるものの、少なくとも、法益の保護と無関係の刑事立法は許されないという点においては一致しているといってよい[6]。行政法規違反に対する刑罰（狭義の刑罰）も刑罰である以上、その理論的基礎は法益の保護に求めるべきであり、法益の保護と無関係の刑罰規定は許されないと解されている。ゴルトシュミットも、前述のような現在とは異なる混然一体とした刑罰概念を前提に、刑事犯（司法犯）と行政犯の分離を提唱し、前者は実質的要素である法益侵害を伴うのに対し、後者は単なる行政違反であり、法益侵害を伴わないと主張しており、法益侵害の有無が両者を区別する際のメルクマールであるという考え方を示している[7]。

3）金尚均「人格的法益論とダイヴァージョンの可能性」刑法雑誌47巻1号（2007）24頁、嘉門優「法益論の現代的意義」同36頁以下参照。なお、同46頁は、法益論は、「法益あれば犯罪あり」という刑事立法を積極的に正当化する機能ではなく、「法益なければ犯罪なし」という消極的な原則として機能し、刑事立法の「第一ハードル」としての役割を担うものと位置付ける。

4）Gunther Jakobs, Was schutzt das Strafrecht: Rechtsguter oder Normgeltung?, 渥美東洋＝椎橋隆幸＝日高義博＝山中敬一＝船山泰範編『刑事法学の現実と展開―齊藤誠二先生古稀記念』（信山社、2003）777頁。なお、川口浩一「ドイツにおける法益保護主義批判とそれに対する反論」刑法雑誌47巻1号（2007）15頁以下参照。

5）Wolfgang Wohlers, Rechtsgutstheorie und Deliktsstruktur, GA 149, 2002, S. 15ff; 松宮孝明『刑事立法と犯罪体系』（成文堂、2003）10頁、井田良「刑事立法の活性化とそのゆくえ」法律時報75巻2号（2003）5頁。これらの見解に対し、生田勝義『行為原理と刑事違法論』（信山社、2002）80頁以下は、刑事立法の正当化根拠を法益の保護ではなく法益の侵害・危険に求めた上で、法益の抽象化・精神化を禁止することで、法益による刑事立法の限界付けは可能であると反論する。

6）刑法の任務を法益保護ではなく社会倫理秩序の維持に求める見解は、法益保護を媒介として社会倫理秩序の維持が達成されるとするものであり（金・前掲注3）24頁参照）、また、刑法の任務を「規範の妥当」の保護に求める見解は、法益保護の手段として「規範の妥当」を保護すべきとするものであるから（Vgl. Jakobs, (Anm. 4), S. 22f）、いずれも、法益保護と無関係の刑事立法を許容するものではない。また、法益論から刑事立法の限界を導くことはできないとする見解は、法益概念ないし法益保護という概念の曖昧さから、法益論のみによって刑事立法の限界を導くことはできないとするものであり（松宮孝明「法益論の意義と限界を論ずる意味―問題提起に代えて―」刑法雑誌47巻1号（2007）6頁以下）、法益保護とおよそ無関係の刑事立法を許容するものではない。

7）James Goldschmidt, Das Verwaltungsstrafrecht, 1902, S. 532.

2．行政刑罰の保護法益

刑罰（狭義の刑罰）の理論的基礎が法益の保護にあり、その有無が狭義の刑事立法の可否を決するとしても、法益の内容が画定されていなければ、事実上刑事立法は制約されないこととなる[8]。そのため、行政刑罰の保護法益につき、より具体的に分析し、その範囲を画定する必要があろう。そこで、以下、第2章および第3章において検証した各時代における行政刑罰につき、その保護法益を分析することとしたい。

(1)　ポリツァイ条令上の刑罰規定　近世領邦国家においては、君主は、自らが実現しようとする秩序の形成・維持のため、法的な制約なくポリツァイ条令上に刑罰を定めることができた。ポリツァイ条令上の刑罰規定においては、立法者である君主が実現しようとする秩序そのものが保護法益とされていたということができよう[9]。

(2)　ポリツァイ刑法　バーデン大公国ポリツァイ刑法典の立法資料は、ポリツァイ刑法の対象となる行為につき、「ポリツァイ行政の観点から発せられた命令又は禁止に対する違反[10]」とするのみで、具体的な対象の範囲や保護法益については言及していない。

しかしながら、同法典は、ポリツァイ条令上の刑罰規定を単に編纂して法典化しただけではなく、従来のポリツァイ条令上の刑罰規定を原則として廃止しており、少なくとも、同法の立法者は、ポリツァイ条令のように、秩序そのものを保護法益として無制限に刑罰を用いることは許されないと考えていたものといえよう。そして、同法典の立法資料は、同法典の制定をポリツァイ国家から法治国家への変容を意味するものとしており[11]、刑罰の対象の限定が、単なる立法政策ではなく法治国家原理からの要請であることを示唆している。

8）生田・前掲注5）80頁以下は、法益保護思想が刑罰の対象を拡大する方向に作用する危険性を指摘する。

9）フォイエルバッハは、ポリツァイ違反（Polizeidelikt）は「一定のポリツァイ法規に対する服従を要求する国家の権利」の侵害であると把握する（Paul Johann Anselm von Feuerbach, Lehrbuch des Gemeinen in Deutschland gültigen peinlichen Rechts, 14. Aufl., 1847, S. 46）。

10）L. Stempf, Das Polizeistrafgesetzbuch für das Großherzogthum Baden mit den Motiven, Commissionsberichten und den landständischen Verhandlungen, 1864, S. 22.

11）Stempf,（Anm. 10）S. 6.

他方、同法典は、比較的軽いものに限定したものの[12]、依然としてポリツァイ違反に対しては刑罰が用いられ、また、執行罰にも刑罰が用いられるなど、法益による刑罰の限界付けは未だ十分に認識されていなかった。

(3)　ナチス経済刑法　19 世紀前半に制定されたポリツァイ刑法が、古典的法治国家論の影響を受けて刑罰の対象を一定程度限定したのに対し、ナチス経済刑法は、経済法規違反であっても、経済秩序という保護法益に対する重大な侵害を伴うものと位置付け、死刑を含む重罰を用いることを正当化した[13]。これにより、ナチス経済刑法における刑事的経済犯（Kriminellen Wirtschaftsvergehen）は、手続のみならず、その法的効果においても、刑法典上の犯罪と同様に扱われることとなった。

このことは、戦後のドイツ学説において、刑罰の保護法益を無制限に拡張することの危険性を意味するものとして指摘されている[14]。すなわち、法益概念は、その曖昧さゆえに、「法益」の定義次第で、あらゆる行為に刑罰を科すことが可能となるおそれが否定できない。そのため、戦後のドイツでは、少なくとも、個人の生命・身体・財産といった伝統的な保護法益の侵害またはその危険を伴わない単なる行政不服従については、行政刑罰を用いることは許されないと考えられている[15]。

(4)　秩序違反法　前節において確認したように、第二次世界大戦後に制定された一連の秩序違反法とそれによる非犯罪化は、実質的法治国家原理から導かれる諸原則を反映して行われた。このうち、行政刑罰の保護法益との関係で重要と考えられるのが、1952 年秩序違反法後に行われた非犯罪化である。同法の立法理由書は、経済刑法上の秩序違反に比べて不法の程度が軽い届出義務違反やいくつかの違警罪構成要件該当行為が犯罪として扱われることは正義感情

12）バーデン大公国ポリツァイ刑法典は、ポリツァイ違反が刑法典上の犯罪と比べ本質的に当罰性が小さいことを理由に、科せられる刑罰の種類を拘禁刑、罰金刑、商業権停止に限定していた（Stempf,（Anm. 10）, S. 30）。

13）Vgl. Karl Siegert, Deutsches Wirtschaftsstrafrecht, 1939, S. 21ff.　生田・前掲注５）81 頁は、ナチス刑法の背景に民族の保護という強烈な法益保護思想があったことを指摘する。

14）Eberhard Schmidt, Kriminalpolitische und strafrechtsdogmatische Probleme in der deutschen Strafrechtsreform, ZStW 69, 1957, S. 361; Stefan Werner, Das Wirtschaftsstrafrecht im Nationalsozialismus, KritV 1991, S. 139, S. 159.

15）Vgl. BT-Drs., I/2100, S. 15；Vgl. BT-Drs., V/1269, S. 23.

に反することを理由として、軽微な行政不法の犯罪から秩序違反への転換は一般的法治国家原理からの要請であるとした[16)]。1968年秩序違反法の立法理由書は、1952年秩序違反法制定後の非犯罪化について、届出義務違反や情報提供義務違反のような純粋な行政不服従（echten Verwaltungsungehorsams）の非犯罪化と、観念的には個人の生命や健康に対する危険を伴うものの、その程度が軽微である行為の非犯罪化に分類し、前者の純粋な行政不服従については、本質的に犯罪とは異なるものであるとした[17)]。

このように、1968年秩序違反法の立法理由書は、個人の生命や健康に危険を及ぼさない純粋な行政不服従を犯罪とは本質が異なるものと把握しており、秩序そのものや国民に服従を要求する国家の権利を刑罰による保護に値する法益とはみなしていない。したがって、秩序違反法は、ポリツァイ条令やナチス経済刑法と異なり、秩序そのものを保護法益とする行政刑罰は許されないという考え方に基づいて制定されているということができよう。

(5)　新たな犯罪化　新たな犯罪化は、有用性の観点から刑罰を活用すべきとする主張を受けて行われたものであり、保護法益を抽象的な概念に拡張することで刑罰の対象を拡張すべきとする見解も存在する[18)]。しかしながら、個人の権利利益と結びつかない抽象的な利益を保護法的とすることには強い抵抗が示され、実定法上も、生命・身体・財産などの伝統的な人間の法益（Rechtsgüter der Person）から離れた経済秩序や環境そのものを保護法益とする立場は採用されていない[19)]。

3．行政刑罰と機能性の理念

新たな犯罪化において、個人の財産上の利益や生命・健康を害するおそれのある行為につき、有用性の観点から犯罪化が行われたことが示すように、刑罰

16）BT-Drs., I/2100, S. 15.

17）BT-Drs., V/1269, S. 23.

18）例えば、行政的法益（administrative Rechtsguts）を環境刑法の保護法益とする見解として、Frank Saliger, Umweltstrafrecht, 2012, S. 15ff.

19）前章第3節第3款参照。なお、法治国家原理に基づくさらなる非犯罪化を主張し、その具体的枠組みについて論じるものとして、Peter-Alexis Albrecht, Entkriminalisierung als Gebot des Rechtsstaates, KritV 79, 1996, S. 330ff.

の本質を法益侵害に対する応報であるとする見解によっても、法益侵害を伴う行為に対し、実効性確保の観点から刑罰を用いること自体は許容されると考えられている[20]。他方、現実に執行されない刑罰規定に対しては、それ自体の威嚇力に疑問が呈されているほか[21]、執行されない刑罰規定の存在によって刑罰全体の威嚇力が損なわれるとの指摘もなされている[22]。また、立法者が違反行為を処罰する旨を定めたにもかかわらず、それが現実に執行されないことは、権力分立の観点から問題であるという指摘もなされている[23]。加えて、実質的法治国家原理は、憲法秩序に基づく正義の理念をその本質的な要素として含んでいるため、かかる正義を実現するための機能的な司法の維持が不可欠とされ、そこから刑事司法の負担軽減が要請される[24]。これらのことから、第二次世界大戦後のドイツにおいては、純粋な行政不服従を非犯罪化するだけでなく、本質的には刑罰の対象となりうる行為についても、犯罪として扱う必要に乏しいと考えられるものについては、秩序違反への転換による非犯罪化が行われている[25]。

これに対し、機能性の観点から伝統的に認められてきた行政機関による科刑については、それが刑事裁判の事前手続として行われるものであっても、ボン基本法のもとでは許容されない、とするのが連邦憲法裁判所の立場である[26]。したがって、ナチス経済刑法の「秩序罰」のように行政機関が刑事裁判によらずに刑罰を科すことを認めることは、現在では許容されないと考えられている[27]。他方、ボン基本法のもとでも行政機関による処罰という考え方自体は否定されておらず、現行の秩序違反法においても、行政機関による「過料」裁定が認め

20）K.H.ゲッセル＝宮澤浩一・井田良監訳『正義・法治国家・刑法―刑法・刑事訴訟法の根本問題』（成文堂、1990）39頁以下。

21）生田勝義「刑罰の一般的抑止力と刑法理論―批判的一考察―」立命館法学300・301号（2005）24頁以下。

22）Schmidt,（Anm. 14）, S. 362.

23）Albrecht,（Anm. 19）, S. 331f.

24）Vgl. BVerfGE 33, 367.

25）BT-Drs., V/1269, S. 23.

26）BVerfGE 22, 49.

27）もっとも、ナチス経済刑法の「秩序罰」は、その法的効果において狭義の刑罰よりもむしろ秩序違反法上の「過料」に近いものであり（前章第2節第2款Ⅱ2参照）、1949年秩序違反法も、刑罰（Strafen）という名称ではなく、行政と司法の管轄の競合を問題視している点に留意が必要であろう。

られている[28]。かえって、1968年秩序違反法の立法理由書は、訴訟経済の観点から、軽微な刑事犯については、「秩序違反」に転換した上で、行政機関によって「過料」をもって処罰されるべきであるという考え方を示しており、行政機関による処罰という考え方自体は、行政上の義務履行確保の観点や実質的法治国家原理から要請される機能的な司法の実現という観点から、肯定的に評価されている[29]。

Ⅱ　「過料」の理論的基礎

1．「過料」の性質

1949年経済刑法の立法理由書は、「過料」を導入した理由につき、犯罪と秩序違反を概念的に区別したことを明示的に表すためと説明しており[30]、「過料」が狭義の刑罰とは本質的に異なっていることを示唆している。Eb. シュミットも、狭義の刑罰と「過料」とは、名称が異なるだけでなく、前者が過去の行為に対する贖罪を意味するのに対し、後者は行政上の義務の履行を強く促すものにすぎないとして、両者を本質的に異なるものと解している[31]。

これに対し、「過料」は名称を変えた罰金刑にすぎないという批判もなされている[32]。しかしながら、この批判に対しては、①「過料」は、犯罪者名簿への登録や代替的自由刑が予定されていない点において刑罰と法的効果が異なり、また、被処分者に支払能力がない場合には、強制執行（秩序違反法95条）も強制拘留もなされないとされていること（同法96条1項4号、2項）、また、②手続的にも、刑罰である罰金刑と異なり、義務履行を促すための手段であることを示す規定が設けられていることから、同じ金銭上の不利益であっても、「過料」は過去の行為に対する贖罪を意味する狭義の刑罰とは本質が異なるものと考えられている[33]。したがって、その本質は法益の侵害に対する応報であり、行政上の義務履行確

28）連邦憲法裁判所も、「過料」制度はボン基本法に反しないとする（BVerfGE 27, 18）。

29）BT-Drs., V/1269, S. 29f.

30）Kurt Haertel/Günther Joël/Eberhard Schmidt, Gesetz zur Vereinfachung des Wirtschaftsstrafrechts, Verweisungen und amtlicher Begründung, 1949, S. 141f.

31）Eberhard Schmidt, Das neue westdeutsche Wirtschaftsstrafgesetz, 1950, S. 44f.

32）樋口亮介『法人処罰と刑法理論』（東京大学出版会、2009）121頁以下参照。

33）Vgl. BVerfGE 9, 167; Vgl. BVerfGE 22, 49.

保手段として用いることが許容されるにとどまる狭義の刑罰と異なり、「過料」は、過去の行為に対する応報として科せられるものではなく、あくまで行政上の義務履行確保手段の一類型にすぎないということができよう。

2.「過料」と機能性の理念

上記のとおり、「過料」は法益侵害に対する応報としての性質を有しないため、純粋な行政不服従に対しても用いることが許容される。このことは、「過料」が、秩序違反への転換による非犯罪化の手段のみならず、義務履行確保のための処罰化（Pönalisierung）の手段としても機能することを意味している[34]。また、法益論は、「法益あれば犯罪あり」という刑事立法を積極的に促すものではなく、「法益なければ犯罪なし」という消極的な原則として機能するものであるため[35]、法益侵害ないしその危険を伴う行為であっても、軽微なものについては、立法者の裁量により、秩序違反行為として「過料」をもって対処することが許容される[36]。さらに、「過料」は刑罰とは異なる行政上の義務履行確保手段にすぎないため、刑事裁判手続によらない処罰が可能であり、裁判を受ける権利（ボン基本法19条4項、101条1項第2文）を害しない限度において、行政機関による「過料」の賦課が認められる[37]。

このように、「過料」は、本質的な秩序違反行為および便宜上の秩序違反行為の双方に対して用いることができ、かつ、いずれの場合についても、裁判所の判断を求める機会を留保した上で、行政機関自らが比較的簡易な手続によって処罰することができることとされている。

Ⅲ　わが国への示唆

以上のとおり、行政刑罰の保護法益に対する考え方は歴史的に変化しており、現代的な意味の行政罰が出現した近世領邦国家のポリツァイ条令においては、

34）Wolfgang Hoffmann-Riem, Administrativ induzierte Pönalisierung- Strafrecht als Auffangordnung für Verwaltungsrecht, Festschrift für Heike Jung: zum 65. Geburtstag am 23. April 2007, 2007, S. 299.

35）嘉門・前掲注3）46頁参照。

36）BT-Drs., V/1269, S. 23; Vgl. Albrecht, (Anm. 19), S. 332.

37）BT-Drs., V/1269, S. 23.

君主が定める秩序そのものを保護法益として、法的な制約なく刑罰が用いられた。その後、法治国家論の発展に伴い、ナチス期という特殊な時期を除き、法治国家原理は刑罰の濫用状態を解消する方向で作用してきたことを確認することができる。そして、第二次世界大戦後のドイツにおいては、個人の権利利益から離れた秩序そのものを保護法益として純粋な行政不服従をも刑罰の対象とすることは、実質的法治国家原理に反すると考えられているといえよう。

本書の冒頭で指摘したように、わが国においては、行政の実行性確保手段として行政刑罰を多用する傾向があり、中には、単なる届出義務違反のような「純粋な行政不服従」と考えられるものについて罰金刑が定められているものも存在する。これらは、「一定の法規に対する服従を要求する国家の権利」や社会秩序そのものを保護法益とするものと考えられ、その限りにおいて、ポリツァイ条令やナチス経済刑法と共通の問題点を指摘することができよう。そのため、法治国家原理に基づいてポリツァイ条令やナチス経済刑法における刑罰の濫用を解消しようとしたドイツ法学における議論と実定法上の非犯罪化の取り組み、特に第二次世界大戦後に実質的法治国家原理に基づいて実施された「過料」制度の導入と秩序違反への転換による非犯罪化は、わが国の行政罰を見直すにあたり、一定の示唆を与えるものと思われる。

また、わが国においては、行政刑罰の機能不全が指摘されている。この点に関し、第二次世界大戦後のドイツにおいて実施された秩序違反への転換による大規模な非犯罪化は、「過料」の対象とすることで個々の罰則規定の執行を簡易化することに加え、刑罰全体の威嚇力や刑事司法の負担軽減、捜査機関等の人的資源の効果的な配分といった観点が考慮されており、示唆に富むものと思われる。また、1968年秩序違反法は、便宜主義を明文で採用したほか[38]、法適用の容易化や手続の簡易化を目的とした規定を設けており[39]、行政罰の機能不全の解消に向けた立法的工夫として参考となろう。

38）秩序違反について便宜主義を採用することは、執行権が法律に拘束される旨を定めるボン基本法20条3項に違反せず、法治国家原理にも反しないとされる（Joachim Bohnert/Jens Bülte, Ordnungswidrigkeitenrecht, 5. Aufl., 2016, S. 83）。

第2款　行政制裁と行政罰

わが国の行政罰については、近時、他の行政制裁と統一的に分析を行い、行政制裁の一般原則について検討を加えようとする試みがなされている[40]。前述のように、行政上の処罰法制について論じることを目的とする本書においては、多義的な概念である「制裁」概念[41]を議論の中心に据えることを避け、行政罰に焦点を絞って検討を行ってきた。しかしながら、行政罰以外の行政制裁についても行政上の義務履行確保手段として注目がなされている現状において、行政上の義務履行確保手段としての行政罰法制のあり方を論じるに際しては、行政罰と他の行政制裁との関係についてあらためて確認する必要があろう。そこで、ドイツにおける行政罰の法的性格について分析した上で、行政罰と他の義務履行確保手段との関係について若干の検討を加えることとしたい。

なお、上述のように、行政制裁は多義的な概念であるが、本書においては、過去における義務の不履行に対して行政によって科せられる不利益全般を行政制裁と呼ぶこととする[42]。

I　ドイツにおける行政罰の法的性格

ドイツにおける行政上の処罰概念は、応報思想に基づく狭義の刑罰概念とは異なるものとして成立し、近世領邦国家におけるポリツァイ罰として出現した[43]。

39) Vgl. Lothar Senge (Hrsg.), Karlsruher Kommentar zum Gesetz über Ordnungswidrigkeiten, 4. Aufl., 2014, S. 15f.　一例として、1968年秩序違反法は、「共犯（Teilnahme）」の代わりに「関与（Beteiligung）」の語を用いているが（14条）、これは、刑法総則上の共犯に関する解釈を排し、法適用の容易化を意図したものと説明される（BT-Drs., V/1269, S. 48）。ただし、同条につき、刑法理論と整合的に解すべきとした判例がある（Vgl. BGHSt. 31, 309＝NJW 1983, 2272）。

40) 碓井光明「行政上の義務履行確保」公法研究58号（1996）147頁以下、宇賀克也「行政制裁」ジュリスト1228号（2002）50頁以下、佐伯仁志『制裁論』（有斐閣、2009）9頁以下、中原茂樹「行政制裁―行政法の視点から」法律時報85巻12号（2013）20頁、山本隆司「行政制裁に対する権利保護の基礎的考察」『現代行政訴訟の到達点と展望―宮崎良夫先生古稀記念論文集』（日本評論社、2014）236頁等参照。

41)「制裁」概念の多義性につき、宇賀・前掲注40）50頁以下参照。

42) 山本隆司「行政制裁の基礎的考察」長谷部恭男＝安西文雄＝宍戸常寿＝林知更編『現代立憲主義の諸相―高橋和之先生古稀記念』（有斐閣、2013）255頁参照。

43) 行政上の処罰概念の歴史的展開につき、第2章参照。

このポリツァイ罰は、今日でいう執行罰を含む広い概念であり、19世紀におけるポリツァイ刑法においても同様であった。[44] さらに、ポリツァイ罰の一部が刑法典へ編入されたことにより、20世紀初頭のドイツにおいては、①刑事罰（kriminelle Strafe）と②非刑事的刑罰（nichtkriminelle Strafe）および③執行罰（Exekutivstrafe）を包含する広義の刑罰概念が用いられており、ゴルトシュミットは、①を司法罰（Rechtsstrafe）、②③を行政罰（Verwaltungsstrafe）として、両者を区別した。[45] 第二次世界大戦後、非刑事的刑罰は「過料」へ、執行罰は「強制金（Zwangsgeld）」へと変更されたものの[46]、執行罰である「強制金」はもちろん、行政罰である「過料」についても、行政上の義務の履行を促すものと位置付けられている。[47] したがって、ドイツにおける「過料」は、過去の違法行為に対して科せられる点で執行罰である「強制金」とは異なるものの、行政上の義務履行確保を直接の目的としない他の行政上の不利益とも異なり、その法的性格は、行政上の義務履行確保を直接の目的とする点において、行政上の強制執行に近いものと考えられる。[48]

Ⅱ　立法時の判断枠組み

1968年秩序違反法は、真正混合構成要件を否定し、犯罪と秩序違反とは、実定法により完全に区別されることとなった。しかしながら、立法者がいかなる行為を犯罪とし、いかなる行為を秩序違反とするか、その振り分けの際の判断枠組みに関する問題は残されている。以下、第1章において提示した刑罰固有の制約と立法政策上の妥当性の観点から、行政刑罰と「過料」との振り分けの基準について検討する。

44）Vgl. Stempf,（Anm. 10）, S. 21f.　なお、バーデン大公国ポリツァイ刑法典における執行罰に関する規定（31条1項）および強制執行に関する規定（30条）を参照されたい。

45）Vgl. Goldschmidt,（Anm. 7）, S. 573ff; Vgl. Meeske, Helmut Meeske, Die Ordnungsstrafe in der Wirtschaft, 1937, S. 85f.

46）西津政信『間接行政強制制度の研究』（信山社、2006）40頁、廣岡隆『行政上の強制執行の研究』（法律文化社、1961）2055頁以下参照。

47）「過料」が過去の行為に対する贖罪ではなく、行政上の義務の履行を促すものであることにつき、Schmidt,（Anm. 31）, S. 44f.

48）秩序違反法の理論的背景となったゴルトシュミットの行政刑法論は、行政罰を行政による自力救済と位置付ける（Goldschmidt,（Anm. 7）, S. 566）。

1．刑罰固有の制約

前述したように、現在のドイツにおいては、届出義務違反のような純粋な行政不服従を狭義の刑罰の対象とすることは許されないと考えられている[49)]。この点に関し、純粋な行政不服従に刑罰を科すことはできないという結論を導くには、刑罰固有の制約を持ち出す必要はなく、比例原則の枠組みにおいて判断すれば足りるという考え方もあり得よう。しかしながら、刑罰が最終的に国家による自由の剥奪という極めて重大な法的効果を伴うものであることからすれば、法益侵害またはその危険を伴わない行為に対しては、目的と手段との均衡を考えるまでもなく、刑罰を用いることは許されないと考えるべきであろう。1968年秩序違反法の立法理由書も、秩序違反への転換による非犯罪化につき純粋な行政不服従の非犯罪化と軽微な行政不法の非犯罪化とを区別して論じており、純粋な行政不服従が、本質的に、刑罰の対象である犯罪ではなく「過料」の対象である秩序違反であると考えていることを示唆している[50)]。

したがって、法益侵害ないしその危険を伴わない行為に刑罰を用いることはできず、そのような純粋な行政不服従に対しては、「過料」を用いることができるにとどまる。なお、「法規に対する服従を要求する国家の権利」や法秩序そのものを法益とすることで刑罰を正当化することが許されないことについては、既に述べたとおりである。

2．立法政策上の妥当性

刑罰固有の制約の観点からは刑罰を用いることが正当化されたとしても、一般的な法治国家原理から、刑罰規定を用いることにつき、立法政策上の妥当性を判断する必要があり、その場合の判断要素として、比例原則および機能性の理念が挙げられる[51)]。

まず、刑罰は、「過料」と異なり、最終的には自由の剥奪という重大な法的効果が予定されているため、比例原則の観点から、軽微な行政不法について行政刑罰を用いるべきではないと考えられている[52)]。かかる観点から「過料」を用い

49）Vgl. BT-Drs., I/2100, S. 15.
50）BT-Drs., V/1269, S. 23.
51）Vgl. Albrecht, (Anm. 19), S. 330ff.

た例として、1952年秩序違反法制定後、行為の性質からは狭義の犯罪と考えられる薬局法違反について、不法の内容が軽微であることを理由に「過料」が用いられたことが挙げられる。[53)]

次に、比例原則の観点からも刑罰を定めることが許されるとしても、機能性の理念の観点から、刑罰を定めることの妥当性が検討される必要がある。すなわち、第一に、現実に執行されない刑罰規定は、それ自体の威嚇力が疑問であるのみならず、執行されない刑罰規定の存在により、刑罰全体の威嚇力を損なうと考えられており、[54)]執行可能性の観点から刑罰の対象とすることの妥当性について検討する必要がある。また、行政および司法は法律によって具体化された憲法秩序の内容が実現するよう積極的に行動しなければならないと考えられており、[55)]かかる観点からも、刑罰規定は現実に執行されることが求められる。[56)]さらに、実質的法治国家原理が要請する機能的な司法を実現するという観点から、刑事司法の負担軽減が求められる。[57)]これらのことから、刑罰規定は、現実に執行可能なものであり、かつ、刑事司法の負担を考慮してもなお刑罰を科す必要がある重大な行為に限られるべきであると考えられている。[58)]

Ⅲ　わが国への示唆

1．行政制裁における過料の位置付け

わが国の行政上の義務履行確保手段は、歴史的経緯を経て、今日においては、①行政上の強制執行、②行政罰および③その他の行政制裁の3類型に大別される。[59)]このうち、①行政上の強制執行は、将来における義務が履行された状態を

52）Albrecht,（Anm. 19), S. 330.

53）BT-Drs., V/1269, S. 23.

54）Schmidt,（Anm. 14), S. 362.

55）BVerfGE 33, 367.

56）Albrecht,（Anm. 19), S. 331は、立法者の刑事政策的価値判断を執行者が変更することは許されないという権力分立の徹底の観点からも、現実に執行されない刑罰規定は非犯罪化されるべきであると主張する。

57）BT-Drs., V/1269, S. 29f; Vgl. BVerfGE 33, 367.

58）Albrecht,（Anm. 19), S. 331.

59）塩野宏『行政法Ⅰ〔第6版〕』（有斐閣、2015）243頁以下参照。なお、不利益の賦課に加えて利益の付与を含む概念として「サンクション」を用いるものとして、畠山武道「サンクションの現代的形態」芦部信喜＝六本佳平編『岩波講座基本法学8―紛争』（岩波書店、1983）365頁。

実現するものであるのに対し、②行政罰と③その他の行政制裁は、過去の行為に対して制裁を科すことにより、義務の履行を促すものである。また、②行政罰は、制裁を科すことにより義務の履行を促すこと自体が直接の目的とされるのに対し、③その他の行政制裁は、異なる目的を含んでいる点で行政罰と異なっている[60]。なお、行政上の強制執行の種類としては、代執行、執行罰、直接強制、行政上の強制徴収が挙げられ、行政制裁の種類としては、一般的に、行政刑罰、行政上の秩序罰、課徴金、反則金、受益的処分の撤回等、行政サービス等の拒否、公表等が挙げられる[61]。

このように、わが国においては、公表のように本質的には義務履行確保手段としての性格を有しないものについても、義務履行確保のための手段として議論されている。しかしながら、このような行政制裁について義務履行確保手段としての機能を強調することは、法が本来予定していない機能を事実上付与することになりかねず、権力分立の徹底の観点からは必ずしも好ましいものとはいえないであろう。そのため、行政上の義務履行確保手段について論じるに当たっては、行政上の義務履行確保を本来の目的とする行政制裁とそうでないものを区別して論じる必要があるように思われる。

ところで、ドイツにおける「過料」と異なり、わが国における過料の法的性格は必ずしも明らかではない。この点につき、現在のわが国の過料制度に大きな影響を与えた田中二郎は、行政上の秩序罰を「行政上の秩序を維持するために、秩序違反行為に対して科する制裁である」と定義しつつ、他方において、行政上の秩序罰たる過料につき、「一般的な定めはなく、また、これは、刑罰ではないから、刑法総則の適用もない。従って、これにどのような法原理の適用があるかについては、専ら理論的に考察する外はないが、実際には必ずしも明らかではない」と述べている[62]。このように、ドイツにおける「過料（Geldbuße）」

60）塩野・前掲注59）245頁。

61）宇賀・前掲注40）52頁以下、佐伯・前掲注40）9頁以下等参照。なお、税法上の制裁として、通告処分や加算税がある。

62）田中二郎『行政法総論』（有斐閣、1957）421頁以下。なお、同423頁以下は、わが国における過料を、①秩序罰たる過料、②懲戒罰としての過料、③執行罰としての過料に大別した上で、さらに、①秩序罰たる過料を、民事上・訴訟上の秩序罰たる過料、通常の行政上の秩序罰たる過料および地方公共団体の科する行政上の秩序罰たる過料に分類する。

と異なり、わが国における過料の定義や役割が一義的に示されていないのは、前者がナチス期における「秩序罰（Ordnungsstrafe）」に対する反省から人為的に導入された概念であるのに対し[63]、わが国における過料は、明治以前から伝統的に軽微な財産刑を指す多義的な概念として用いられてきたことに加えて、過料に関する一般的な定めが設けられていないことによることが大きいと考えられる[64]。このようなわが国の現状においては、過料の法的性格につき、過去の行為に対する不利益であるという以上にその法的性格を論じることは困難であろう。

以上のことから、従前の混然一体とした刑罰概念を整理し、行政上の処罰に新たな概念を導入することによって、応報思想を背景とする狭義の刑罰と、行政上の義務履行確保を目的とする「過料」とを明確に区別し、機能性の理念の観点から手続的整備を行ったドイツ秩序違反法の立法経緯が、わが国における過料の法的性格をめぐる議論や法制度の見直しに当たり参考になるものと思われる。

2．非犯罪化と過料制度の整備

わが国においては、行政刑法と行政上の秩序罰との振り分けの基準が明らかではなく、過料について手続的整備が不十分であることも相俟って、行政刑罰が過度に多用されていることが指摘されている[65]。

この点につき、ドイツにおける実質的法治国家原理から導かれる刑法の謙抑性や比例原則、機能性の理念は、法制度が異なるわが国においても基本的に妥当するものと考えられる。これらの観点から、第二次世界大戦後のドイツにおいて行われた大規模な非犯罪化は、行政刑罰の多用と機能不全が指摘されるわが国の行政罰につき重要な示唆を与えるものと思われる。

63）Kurt Haertel/Günther Joël/Eberhard Schmidt, Gesetz zur Vereinfachung des Wirtschaftsstrafrechts: Textausgabe mit erläuternder Einführung, Verweisungen und amtlicher Begründung, 1949, S. 135.

64）現在のわが国の過料制度の成立過程につき、須藤陽子「地方自治法における過料」行政法研究11号（2015）6頁以下参照。なお、江戸時代において、現在における罰金の性格を有する過料が刑罰として用いられていたことにつき、大久保治男「徳川幕府刑法の特色と概況」武蔵野学院大学大学院研究紀要1号（2008）10頁参照。

65）わが国の行政罰の特徴と問題点につき、第1章第2節第1款Ⅰ参照。

他方、わが国における過料制度については十分な法整備がなされておらず、現行の過料制度を利用した非犯罪化は現実的ではない。また、わが国においては、行政法上の強制執行制度や過料制度が必ずしも十分に整備されているとはいえないため、行政上の義務履行確保手段として行政刑罰を用いる必要性が高いとの批判も考えられる。しかしながら、これまで論じてきたように、義務履行確保のための機能性を確保するためにも、行政刑罰は限定的に用いられるべきであり、現実に執行可能であり、かつ、刑事司法の負担を考慮してもなお刑罰を用いる必要があるもの以外については、過料制度を整備するなどして対処すべきであると考えられる。その際には、ドイツ秩序違反法にみられる機能性の理念を反映した諸規定が参考になるものと思われる。

第3款　小　　括

1．行政罰の理論的基礎

刑法の任務は法益の保護にあるとされ、そこから、法益を保護しない刑罰規定は許されないという法益の刑事立法制限機能が導かれる。この法益の刑事立法制限機能については議論があるものの、法益保護と無関係の刑事立法は許されないという点においては特に争いはないといってよい。行政刑罰についても、その理論的基礎は法益の保護に求めるべきであり、法益保護と関連のない行政刑罰は許されないと解すべきである。法益との関係でどの程度の関連性を要求すべきかは難解な問題であるが、少なくとも、法益侵害を伴わない純粋な行政不服従に刑罰を用いることは、今日のドイツにおいては許されないと考えられている。

これに対し、「過料」はその本質が刑罰と異なるため、純粋な行政不服従に対しても、義務履行確保の観点から用いることが許容される。また、法益は刑事立法を制限する機能を有するにすぎないため、立法者の判断により軽微な犯罪行為に対して「過料」を用いることも許容される。さらに、刑罰との本質的な差異から、「過料」は刑事裁判によらずに科すことができ、裁判を受ける権利を侵害しない限度で、行政機関による「過料」の賦課も認めることができると考えられている。

わが国の行政刑罰については、立法時における多用傾向と執行上の機能不全が指摘されており、ドイツ法における上記の考え方は、わが国の行政罰制度を再検討するにあたり、示唆に富むものと思われる。

2．行政制裁と行政罰

ドイツにおける「過料」は、過去の行為に対する贖罪ではなく、行政上の義務の履行を促すものであると考えられており、それを表す規定が秩序違反法上設けられている。これに対し、わが国の過料は、その法的性格が必ずしも明確にされておらず、公表等の他の行政制裁との法的差異についても明らかではない。このことは、わが国の過料が歴史的に用いられてきた財産罰であり、かつ、その内容が理論的にも実定法上も明らかにされていないことによるものと考えられる。この点につき、「過料」という新たな概念を導入することでその意義について明示した上で機能性の観点から手続的整備を行ったドイツ秩序違反法の立法経緯が参考になろう。

ドイツにおいては、行政刑罰を用いるためのメルクマールとして、①法益侵害を伴わない純粋な不服従ではないこと、②比例原則の観点から刑罰を科すことが妥当といえること、および③現実に執行可能であり、刑事司法の負担を考慮してもなお刑罰規定を設ける必要があること、という要件を満たすことが求められる。これらの要件を満たさない場合が「過料」の対象となるにとどまり、既に刑罰が定められている場合は、非犯罪化の対象となると考えられている。わが国においては、立法時における行政刑罰の多用と執行上の機能不全が指摘されており、ドイツ法における両者の振り分けと非犯罪化のための判断枠組みは、立法政策上参考になると考えられる。また、わが国においても、秩序違反法を参考に過料制度を整備することが求められよう。

第4節　行政罰法制の再検討に向けて

第1款　行政刑罰の執行過程における法制度の特徴 ——日独比較

これまで確認してきたように、行政刑罰の多用傾向や執行上の機能不全といった問題点が指摘されているわが国の行政罰法制を再検討するにあたっては、「過料」制度を導入して刑罰の濫用や恣意的な運用といったナチス期の行政罰の問題点を解消し、さらに、刑罰規定の実質的妥当性や刑事司法の負担軽減の観点から、行政上の義務違反に対する「過料」の対象を拡張し手続的整備を行ったドイツの例が参考になると思われる。他方、ドイツ法を参考にわが国の法制度を見直すに際しては、彼我の法制度について慎重に比較・検討する必要があろう。そこで、以下、わが国の行政罰法制の再検討に向けて、わが国とドイツの法制度上の差異から導かれる論点について若干の考察を行うこととしたい。

起訴法定主義を採用するドイツと異なり（ドイツ刑事訴訟法152条2項）[1]、わが国の刑事訴訟法は、起訴便宜主義を採用している（刑事訴訟法248条）。そのため、秩序違反法の背景にある法理論、特に執行されない刑罰規定に関するドイツの議論は、わが国においては妥当しないとの考え方もありえよう。すなわち、起訴法定主義を前提とするドイツにおいては、立法者が行政刑罰の対象と定めた義務違反が存在するにもかかわらず、当該行政刑罰規定が執行されないことは、立法者による刑事政策的価値判断を執行機関が変更することを意味し、執行権は法律および法（Gesetz und Recht）に拘束されると定めるボン基本法20条3項に抵触し、ひいては権力分立に反するおそれがあると考えられている[2]。これに対し、起訴便宜主義を採用するわが国においては、行政刑罰の対象である義務違反が存在したとしても、公訴を提起しないことが法律上許容されている。そのため、立法者が執行されないことを前提に行政刑罰規定を設けることも、理

1）ドイツ刑事訴訟法には例外規定が存在しており（153条ないし154条d）、必ずしも起訴法定主義が貫徹されているわけではない。

2）Peter-Alexis Albrecht, Entkriminalisierung als Gebot des Rechtsstaates, KritV 79, 1996, S. 331f.

論的には否定されない[3]。そして、このことが、行政刑罰の多用傾向や執行上の機能不全が指摘されながらも、わが国において行政罰に関する抜本的な立法的措置がとられなかった一因であるように思われる。

しかしながら、私見によれば、以下の理由から、起訴便宜主義を採用するわが国においても、執行されないことを前提に行政刑罰規定を設けることは許容されないと考えられる。第一に、わが国の刑事訴訟法248条は、「犯人の性格、年齢及び境遇、犯罪の軽重及び情状並びに犯罪後の情況」を考慮して訴追の必要性を判断する旨を規定するにとどまり、条文上、対象となる刑罰規定が訴追を前提としているか否かの判断まで検察官の裁量に委ねられていると解することは困難である[4]。第二に、立法者が執行されないことを前提としているか否かを解釈に委ねることは、刑罰法規の明確性の要請に反するおそれがある（仮に、執行されないことを前提としていることが明確である場合、義務履行確保手段として機能しない）。第三に、立法者が執行されないことを前提として刑罰規定を設けたとしても、公訴が提起されて裁判所によって有罪判決が言い渡される可能性は排斥できない[5]。そして、序章において指摘したように、刑罰は、他の制裁と異なり、身体の拘束という重大な不利益が予定されている。また、公訴が提起されなくとも、捜査機関によって捜査が行われるだけで、逮捕勾留という身体の拘束を含む重大な不利益が生じうる。これらのことから、立法者が、現実には執行されないことを前提に、安易に行政刑罰規定を設けることは、わが国においても許されないと解すべきであろう。

3）鈴木潔『強制する法務・争う法務』（第一法規、2009）93頁は、わが国の条例上の刑罰規定には、立法者が実際に刑罰を科せられることを予定していないものが存在する、と指摘する。

4）該当する可能性がある判断要素として「犯罪の軽重」が考えられるが、これは法定刑の軽重や被害の程度、犯行態様等を意味するものとされており（田宮裕『刑事訴訟法〔新版〕』（有斐閣、1996）173頁）、個々の構成要件ごとの執行の要否を意味するものではない。

5）この点に関し、ファイル共有ソフトを不特定多数の者にインターネットを通じて公開、提供した行為につき著作権法違反幇助の成否が争われたWinny事件最高裁判決（最判平成23年12月19日刑集65巻9号1380頁）における大谷剛彦裁判官の反対意見は、故意を欠くとして被告人を無罪とした多数意見に対し、著作権法違反の幇助犯が成立するとした上で実質的違法性をも肯定しつつ、当該事案において強制捜査および起訴が行われたことにつき「配慮に欠け、性急に過ぎたとの感を否めない」と批判する。しかしながら、強制捜査の是非は措くとしても、犯罪の成立および実質的違法性を肯定しながら起訴を不当とすることは、実定法の不備を執行機関に転嫁するものであって妥当ではないように思われる。

以上より、起訴便宜主義を採用するわが国においても、執行されない刑罰規定に関するドイツの議論は基本的に妥当するものといえよう。したがって、わが国においても、執行機関の恣意的な運用のおそれを排除するとともに、行政刑罰の機能不全を解消し、ひいては権力分立を徹底するという観点から、執行されない行政刑罰規定を見直し、真に必要なものに限定することを試みる必要があるように思われる。

第2款　結　語

行政上の処罰概念は、歴史的な経緯を経て形成されてきたものである。そして、わが国の行政罰に関する理論に大きな影響を与えた[6]ドイツの行政刑法論は、ドイツにおける行政上の処罰概念を前提とするものであり、このことが、第二次世界大戦後において、従来の法制度に関する問題意識を共有しつつも、ドイツの行政罰法制がわが国と異なる展開を遂げた一因であると考えられる。このようなドイツ行政罰の背景にある行政上の処罰概念を明らかにし、わが国における行政罰法制の再検討に向けた示唆を得ることが本書の主たる検討課題であった。

かかる問題意識から、本書においては、まず、第1章において、わが国の行政罰の現状と課題について整理し、ドイツ法研究の必要性について指摘した上で、第2章において、ドイツにおける行政上の処罰概念の歴史的展開について分析を行った。その結果、ドイツにおける行政上の処罰概念が、応報思想に基づく狭義の刑罰概念とは異なる概念として発生・展開したことが確認された。すなわち、人為的に定められた義務違反に対して科せられる刑罰と前法的な規範に違反する行為である狭義の犯罪に対して科せられる刑罰とは、その本質が異なるものと考えられ、そのことから、同じ刑罰（Strafen）でありながら、実定法上において異なる規定方式が用いられ、かつ、異なる法効果や科刑手続が定められた。他方、19世紀には、すでに両者を概念上は完全に区別することがで

6）わが国の行政刑法論がドイツ法学の影響を受けていることにつき、第1章第2節第2款参照。なお、現在のわが国における過料制度に大きな影響を与えた田中二郎は、行政上の秩序罰に“Ordnungsstrafe”の訳を付している（田中二郎『行政法総論』（有斐閣、1957）422頁）。

きず、概念的に重なり合った領域においては、最終的に実定法により区別するという考え方が、ポリツァイ刑法の立法者によって示されていた。

第3章においては、20世紀におけるドイツ行政罰の変遷について、ナチス経済刑法と秩序違反法を中心に検討を行った。20世紀初めには、ゴルトシュミットにより、①狭義の刑罰（kriminelle Strafe）、②非刑事的刑罰（nichtkriminelle Strafe）および③執行罰（Exekutivstrafe）が一体となった当時の刑罰概念を理論的に区別することを試みる行政刑法論が提唱され、実定法上も、プロイセン警察行政法のように執行罰を狭義の刑罰と区別するものが出現した。しかしながら、ナチス政権下においては、特に経済法の分野において行政上の義務違反に対する犯罪化（Kriminalisierung）が行われ、また、狭義の刑罰が定められている行為についても、行政機関の裁量により、行政処分によって刑罰を科すことを認める「秩序罰（Ordnungsstrafe）」が多用された。第二次世界大戦後に制定された秩序違反法は、従来は刑罰の対象とされていた行政上の義務違反に対し「過料（Geldbuße）」を科すこととし、1960年代から1970年代にかけて、秩序違反への転換による大規模な非犯罪化（Entkriminalisierung）が実現した。その背景には、ナチス期の刑罰規定の濫用に対する反省と行政上の義務履行確保のための機能性の理念が存在する。

終章においては、ドイツにおける行政罰法制の歴史的展開に法治国家論が与えた影響について分析するとともに、行政罰の理論的基礎と立法時の判断枠組みについて考察を行った。19世紀以降のドイツ行政罰は、各時代における法治国家論を反映する形で制定されており、現在の秩序違反法も、ボン基本法が採用した実質的法治国家原理から導かれる諸原則を反映する形で制定されている。特に、1949年経済刑法が重視した権力分立の徹底の観点や、1952年秩序違反法が重視した刑罰法規の実質的妥当性の観点、そして現行法である1968年秩序違反法が導入した訴訟経済および刑事司法の負担軽減の観点は、わが国の行政罰法制の再検討にあたり示唆に富むものと思われる。

現在のドイツにおいては、刑罰は第一義的には法益の保護を目的とするものであるのに対し、「過料」は本質的に行政上の義務履行確保のための手段であると位置付けられている。そして、上記の実質的法治国家原理の諸原則から、①個人的法益と結びつかない純粋な行政不服従（echten Verwaltungsungehorsams）について刑罰を用いることは許されず、また、個人的法益と結びつくものであっても、②刑罰規定は、現実に執行可能なものであり、かつ、刑事司法の負担を考慮してもなお刑罰を科す必要がある重大な行為に限って許容され、そうでない場合には「過料」を用いるという判断枠組みが導かれる。そして、これらの要請を実定法上において実現するため、ドイツでは、「過料」の機能性を確保するための手続的整備を行い、執行罰たる「強制金（Zwangsgeld）」とともに、「過料」はドイツにおける行政上の義務履行確保手段として重要な役割を果たしている。上記のような実質的法治国家原理の諸原則とそこから要請される機能性の理念は、わが国においても基本的に妥当するものといえよう。したがって、わが国においても、行政刑罰の多用傾向の解消と行政罰の機能性向上の観点から、ドイツ法を参考に、行政罰法制の整備と行政刑罰規定の見直しを図る必要があるように思われる。本書が、わが国における行政罰法制の再検討のための一助となれば幸いである。

参 考 文 献

〔日本語文献〕

阿部泰隆『行政の法システム（下）〔新版〕』（有斐閣，1997）

阿部泰隆『行政法解釈学Ⅰ』（有斐閣，2008）

阿部泰隆『政策法学の基本指針』（弘文堂，1996）

五十嵐清「ドイツにおけるナポレオン法典の継受―Fehrenbach, Traditionale Gesellschaft und revolutionäres Recht；die Einführung des Code Napoleon in den Rheinbundstaaten, Göttingen, 1974 の紹介―」北大法学論集 29 巻 3・4 号（1979）791 頁

生田勝義「刑罰の一般的抑止力と刑法理論―批判的一考察―」立命館法學 300・301 号（2005）718 頁

生田勝義『行為原理と刑事違法論』（信山社，2002）

板倉宏「行政刑法の課題」ジュリスト増刊『現代の国家構造と法』（1970）110 頁

板倉宏「非当罰的不問行為の概念―社会統制の手段としての刑事制裁の干渉範囲を設定するための試行概念として―」団藤重光＝平場安治＝平野龍一＝宮内裕＝中山研一＝井戸田侃編『犯罪と刑罰（上）―佐伯千仭博士還暦祝賀―』（有斐閣，1968）133 頁

井田良「刑事立法の活性化とそのゆくえ」法律時報 75 巻 2 号（2003）4 頁

市川秀雄『ドイツ戦時刑法研究第 1 巻』（栗田書店，1943）

市橋克哉「行政罰―行政刑罰，通告処分，過料―」公法研究 58 号（1996）233 頁

市橋克哉「行政法上のエンフォースメント―行政上の秩序罰制度改革について：手続法の視点から―」法律時報 85 巻 12 号（2013）32 頁

市橋克哉「日本の行政処罰法制」名古屋大学法政論集 149 号（1993）109 頁

伊東研祐『環境刑法研究序説』（成文堂，2003）

伊東研祐『法益概念史研究』（成文堂，1984）

井戸田侃「行政法規違反と犯罪―行政刑法序説―」団藤重光＝平場安治＝平野龍一＝宮内裕＝中山研一＝井戸田侃編『犯罪と刑罰（上）―佐伯千仭博士還暦祝賀―』（有斐閣，1968）153 頁

今村哲也「Polizei の意味について」一橋研究 7 巻 3 号（1982）55 頁

今村哲也「Polizei をめぐる法定立―中世ラントを中心に―」一橋論叢 94 巻 5 号（1985）714 頁

今村暢好「行政刑法の特殊性と諸問題」松山大学論集 23 巻 4 号（2011）153 頁

岩橋健定「分権時代の条例制定権―現状と課題―」ジュリスト 1396 号（2010）138 頁

宇尾野久「Frohnden について」三田学会雑誌 60 巻 4 号（1967）415 頁
鵜飼信成『行政法の歴史的展開』（有斐閣，1952）
宇賀克也「行政制裁」ジュリスト 1228 号（2002）50 頁
宇賀克也『行政法概説Ⅰ〔第 5 版〕』（有斐閣，2013）
宇賀克也「道路交通法の改正」自治研究 80 巻 10 号（2004）111 頁
碓井光明「行政上の義務履行確保」公法研究 58 号（1996）137 頁
碓井光明「地方公共団体の科す過料に関する考察」明治大学法科大学院論集 16 号（2015）49 頁
エーベル，ヴィルヘルム（西川洋一訳）『ドイツ立法史』（東京大学出版会，1985）
エストライヒ，ゲルハルト（阪口修平＝千葉徳夫＝山内進編訳）『近代国家の覚醒』（創文社，1993）
江藤隆之「刑罰法規の意味としての行為規範」桃山法学 17 号（2011）1 頁
王雲海『日本の刑罰は重いか軽いか』（集英社新書，2008）
大久保治男「徳川幕府刑法の特色と概況」武蔵野学院大学大学院研究紀要 1 号（2008）7 頁
小野清一郎「經濟刑法と違法の意識(1)」法学協会雑誌 59 巻 6 号（1941）845 頁
加川帯刀「秩序違反法と非犯罪化」千葉大学教養部研究報告 A11 号（1978）55 頁
風早八十二「解説」ベッカリーア＝風早八十二・五十嵐二葉訳『犯罪と刑罰』（岩波文庫，1938）208 頁
神山敏雄「経済犯罪行為と秩序違反行為との限界(1)(2)（3・完)―ドイツの法制度・学説・判例を中心に―」刑法雑誌 24 巻 2 号（1981）149 頁，26 巻 2 号（1984）256 頁，27 巻（1986）1 号 21 頁
嘉門優「法益論の現代的意義」刑法雑誌 47 巻 1 号（2007）36 頁
川出敏裕＝宇賀克也「行政罰―刑事法との対話―」宇賀克也＝大橋洋一＝高橋滋編『対話で学ぶ行政法』（有斐閣，2003）88 頁
川出敏裕「行政罰の現状と課題」日本都市センター『行政上の義務履行確保等に関する調査研究報告書』（日本都市センター，2006）70 頁
川口浩一「ドイツにおける法益保護主義批判とそれに対する反論」刑法雑誌 47 巻 1 号（2007）15 頁
川端博「『立法』の時代を迎えた刑事法学」学術の動向 8 巻 6 号（2003）39 頁
北村博文「違法駐車対策に関する制度改正について」警察学論集 57 巻 9 号（2004）13 頁
北村喜宣「行政罰・強制金」磯部力＝小早川光郎＝芝池義一編『行政法の新構想Ⅱ』（有斐閣，2008）131 頁
北村喜宣『行政法の実効性確保』（有斐閣，2008）
金尚均「人格的法益論とダイヴァージョンの可能性」刑法雑誌 47 巻 1 号（2007）24 頁
木村周市朗『ドイツ福祉国家思想史』（未来社，2000）
クレッシェル，カール（村上淳一訳）「司法事項とポリツァイ事項」法学協会雑

誌 99 巻 9 号（1982）1404 頁
經濟刑法研究會編『經濟刑法研究』（みたみ出版，1944）
ケウナ，ヴォルフガング（本田稔訳）「ベッカリーア―刑法を批判し，強化する者―」立命館法學 347 号（2013）623 頁
ゲッセル，カール・ハインツ（宮澤浩一＝井田良監訳）『正義・法治国家・刑法―刑法・刑事訴訟法の根本問題』（成文堂，1990）
交告尚史「環境刑法の行政従属性」刑法雑誌 32 巻 2 号（1992）215 頁
小暮得雄「罪刑法定主義の比較法的動向」北大法学論集 14 巻 3・4 号（1964）568 頁
小早川光郎ほか『地方分権の進展に対応した行政の実効性確保のあり方に関する検討会報告書』（総務省・地方分権の進展に対応した行政の実効性確保のあり方に関する検討会，2013）
小林憲太郎「刑法判例と実務（第 2 回）―法益保護主義―」判例時報 2277 号（2016）3 頁
小林泰文「行政の実効性確保に関する諸課題」レファレンス 55 巻 2 号（2005）7 頁
斎藤誠「経済行政法の可能性と課題―ドイツにおける議論を素材として―」日本銀行金融研究所ディスカッションペーパー 2014-J-6（2014）
齋野彦弥「環境刑法の保護法益」現代刑事法 4 巻 2 号（2002）29 頁
佐伯仁志『制裁論』（有斐閣，2009）
佐久間修「環境刑法の役割とその限界」新美育文＝松村弓彦＝大塚直編『環境法大系（森嶌昭夫先生喜寿記念論文集）』（商事法務，2012）333 頁
佐々木惣一「行政犯ノ性質ヲ論シテ警察犯ニ及フ」京都法学会雑誌 4 巻 3 号（1909）54 頁
笹倉宏紀「行政調査―刑事手続法の視点から―」法律時報 85 巻 12 号（2013）25 頁
塩野宏『オットー・マイヤー行政法学の構造』（有斐閣，1962）
塩野宏『行政法 I〔第 6 版〕』（有斐閣，2015）
塩野宏『法治主義の諸相』（有斐閣，2001）
紫垣聡「ドイツ中近世の地域社会における秩序形成をめぐる研究状況」パブリック・ヒストリー 9 号（2012）37 頁
紫垣聡「バイエルンにおけるポリツァイ立法の成立と都市―市場ポリツァイを中心に―」パブリック・ヒストリー 4 号（2007）95 頁
芝原邦爾『刑法の社会的機能―実体的デュー・プロセス理論の提唱』（有斐閣，1973）
司法省調査部『独逸経済刑法―経済に於ける秩序罰』（司法省調査部，1942）
シュック，ゲハルト（松本尚子訳）「ドイツ近世におけるポリツァイ労役刑」一橋論叢 124 巻 1 号（2000）68 頁
シュトライス，ミヒャエル（和田卓朗訳）「初期近代（＝近世）のポリツァイ条令における『規範の現実的通用』とは何を意味するか」大阪市立大学法学雑

誌 49 巻 2 号（2002）332 頁
荘子邦雄『近代刑法思想史序説』（有斐閣，1983）
定塚道雄『日本經濟刑法概論』（日本評論社，1943）
須貝脩一「ゴルトシュミットの行政犯理論(1)(2・完)」法學論叢 40 巻 1 号(1939) 89 頁，3 号（1939）422 頁
鈴木潔『強制する法務・争う法務』（第一法規，2009）
ステムプ，ル（内務省警保局編）『獨逸聯邦巴丁國警察刑法釋義（日本立法資料全集別巻 449）』（信山社，2007）
須藤陽子「地方自治法における過料」行政法研究 11 号（2015）1 頁
須藤陽子「直接強制に関する一考察」立命館法學 312 号（2007）251 頁
ゼラート，ヴォルフガング（石塚伸一訳）「ドイツ刑事司法史における自由刑の起源と展開について」北九州大学法政論集 18 巻 2 号（1990）350 頁
曽和俊文『行政法執行システムの法理論』（有斐閣，2011）
高田敏『法治国家観の展開―法治主義の普遍化的近代化と現代化―』（有斐閣，2013）
田上穣治『警察法〔新版〕』（有斐閣，1983）
髙山佳奈子「行政制裁法の課題―総説―」法律時報 85 巻 12 号（2013）4 頁
田口正樹「近世ドイツのポリツァイ条令と刑事司法」北大法学論集 59 巻 4 号（2008）1931 頁
田中二郎「過料小論」國家學會雜誌 62 巻 11 号（1948）634 頁
田中二郎「新刊紹介―ジーゲルト『ドイツ經濟刑法』―」法学協会雑誌 58 巻 7 号（1940）90 頁
田中二郎『新版行政法上巻〔全訂第 2 版〕』（弘文堂，1974）
田中二郎『行政法総論』（有斐閣，1957）
田中利幸「行政と刑事制裁」雄川一郎＝塩野宏＝園部逸夫編『現代行政法大系第 2 巻』（有斐閣，1984）263 頁
玉井克哉「ドイツ法治国思想の歴史的構造(1)～(5・完)」國家學會雜誌 103 巻 9・10 号（1990）1 頁，103 巻 11・12 号（1990）1 頁，104 巻 1・2 号（1991）1 頁，104 巻 5・6 号（1991）1 頁，104 巻 7・8 号（1991）1 頁
田宮裕『刑事訴訟法〔新版〕』（有斐閣，1996）
筑紫圭一「環境法執行と行政制裁」法律時報 85 巻 12 号（2013）7 頁
土屋正三「西独の秩序違反法に就いて(1)～(3)」警察研究 25 巻 6 号（1954）19 頁，7 号（1954）37 頁，9 号（1954）50 頁
土屋正三「西ドイツ秩序違反法の改正」警察研究 38 巻 8 号（1967）127 頁
ティーデマン，クラウス（西原春夫＝宮澤浩一監訳）『ドイツおよび EC における経済犯罪と経済刑法』（成文堂，1990）
戸倉広「ドイツ法制史のローマ法」国士舘法学 10 号（1978）39 頁
長野實『調査資料 西ドイツ秩序違反法』（国立国会図書館，1980）
中川祐夫「行政刑法序説」団藤重光＝平場安治＝平野龍一＝宮内裕＝中山研一＝井戸田侃編『犯罪と刑罰（上）―佐伯千仭博士還暦祝賀―』（有斐閣，1968）

中原茂樹「行政制裁―行政法の視点から」法律時報 85 巻 12 号（2013）20 頁
中村義孝編訳『ナポレオン刑事法典史料集成』（法律文化社，2006）
中山研一＝神山敏雄＝斉藤豊治＝浅田和茂編著『環境刑法概説』（成文堂，2003）
新倉修「フランス刑法と罪刑法定主義」早稲田法学会誌 28 号（1977）243 頁
西津政信「ドイツ諸州の行政上の義務履行確保運用及び行政執行体制に関する調査研究報告(1)～(6)」愛知大学法学部法経論集 198 号（2014）175 頁，同 200 号（2014）43 頁，同 202 号（2015）221 頁，同 204 号（2015）251 頁，同 206 号（2016）91 頁，同 208 号（2016）145 頁
西津政信『間接行政強制制度の研究』（信山社，2006）
西津政信『行政規制執行改革論』（信山社，2012）
野村和彦「バイエルン刑法典について(1)～(3・完)」平成法政研究 13 巻 1 号（2008）81 頁，同 14 巻 1 号（2009）201 頁，同 15 巻 1 号（2010）121 頁
萩原滋「刑罰権の限界としての比例原則(1)（2・完)―ドイツの判例と学説―」愛知大学法学部法経論集 155 号（2001）1 頁，156 号（2001）31 頁
萩原滋『罪刑法定主義と刑法解釈』（成文堂，1998）
畠山武道「サンクションの現代的形態」芦部信喜＝六本佳平編『岩波講座基本法学 8―紛争―』（岩波書店，1983）365 頁
塙浩『フランス・ドイツ刑事法史』（信山社，1982）
樋口亮介『法人処罰と刑法理論』（東京大学出版会，2009）
平野龍一「可罰的違法性」ジュリスト 313 号（1965）64 頁
平場安治編『刑罰の思想』（新友堂，1978）
廣岡隆『行政上の強制執行の研究』（法律文化社，1961）
福田平『行政刑法〔新版〕』（有斐閣，1978）
藤木英夫『行政刑法』（学陽書房，1976）
藤田宙靖『行政法Ⅰ〔第 4 版改訂版〕』（有斐閣，2005）
ベッカリーア（風早八十二＝五十嵐二葉訳）『犯罪と刑罰』（岩波文庫，1959）
牧野英一『改正刑法假案とナチス刑法綱領』（有斐閣，1941）
真島信英「行政罰たる過料による制裁のあり方をめぐる研究―刑事的視点から見た刑罰と過料の限界を中心として―」亜細亜法学 45 巻 2 号（2011）147 頁
真島信英「行政罰たる過料による制裁のあり方をめぐる研究―わが国とドイツの過料手続に関する比較研究を中心として―」亜細亜法学 49 巻 1 号（2014）25 頁
町野朔編『環境刑法の総合的研究』（信山社，2003）
松宮孝明『刑事立法と犯罪体系』（成文堂，2003）
松宮孝明「法益論の意義と限界を論ずる意味―問題提起に代えて―」刑法雑誌 47 巻 1 号（2007）1 頁
松本尚子「ヴァイマール末期の法治国家論―ヘルマン・ヘラーの社会的法治国家論を中心に―」一橋研究 22 巻 3 号（1997）47 頁
松本尚子「ドイツ近世の国制と公法―帝国・ポリツァイ・法学―」法制史研究 48 巻（1998）186 頁

マンスデェルファー，マルコ（岡上雅美訳）「新たな刑法システムのモデルとしてのドイツ秩序違反法？」筑波法政59号（2014）81頁
ミッタイス＝リーベリッヒ（世良晃志郎訳）『ドイツ法制史概説〔改訂版〕』（創文社，1971）
南利明『ナチス・ドイツの社会と国家―民族共同体の形成と展開―』（勁草書房，1998）
美濃部達吉『行政刑法概論』（勁草書房，1949）
美濃部達吉『經濟刑法の基礎理論』（有斐閣，1944）
宮崎良夫「行政法の実効性の確保―行政法違反とその是正をめぐる問題点―」成田頼明＝園部逸夫＝金子宏＝塩野宏＝小早川光郎編『雄川一郎先生献呈論集―行政法の諸問題（上）』（有斐閣，1990）203頁
村上淳一『近代法の形成』（岩波書店，1979）
村上淳一『ドイツの近代法学』（東京大学出版会，1964）
村上暦造「行政官庁による処罰に関する一考察―西ドイツにおける秩序違反と犯罪の区別をめぐる論議を中心として―」海上保安大学校研究報告第1部27巻1号（1981）1頁
村上暦造「西ドイツにおける行政法令違反処理手続(1)（2・完）―船舶関係法令違反に対する過料制度の実態と問題点―」海上保安大学校研究報告第1部26巻1号（1981）1頁，同26巻2号（1981）1頁
泉二新熊『日本刑法論上巻〔第42版〕』（有斐閣，1930）
八木胖「行政刑法」日本刑法學會編『刑事法講座第1巻』（有斐閣，1952）69頁
八木胖『經濟刑法の基本問題』（日本評論社，1944）
ヤコブス，ギュンター（松宮孝明＝金尚均訳）「機能主義と古きヨーロッパの原則思考の狭間に立つ刑法」立命館法學247号（1996）432頁
屋敷二郎『紀律と啓蒙―フリードリヒ大王の啓蒙絶対主義―』（ミネルヴァ書房，1999）
安沢喜一郎「権力分立制の基本的研究」法律論叢36巻3号（1962）1頁
山岸喜久治「権力分立とドイツの統治システム」人文社会科学論叢21巻（2012）37頁
山口厚『危険犯の研究』（東京大学出版会，1982）
山口厚『刑法総論〔第3版〕』（有斐閣，2016）
山田晟『ドイツ法概論Ⅰ〔第3版〕』（有斐閣，1985）
山中敬一「ドイツ環境刑法の理論と構造」関西大学法学論集41巻3号（1991）1007頁
山本雅昭「諸制裁の性質―刑法の視点から―」法律時報85巻12号（2013）14頁
山本隆司「行政制裁に対する権利保護の基礎的考察」礒野弥生＝甲斐素直＝角松生史＝古城誠＝徳本広孝＝人見剛編『現代行政訴訟の到達点と展望―宮崎良夫先生古稀記念論文集―』（日本評論社，2014）236頁
山本隆司「行政制裁の基礎的考察」長谷部恭男＝安西文雄＝宍戸常寿＝林知更

編『現代立憲主義の諸相―高橋和之先生古稀記念―』（有斐閣，2013）
吉田尚正「ドイツ法における秩序犯と刑事犯(1)～(5・完)―その区分と法的効果―」警察研究 60 巻 12 号（1989）25 頁，61 巻 1 号（1990）33 頁，61 巻 3 号（1990）35 頁，61 巻 4 号（1990）45 頁，61 巻 6 号（1990）43 頁
吉田道也「国家的刑罰権と非国家的刑罰権について―ドイツ―」法制史学会編『刑罰と国家権力』（創文社，1960）549 頁
ヨンパルト，ホセ「罪刑法定主義―その歴史性と哲学的根拠づけ―」上智法学論集 20 巻 1 号（1976）1 頁
リューピング，H（川端博＝曽根威彦訳）『ドイツ刑法史綱要』（成文堂，1984）
和田英夫「ドイツにおける行政科学の系譜と発展―行政法学と行政学の関連をめぐって―」法律論叢 29 巻 6 号（1957）101 頁

〔外国語文献〕

Albrecht, Peter-Alexis: Entkriminalisierung als Gebot des Rechtsstaates, KritV 79, 1996, S. 330

Arzt, Gunther: Probleme der Kriminalisierung und Entkriminalisierung sozialschädlichen Verhaltens, Kriminalistik 1981, S. 117.

Beccaria, Cesare: Dei delitti e delle pene, 1764.

Beling, Ernst: Die Lehre vom Verbrechen, 1906.

Berringer, Christian: Regulierung als Erscheinungsform der Wirtschaftsaufsicht, 2004.

Binding, Karl: Die Normen und ihre Übertretung, Bd. 1, 4. Aufl., 1922.

Bohnert, Joachim/Bülte, Jens: Ordnungswidrigkeitenrecht, 5. Aufl., 2016.

Bohnert, Joachim/Krenberger, Benjamin/Krumm, Carsten: Ordnungswidrigkeitengesetz Kommentar, 4. Aufl., 2016.

Brauneder, Wilhelm: Das Strafrecht in den österreichischen Polizeiordnungen des 16. Jahrhunderts, in: Studien I: Entwicklung des Öffentlichen Rechts, 1994, S. 489.

Bühler, Ottmar: Die eigene Strafgewalt der Verwaltungsbehörden nach deutschem Recht, in: Festschrift für Ernst Heinrich Rosenfeld zu seinem 80. Geburtstag am 14. August 1949, 1949, S. 203.

Busch, Ralf/Iburg, Ulrich: Umweltstrafrecht, 2002.

Ebel, Wilhelm: Geschichte der Gesetzgebung in Deutschland, 2. Aufl., 1958.

Feuerbach, Paul Johann Anselm: Lehrbuch des Gemeinen in Deutschland gültigen peinlichen Rechts, 14. Aufl., 1847.

Frotscher, Werner/Pieroth, Bodo: Verfassungsgeschichte, 9. Aufl., 2010.

Frank, Hans (Hrsg.): Nationalsozialistische Leitsätze für ein neues deutsches Strafrecht, 1. Teil, vom Reichsrechtsamt der NSDAP, 3. Aufl., 1935.

Göhler, Erich (Hrsg.): Gesetz über Ordnungswidrigkeiten, Kommentar, 16. Aufl., 2012.

Goldschmidt, James: Das Verwaltungsstrafrecht, 1902.

Gruhl, Karl-Ernst: Grundfragen des nationalsozialistischen Wirtschaftsstrafrechts, 1939.

Gürtner, Franz (Hrsg.): Das kommende deutsche Strafrecht-Besonderer Teil. Bericht über die Arbeit der amtlichen Strafrechtskommission, 2. Aufl., 1936.

Haertel, Kurt/Joël, Günther/Schmidt, Eberhard: Gesetz zur Vereinfachung des Wirtschaftsstrafrechts; Textausgabe mit erläuternder Einführung, Verweisungen und amtlicher Begründung, 1949.

Härter Karl/Stolleis, Michael (Hrsg.): Repertorium der Policeyordnungen der Frühen Neuzeit, Bd. 1-11, 1996-2016.

Härter, Karl: Strafverfahren im frühneuzeitlichen Territorialstaat. Inquisition, Entscheidungsfindung, Supplikation, in: Andreas Blauert/Gerd Schwerhoff

(Hrsg.), Kriminalitätsgeschichte. Beiträge zur Sozial- und Kulturgeschichte der Vormoderne, 2000, S. 459.

Härter, Karl: Kontinuität und Reform der Strafjustiz zwischen Reichsverfassung und Rheinbund, in: Heinz Durchhardt/Andreas Kunz (Hrsg.), Reich oder Nation? Mitteleuropa 1780-1815, 1998, S. 219.

Hassemer, Winfried: Grundlinien einer personalen Rechtsgutslehre, in: Lothar Philipps/Heinrich Scholler (Hrsg.), Jenseits des Funktionalismus. Arthur Kaufmann zum 65. Geburtstag, 1989, S. 85.

Heine, Günter/Meinberg, Volker: Empfehlen sich Änderungen im strafrechtlichen Umweltschutz, insbesondere in Verbindung mit dem Verwaltungsrecht?, Gutachten D für den 57. Deutschen Juristentag, in: Verhandlungen des 57. DJT 1988, Bd. 1, Teil D, 1988.

Hesse, Konrad: Grundzüge des Verfassungsrechts der Bundesrepublik Deutschland, 19. Aufl., 1993.

Hoffmann-Riem, Wolfgang: Administrativ induzierte Pönalisierung. Strafrecht als Auffangordnung für Verwaltungsrecht, in: Heinz Müller-Dietz u.a. (Hrsg.), Festschrift für Heike Jung zum 65. Geburtstag, 2007, S. 299.

Jakobs, Gunther: Was schutzt das Strafrecht: Rechtsguter oder Normgeltung?, 渥美東洋＝椎橋隆幸＝日高義博＝山中敬一＝船山泰範編『刑事法学の現実と展開—齊藤誠二先生古稀記念』(信山社, 2003) 780頁

Jung, Johann Heinrich: Lehrbuch der Staats-Polizey- Wissenschaft. 1788.

Knemeyer, Franz-Ludwig: Polizeibegriffe in Gesetzen des 15. bis 18. Jahrhunderts. Kritische Bemerkungen zur Literatur über die Entwicklung des Polizeibegriffs, AöR 92, 1967, S. 153.

Köstlin, Christian Reinhold: Neue Revision der Grundbegriffe des Criminalrechts, 1845.

Kühl, Kristian: Strafrecht und Moral—Trennendes und Verbindendes, in: Knut Amelung (Hrsg.), Strafrecht, Biorecht, Rechtsphilosophie. Festschrift für Hans-Ludwig Schreiber zum 80. Geburtstag, 2003, S. 959.

Kunisch, Richard: Die strafrechtliche Sicherung der deutschen Eiermarktordnung, 1936.

Liszt, Franz: Die Forderungen der Kriminalpolitik und der Vorentwurf eines schweizerischen Strafgesetzbuchs, in: Strafrechtliche Aufsätze und Vorträge, Bd. 2, 1905, S. 94 (Erstveröffentlichung 1893).

Mattes, Heinz: Untersuchungen zur Lehre von den Ordnungswidrigkeiten Ⅰ, 1977.

Maurer, Hartmut: Staatsrecht I: Grundlagen, Verfassungsorgane, Staatsfunktionen, 6. Aufl., 2010.

Mayer, Max Ernst: Rechtsnormen und Kulturnormen, 1903.

Mayer, Otto: Deutsches Verwaltungsrecht, Bd. 1, 3. Aufl., 1924

Meeske, Helmut: Die Ordnungsstrafe in der Wirtschaft, 1937
Menger, Christian-Friedrich: Der Begriff des sozialen Rechtsstaats im Bonner Grundgesetz, 1953.
Mitteis, Heinrich/Lieberich, Heinz: Deutsche Rechtsgeschichte, 16. Aufl., 1981.
Mohl, Robert: Die Polizei-Wissenschaft nach den Grundsätzen des Rechtsstaats, Bd. 1, 1832.
Münch, Ingo/Kunig, Philip (Hrsg.): Grundgesetz Kommentar, Bd. 2, 6. Aufl., 2012.
Oestreich, Gerhard: Policey und Prudentia civilis in der barocken Gesellschaft von Stadt und Staat, in: Strukturprobleme der frühen Neuzeit, 1980, S. 367.
Rengier, Rudolf: Zur Bestimmung und Bedeutung der Rechtsgüter im Umweltstrafrecht, NJW 43, 1990, S. 2506ff.
Rubo, Ernst Traugott: Kommentar über das Strafgesetzbuch für das Deutsche Reich und das Einführungsgesetz vom 31. Mai 1870 sowie die Ergänzungsgesetze vom 10. Dezember 1871 und 26. Februar 1876., 1879.
Saliger, Frank: Umweltstrafrecht, 2012.
Schäfer, Ernst: Die Auflockerung des Verfahrens im künftigen Strafprozeß und der Gedanke der materiellen Gerechtigkeit, DStR 1935, S. 247.
Schenke, Wolf-Rüdiger: Polizei- und Ordnungsrecht, 8. Aufl., 2013.
Schlosser, Hans: Der Mensch als Ware. Die Galeerenstrafe in Süddeutschland als Reaktion auf Preisrevolution und Großmachtpolitik (16.-18. Jahrhundert), in: Reinhard Blum/Manfred Steiner (Hrsg.), Aktuelle Probleme der Marktwirtschaft in gesamt- und einzelwirtschaftlicher Sicht Festgabe zum 65 Geburtstag von Louis Perridon, 1984, S. 87.
Schmidt, Eberhard: Das neue westdeutsche Wirtschaftsstrafgesetz, 1950.
Schmidt, Eberhard: Einführung in die Geschichte der deutschen Strafrechtspflege, 3. Aufl., 1965.
Schmidt, Eberhard: Kriminalpolitische und strafrechtsdogmatische Probleme in der deutschen Strafrechtsreform, ZStW 69, 1957, S. 359.
Schmidt, Eberhard: Straftaten und Ordnungswidrigkeiten: Erinnerungen an die Arbeiten der Wirtschaftsstrafrechtskommission (1947-1949), in: Festschrift für Adolf Arndt zum 65. Geburtstag, 1969, S. 415.
Schuck, Gerhard: Arbeit als Policeystrafe. Policey und Strafjustiz, in: Karl Härter (Hrsg.), Policey und frühneuzeitliche Gesellschaft, 2000, S. 611.
Senge, Lothar (Hrsg.): Karlsruher Kommentar zum Gesetz über Ordnungswidrigkeiten, 4. Aufl., 2014.
Siegert, Karl: Deutsches Wirtschaftsstrafrecht, 1939.
Stahl, Friedrich Julius: Die Philosophie des Rechts. Bd. 2: Rechts- und Staatslehre auf der Grundlage christlicher Weltanschauung, 2. Abt.: Die Staatslehre und die Principien des Staatsrechts, 3. Aufl., 1856.

Stempf, L: Das Gesetz über die Gerichtsbarkeit und das Verfahren in Polizei-Strafsachen mit Motiven, Commissionsberichten und landständischen Verhandlungen bearbeitet, 1864.

Stempf, L: Das Polizeistrafgesetzbuch für das Großherzogthum Baden mit den Motiven, Commissionsberichten und den landständischen Verhandlungen, 1864.

Stephan, Ulrich/Johannes Deger: Polizeigesetz für Baden-Württemberg: Kommentar, 7. Aufl., 2014.

Stern, Klaus: Das Staatsrecht der Bundesrepublik Deutschland. Bd. 1: Grundbegriffe und Grundlagen des Staatsrechts, Strukturprinzipien der Verfassung, 1977.

Stolleis, Michael: Geschichte des öffentlichen Rechts in Deutschland. Weimarer Republik und Nationalsozialismus, 2002.

Stolleis, Michael: Was bedeutet "Normdurchsetzung" bei Policeyordnungen der frühen Neuzeit?, in: Grundlagen des Rechts. Festschrift für Peter Landau zum 65. Geburtstag, 2000, S. 739.

Tiedemann, Klaus: Welche strafrechtlichen Mittel empfehlen sich für eine wirksamere Bekämpfung der Wirtschaftskriminalität?, Verhandlungen des neunundvierzigsten Deutschen Juristentages, Bd. 1, Teil C, 1972.

Tiedemann, Klaus: Wirtschaftsstrafrecht, Einführung und Allgemeiner Teil mit wichtigen Rechtstexten, 4. Aufl., 2014.

Tiedemann. Klaus: Wirtschaftsstrafrecht und Wirtschaftskriminalität, Bd. 1: Allgemeiner Teil, 1976.

Vogler, Theo: Möglichkeiten und Wege einer Entkriminalisierung, ZStW 90, 1978, S. 132.

Volk, Klaus: Strafrecht und Wirtschaftskriminalität, JZ 1982, S85.

Werner, Stefan: Das Wirtschaftsstrafrecht im Nationalsozialismus. Ein historisches Beispiel für die machtpolitische Bedeutung des Strafrechts, KritV 1991, S. 139.

Wohlers, Wolfgang: Rechtsgutstheorie und Deliktsstruktur, GA 149, 2002, S. 15.

Wolf, Erik: Die Stellung der Verwaltungsdelikte im Strafrechtssystem, Festgabe für Reinhard von Frank, Bd. 2, 1930.

Zeitler, Stefan/Trurnit, Christoph: Polizeirecht für Baden-Württemberg, 2. Aufl., 2011.

事項索引

(日　本)

※日本における概念との混同を避けるため、法典等の名称を除くドイツ法固有の概念については、別途次頁以下に事項索引を設けている。

あ 行

か 行

さ 行

た 行

な 行

は 行

ら 行

事 項 索 引

（ドイツ）

あ 行

か 行

さ 行

た 行

は　行

ま　行

ら　行

著者紹介

田中 良弘（たなか よしひろ）
新潟大学法学部准教授

昭和49年	大阪に生まれる
	大学卒業後，社会人を経て
平成19年	千葉大学大学院専門法務研究科修了（法務博士）
	司法試験合格，司法修習を経て
平成20年	検事任官
平成24年	一橋大学大学院法学研究科博士後期課程入学，弁護士登録
平成25年	一橋大学大学院法学研究科特任講師
平成27年	一橋大学大学院法学研究科博士後期課程修了（博士（法学））
	一橋大学大学院法学研究科特任准教授
平成28年	新潟大学法学部准教授

専　攻　行政法

行政上の処罰概念と法治国家　（行政法研究双書34）

2017（平成29）年2月28日　初版1刷発行

著　者　田　中　良　弘
発行者　鯉　渕　友　南
発行所　株式会社　弘　文　堂　101-0062　東京都千代田区神田駿河台1の7
TEL 03(3294)4801　振替 00120-6-53909
http://www.koubundou.co.jp

印　刷　三報社印刷
製　本　牧製本印刷

ISBN978-4-335-31508-4